四川民族学院篮球教学团队及四川民族学院第二批综合改革试点项目
（体育教育专业课程）可持续发展建设系列成果

大学体育与健康
——篮球选项教程

何小军　编著

西南交通大学出版社
·成　都·

图书在版编目（CIP）数据

大学体育与健康：篮球选项教程 / 何小军编著. —成都：西南交通大学出版社，2018.9
　　ISBN 978-7-5643-6472-4

Ⅰ. ①大… Ⅱ. ①何… Ⅲ. ①篮球运动 – 高等学校 –教材 Ⅳ. ①G841

中国版本图书馆 CIP 数据核字（2018）第 224685 号

大学体育与健康
—— 篮球选项教程

何小军　编著

责 任 编 辑	李鹏飞
封 面 设 计	何东琳设计工作室
出 版 发 行	西南交通大学出版社 （四川省成都市二环路北一段 111 号 西南交通大学创新大厦 21 楼）
发行部电话	028-87600564　028-87600533
邮 政 编 码	610031
网　　　 址	http://www.xnjdcbs.com
印　　　 刷	四川森林印务有限责任公司
成 品 尺 寸	170 mm × 230 mm
印　　　 张	19.75
字　　　 数	314 千
版　　　 次	2018 年 9 月第 1 版
印　　　 次	2018 年 9 月第 1 次
书　　　 号	ISBN 978-7-5643-6472-4
定　　　 价	58.00 元

图书如有印装质量问题　本社负责退换
版权所有　盗版必究　举报电话：028-87600562

前言 PREFACE

以上肢活动为主体的篮球运动，由于入门门槛低以及各种赛事转播（NBA、CBA、CUBA、三人制篮球、街头篮球、花式篮球、蹦板篮球和篮球操）和各大媒体的广泛宣传，篮球运动得以快速发展，逐渐成为我国的一项重要体育运动项目，尤其在学校生活中表现得特别显著。为此，以培养大学生核心素养为目标，以普通高校转型发展为契机，以着力培养运用型人才为指导思想，创编了《大学体育与健康——篮球选项教程》。

现有教材更多的是以《大学体育与健康》为题所编入的内容，项目多而杂，而所涉及单项教学内容过简，单项教学缺乏系统性，可操作性不强。如篮球教学实践方面的内容显得单一，熟习球性和篮球游戏两个方面没有内容，基本战术特别是重点或典型战术教学可供选择的数量有限，或存在关联性、针对性、适用性与可操作性不强等诸多问题。由此，根据篮球运动自身发展的特点、规律和篮球运动教学的特点、规律，结合本、专科篮球教学的实践经验，以及所反馈的诸多问题（比如：教学条件、选教选项情况和生源基础、以及考核评价结果），编写了适应于大学体育与健康篮球教学发展，切合学生实践水平为内容的教材，以提高大学体育篮球选项教学的规范管理和系统性教学，突出可以达到的教学目标和可以完成的教学任务。其基本内容由：第一章普遍高等篮球选项教学概述；第二章篮球球性练习；第三章篮球选项技、战术基础与技术对抗练习；第四章篮球选项实践教学内容选编和附录构成。其中，第三章篮球技、战术基础与技术对抗练习为本教材的核心内容。

由于编写过程正处在《青少年运动技能等级标准》正式出版发行期而未能围绕和结合《青少年篮球运动技能等级标准》入门级和提高级来编写，成为本教材最大的不足和遗憾，加之编者理论修养和实践经验所限，难免存在疏漏之处，敬请同仁和广大师生批评指正！对在本教材的编写过程中，给予指导与帮助的四川民族学院体育学院阳源教授、李雷老师、以及参与学生的大力协助表示感谢！

编者

2018 年 7 月

目录 CONTENTS

第一章 概述 ·· 1
第一节 篮球选项课的由来与基本特点 ·· 3
第二节 普通高校篮球选项教学的目的与任务 ································ 4
第三节 篮球选项教学原则和方法 ·· 6
第四节 篮球选项教学考核与评价 ·· 16

第二章 篮球球性练习 ·· 19
第一节 原地熟习球性练习部分 ·· 19
第二节 行进间熟习球性练习部分 ·· 29

第三章 篮球技、战术基础与技术对抗练习 ································ 39
第一节 篮球选项移动技术基础 ·· 39
第二节 篮球选项支配球技术教学 ·· 49
第三节 防守技术 ··· 105
第四节 篮球选项战术基础教学与运用 ······································ 117

第四章 篮球选项实践教学内容选编 ·· 194
第一节 中圈跳球 ··· 194
第二节 怎样防守对手 ·· 196
第三节 攻防转换 ··· 198
第四节 阵地进攻 ··· 203

第五节 核心队员的作用与培养 …………………………………… 206

第六节 比赛中假动作的运用 ……………………………………… 210

第七节 篮球比赛的指导工作 ……………………………………… 211

第八节 身体素质与篮球意识的关系与培养 ……………………… 223

第九节 篮球选项教学游戏 ………………………………………… 228

第十节 教案示例与教学案例 ……………………………………… 247

附 录 …………………………………………………………………… 273

第一章 概述

现代篮球运动的主要特点表现为高速度、高强度、强对抗。无论传球、运球突破，还是投篮，都要求在快速、突然、有力中完成，并在激烈对抗中完成单个或组合技术动作。强调高空技术、高空优势和高度的技巧性。现代篮球运动的传、运、投等技术动作已达到熟练自如、出神入化的高度。攻守对抗异常激烈，特别是身体对抗成为现代职业篮球运动的发展趋势，深受当代大学生朋友们的喜爱。在以"我运动、我健康、我快乐"为时尚之口号引导下，我们创编与设计了大学篮球选项教程。篮球运动的内容比较多，主要包括可操性的技术性内容和可传授性的战术素养以及可培养的篮球意识三个方面。就可操性的技术性内容，又可分为：支配球的熟习球性、传、接、运、投、抢等攻防技术基础和攻防对抗技术。由此，本教材共分为：第一章：概述；第二章：篮球选项教学球性练习；第三章：篮球技、战术基础教学与运用；第四章：篮球选项实践教学内容选编，教学案例编选与赏析；附录把 2017 篮球规则修订（违例、犯规与手势部分）和《青少年运动技能等级标准》内容及其篮球五级标准纳入进来，以增强其实用性。总之，每项技术包括的内容很多（如表所示：1-1、1-2、1-3、1-4、1-5、1-6、1-7、1-8），这里仅从图表中选择了最基本、最重要、最常用的一些技、战术内容供教学时参考。

移动技术（表 1-1）

准备姿势	起动	跑					跳		急停		转身		步伐				
		放松跑	变向跑	变速跑	侧身跑	后退跑	双脚跳	单脚跳	跨步急停	跳步急停	前转身	后转身	跨步	滑步	后撤步	绕前步	攻击步

防守技术（表1-2）

防守移动						防守有球队员				防守无球队员			
基本姿势	滑步	攻击步	交叉步	后撤步	碎步	绕前步	防运球	防传球	防投篮	防粉突破	打球	抢球	防摆脱	防切入	防接球	断球

传、接球技术（表1-3）

传球技术											接球技术			
双手传球			单手传球								双手接球		单手接球	
双手胸前传球	双手头上传球	双手击地传球	单手肩上传球	单手低手传球	单手胸前传球	单手背后传球	单手体侧传球	单手勾手传球	单手击地传球	单手颈后传球	低部位接球	中部位接球	高部位接球	低部位接球	中部位接球	高部位接球

运球技术（表1-4）

原地		行进间				
高运球	低运球	运球急停急起	行进间体前变向运球		运球转身	背后运球	跨下运球
	双手横向拉运 / 单手纵向拉运		不换手	换手			

投篮技术（表1-5）

单手投篮								双手投篮		
原地		行进间		跳投				原地	行进间	跳投
肩上投篮	头上投篮	肩上投篮	低手投篮	反手投篮	勾手投篮	单手肩上投篮	转身肩上投篮	接球急停肩上投篮	运球急停肩上投篮	补篮	扣篮	胸前投篮	头上投篮	低手投篮	补篮	扣篮

第一章 概述

攻、守战术基础配合（表 1-6）

进攻战术基础配合				防守战术基础配合						
传切（空切）	突分	掩护	策应（挡拆）	挤过	穿过	绕过	夹击	关门	补防	交换防守	围守中线

抢篮板球技术（表 1-7）

抢进攻篮板球技术		抢防守篮板球技术	
挡抢篮板球技术	冲抢篮板球技术	挡抢篮板球技术	冲抢篮板球技术
双手抢篮板球技术、单手抢篮板球技术、点拨球技术			

攻、守对抗技术（表 1-8）

战术对抗	技术对抗	身体对抗
战术的数量、质量 战术执行力	有球攻守技术对抗 无球攻守技术对抗	有球攻守身体对抗 无球攻守身体对抗

第一节 篮球选项课的由来与基本特点

2002 年 8 月，教育部颁布了《全国普通高等学校体育课程教学指导纲要》（以下简称《纲要》）。《纲要》就体育课程性质、课程目标、课程结构、课程设置、课程内容与教学方法、课程建设与课程资源开发、课程评价等方面进行了重新规定，对我国普通高校体育教学改革发挥着政策性的引领作用，是深化我国普通高校体育课程改革的重要依据。新《纲要》强调："要充分发挥学生的主体作用和教师的主导作用，努力倡导开放式、探究式教学，努力拓展体育课程的时间和空间。"在教师的指导下，学生具有自主选择课程内容、自主选择任课教师、自主选择上课时间的权利，以营造生动、活泼主动的学习氛围。为实现《纲要》规定的课程目标要求，就体育课程的组织方式而言，实施"三自主"是改变体育教学内容过于竞技化、刚性化，最大限度地满足学生体育活动兴趣和锻炼要求的必然选择；是突出"以人为本"和学生主体地位，保障学生受教育权益，正确处理新时期师生关系的有效形式；是激励体育教师奋发向上，提高自身教学素质的有效途径；是体育课程建设适应素质教育要求的具体体现。由此，我国普通高校体育教学改革、课

程改革于 2003 年以后如潮水般涌来，产生了我国高校体育教学模式的根本性改变与发展，大体经历了：三基型、并列型、一体化型、三段型、分层次型、三自主型和俱乐部型七类[2]。经过近十五年的实践教学，"三自主"教学模式较为接近我国普通高校体育教学条件，并受到普通高校绝大多数师生的支持，在众教学模式中脱颖而出，现已成为我国普通高校体育教学的主体模式。

但是，"三自主"教学模式并非完美无缺，选教、选项易操作实施，但选时的课程操作难度较大。因此，目前大多数高校都采用非完全式"三自主"教学模式。非完全式"三自主"教学模式是指由于各高校受其教学条件的制约，达不到完整意义上的"三自主"，即部分高校只能实现学生自主网上选教和选项两步骤、对于选时目前还存在较大困难。大多数普通高校的"三自主"教学模式，实质上是"二自主"教学模式。这也是把"二自主"教学模式之中的大学篮球教学，命名为"大学篮球选项教学"的理由之所在。

"三自主"教学模式实施已进入第十五个年头，作为"三自主"教学模式之一的篮球选项教学，也同样面对和经历着诸多问题。比如：①"三自主"教学模式使一些体能素质训练的项目边缘化——引发以篮球技术教学为主，身体素质或专项身体素质练习边缘化现象；②单凭兴趣进行的"三自主"选课并非是合理正确的选择——受高考指挥棒的影响，高中体育教学弱化现象突出而引起高校体育生源能力和水平下降，特别是"三大球"的技术基础水平下降反应特别显著，单凭兴趣选篮球而造成"吃不了"的现象普遍存在；③轻松易过关的体育项目不利于改善学生的身体素质——引发某项基础较好"吃老本"而不努力或喜欢篮球但不喜欢篮球课的现象等等。这些问题出现，既是"三自主"教学模式的不利因素，也是普通高校篮球选项教学改革的重点和难点所在，也就需要篮球选项教材的不断涌现、不断优化与更新来加以解决。

第二节　普通高校篮球选项教学的目的与任务

一、普通高校篮球选项教学目的

由于更多普通高校选项教学避开了"三自主"教学模式之选时，并没有生搬硬套,使"三自主"教学模式的优越性得到较好的体现,而成为普通高校普遍采用的教学模式。也就是说,在"二自主"教学模式指导下,根据学校体育教育的总任务,普通高校篮球选项教学的目的是:以"健康第一"的思想为指导,运用篮球这一特殊的身体活动形式来增强大学生的体质,促进身心发展,提高健康水平,培养"终身体育"观念,使当代大学生在德、智、体、美、劳等方面得到全面发展,成为社会主义事业未来的合格者、建设者和保卫者。

二、普通高校篮球选项教学的基本任务

由于篮球运动的竞技化、社会化、职业化和商业化高度发展而产生更深层的价值取向,无论在充分挖掘、培养和发展大学生体育核心素养方面,还是在充分挖掘、培养和发展大学生身心素养方面,都具有重要的现实意义。经常参加篮球运动,能改善中枢神经系统的机能,使运动分析器、前庭分析器特别是视觉分析器受到良好的训练,有利于促进运动员完成动作的协调性,提高观察、判断和反应的能力,增强循环、呼吸等器官系统的功能。紧张激烈的篮球比赛,还可以培养运动员积极、果断、勇敢、顽强的战斗意志和集体主义精神。篮球运动的内容比较多,主要包括可操性的技术性内容、可传授的战术素养和可培养的篮球意识。就可操性的技术性内容而言,技术性内容又可分为:支配球的熟习球性、传、接、运、投、抢等攻防技术。这样多的内容,要在一年两学期或两年四学期内完成教学任务基本上是不可能,更谈不上可传授的战术素养和可培养的篮球意识方面的教学内容了。实际上,大多数学生可选择的机会只有一学期或两学期,加之呈现女大学生选篮球项目越来越多的现象,新授课实际只有一、两学期。技术教学论仍是体育课的主流,通过技术教学,掌握项目的基本技术,建立兴趣,形成终身体育思想是大学体育的宗旨。由此,高校篮球选项教学在有限的学时内,必须完成以下几项任务:

1. 培养和建立"终身体育"的观念。
2. 提高大学生基本活动能力和增强大学生体质。
3. 学习、掌握篮球基本技术和简单战术配合。
4. 培养大学生吃苦耐劳和团队协作精神。
5. 培养正确的竞争意识和提高社会交往能力。

随球类运动的发展,其最突出的共性是:处于比赛中的球(亦即活球)的自由时间越来越少,其中,篮球运动特点决定球在时间和空间方面的争夺越来越激烈,职业篮球表现得更为突出;篮球运动的特点表现为开放性。即篮球比赛中的技术结构表现为不确定性、非程序性、非机械性、非周期性的特征。它是一连串相对整体化的技术动作组合,在形式上体现对抗的本质,在对抗中存在和包含原有技术动作动力定型与临场创新动作技术相结合运用的、真与伪的随机应变以及即兴表演的成分等。篮球规则用带球走和非法运球去限制持球队员的运动速度与运动形式是篮球运动的特色。因此,身体机能是基础,体格是条件,心智能力就成为篮球比赛中关键的因素。集个体的身体、技术、战术、心智对抗和团队对抗为一体,即表现出综合对抗的特点。篮球比赛的过程和结果,好似一个小社会的反映。因为,篮球比赛中的成员有角色定位,产生出既有分工、又有合作的关系,通过"小社会"或多或少地折射出大社会中的生存意识或状态。比如:会打球的人普遍都有比较强烈的篮球比赛规则意识,当裁判能吹到你心灵深处的动机时,你不得不认同或佩服而自觉地举起手来示意,是我犯规了。而那种与真理背道而驰的争议,只不过是一种无奈的表现而已。遵守篮球比赛的规则,就是一种规矩意识的教育,也是将来能承担对道德和法律的敬畏之意、之情。道德是苦口婆心的说教、法律是姗姗来迟的惩治。在篮球运动不断发展进步的今天,几经修订的规则,也无法追赶篮球运动的发展进程,正所谓规章永远或始终滞后于世间的变迁。但是,一定要尊重当下的法律和恪守道德的底线。女性从事篮球运动或比赛的积极意义或作用显而易见,强化自主的意识,培育独立、有主见的人格,提高发现问题并解决问题的能力。培养健康交友的生活方式,让手机歇一下,让自己累一下。培根、达芬奇均说过:"劳动一日,可得一夜安眠,勤劳一生,可得终身长寿。"这些观点,颇具前瞻性和预见性。互联网时代,篮球运动将突显其更大的意义与价值。

第三节 篮球选项教学原则和方法

以贯彻全面教育,即实现全面要求与区别对待相结合原则、即时矫正与指导和尝试指导相结合原则、准备铺垫与求问求真原则，着力培养自律、担当与卓越精神、强化规矩意识为根本的全面教育，实现体育教育的综合教育功能，亦即在体育实践教育教学中实现动商与情商的结合，动商与智商的结合，智商与情商的结合的全面教育。

（一）篮球选项教学原则

教学的任务是在教师指导下，掌握篮球基本技、战术和基本技能，促进学生综合素质的全面发展。要完成篮球基本技术和基本战术以及篮球教学组织管理方面的任务和内容，就必须遵循篮球选项教学原则。因为，篮球选项教学原则反映了篮球选项教学的一般规律，反映了篮球运动教学的特点，是人们从长期的篮球教学实践中总结出来的。它既指导教师的教学活动，也指导学生的学习活动。这些原则应贯彻于篮球选项教学活动的始终。

1. 自觉积极性原则

在篮球选项教学中贯彻自觉积极性原则，是指教师启发学生的学习自觉性，充分调动学生的学习积极性，使学习效果达到最佳。教学中贯彻自觉积极性原则，是由在教与学的双边活动中学生是学习的主体这一因素决定的。要充分调动学生的学习主动性，引导他们积极思考、勇于探索、刻苦练习，自觉地掌握篮球基本技术、战术，提高他们观察问题、分析问题和解决问题的能力。在篮球教学中，教师要运用设疑、联想、比较、形象等方法，启发学生积极思维，以提高学生的运动能力和思维能力为核心。教师通过对技术动作的生物力学和运动学分析，使学生掌握正确技术动作的概念和动作方法；根据篮球攻守对抗规律，使学生掌握技术运用和战术方法；通过比赛、裁判工作和组织竞赛等实践活动，调动学生的学习积极性，从而最大限度地发展他们的能力。教学中要保护和进一步培养学生对篮球运动的兴趣，采取丰富多样的教学方法，建立民主平等的师生关系，创造一个生动和谐的教学环境，爱护和帮助学生，发扬教学民主，宽严适度的精神，使每一名学生都能得到全面发展。

2. 循序渐进原则

循序渐进原则是指教学要按照学科的逻辑系统和学生的认知规律进行，由简单到复杂，由低级到高级，由单一向综合发展。使学生循序渐进地掌握基本知识、基本技、战术和基本技能，形成严密的逻辑思维体系。根据教学大纲的要求，安排好教学进度和课时计划。

篮球选项教学循序渐进原则，要注意教学方法的系统性，根据动作技能形成的规律，从认知定向阶段（泛化阶段）、巩固提高阶段（分化阶段）、熟练阶段（自动化阶段），都要依据动作技能形成的阶段性特点来组织教学、如在技术的初学阶段，要通过讲解、示范和试做，使学生建立动作概念，视觉表象和初步的运动感觉。通过不断练习使正确技术动作巩固下来，然后加大练习难度，使动作达到熟练并能在实战中运用。因此，教学中必须注意教学的阶段性特点，并针对不同阶段采取不同的教学方法。篮球教学中贯彻循序渐进原则，还要注意合理安排运动量，并根据学生的身体状况，教学内容、场地、气候等综合因素来完成篮球教学任务。

3. 直观性原则

直观性原则是指在篮球教学中利用学生的感官和已有经验，通过视觉、听觉和肌肉本体感觉，获得对篮球技、战术的生动表象和感觉，并使之与积极的思维相结合，从而掌握篮球技、战术和技能，发展思维能力。篮球选项教学中经常使用的直观教学方式有动作示范、沙盘演示、电影、录像、技战术图片等。在篮球教学中贯彻直观性原则，首先要有明确的目的和要求。教师要根据教学的任务和教材的特点以及学生的情况，有目的地使用直观教学方法。如对低年级学生进行技术教学时，宜多使用动作示范，技术图片等。有条件的，可以把学生的动作录像重放与正确技术进行比较，并加以分析，以纠正学生的错误动作。对高年级学生进行战术教学时，宜用沙盘演示，或生动形象的语言进行讲解。教学中贯彻直观性原则还要充分利用学生的视觉、听觉和肌肉本体感觉，通过示范、电影、录像、图片等，使学生产生明晰的技、战术表象，启发学生的学习积极性。直观有助于使学生形成正确的表象。这种表象只有与积极的思想相结合，与实践相结合，才能得到好的教学效果。因此，直观性教学要善于启发学生思维，并与技、战术练习活动紧密结合起来。

4. 实效性原则

在篮球教学中贯彻实效性原则，就是要从学生的实际情况出发，紧紧

抓住教学中的主要矛盾和矛盾的主要方面，解决教学中的重点和难点问题，提高教学的艺术性。教法要简单易行，讲求实际效果，在有限的教学时间内，达到既能使学生掌握知识技能，又能增强体质和提高能力的效果。其贯彻实效性原则，就是要注重实际效果，不追求表面效应。力求全面准确地把握教材内容，深入地分析技、战术内涵，把握事物的本质，抓住关键。解决好难点和重点问题，实现一般性问题的解决。如在移动技术教学中，抓住了身体重心的控制和转移。维持身体在移动中平衡的这个关键技术。其他移动方面的问题就不难解决。在投篮技术教学中，抓住投篮手法这个关键技术，可以帮助投篮技术的学习。教学中贯彻实效性原则，要求不断研究改进教学方法。教师要深入研究教材和教法，充分利用现代化的教学手段。在战术教学中，要精讲多练。"精讲"是在深入分析教材和学生实际的基础上实现的，而"多练"就要设计符合篮球运动特点和学生实际水平的练习方法，给学生更多的实践机会。教学中贯彻实效性原则，要求经常调查研究，不断发现新问题，分析问题产生的原因，找出解决问题的方法。在课堂教学过程中，为适应学生的实际情况而临时改变教学方法和练习形式也是允许的。

5. 综合性原则

篮球运动具有项目的集体性、技能的综合性、战术的多变性和攻守的对抗性等特点，同时篮球教材内容的游戏性、竞争性和趣味性强。因此，在教学中贯彻综合性的原则是符合篮球运动本身的特点的。

（1）在教学内容的选择上，要注意单项技术、组合技术与综合技术的结合。在完成单项技术的教学后，应立即把这种技术与其它技术结合起来练习，提高技术的综合运用能力。

（2）在教学方法和组织形式上，要做到简单实用，又要多样化，以利于提高学生的学习兴趣，使学生掌握更多的练习手段和方法、组织形式上的简单实用和多样化可以统一起来的。

（3）要把技术、战术和篮球意识结合起来。提高学生的体质、技术和道德品质。

6. 对抗性原则

在篮球选项教学中贯彻对抗性原则，是由篮球运动的攻守对抗规律决定的。攻守对抗和攻守转化构成了篮球运动的核心。在教学中贯彻对抗性原则，要深入研究攻守对抗和转化规律。攻守相互制约并处于统一之中，二者是辩证统一的关系，没有进攻就没有防守，反之，没有防守就没有进攻。攻守的教学内容要尽可能地早些出现为好，还要重点提出加强女生对抗意识教学，对抗包括技术对抗、战术对抗、身体对抗。还要注意克服重攻轻守的倾向，贯彻"以防为主"的指导思想，使攻守相对平衡，从整体上提高篮球运动的水平。

总之，上述6个教学原则都不是孤立的，它们是相互联系的有机整体。因此，在运用这些原则时，要综合考虑，灵活运用。

（二）篮球选项教学方法

教学方法是教师为完成教学任务而采用的具体手段，是教师引导学生掌握知识技能、获得身心发展的共同活动的方法，也是教学原则的具体运用和体现。篮球教学方法是根据体育教学的一般方法，依据篮球选项教学原则，结合篮球运动的特点，为完成篮球选项的教学任务而采用的方式、途径和手段。篮球选项技术教学主要有四个环节，即讲解、示范、组织练习和纠正错误。根据篮球选项教学的目的和教学原则，技术教学通常应按照以下三个步骤进行。

1. 篮球选项技术教学方法

（1）建立正确的技术动作概念。

① 讲解。

讲解的内容包括技术动作的名称、概念、作用、技术结构、技术要领、技术关键等。讲解要简要、生动、形象化。讲解要突出重点，既要注意技术原理的分析，又要启发学生的思维，语言要生动形象，使学生易懂、易记。

② 示范。

示范的目的是为了让学生建立正确的技术动作表象。示范动作要正确、规范。一般可先做一次完整技术的示范，然后根据技术动作的结构和要求，再做重点示范，让学生的注意力集中在技术动作的主要环节上。为了达到示范的目的，增强示范的效果，示范时要根据学生的人数、队形、技术动作的特点来确定示范的位置和方向。篮球技术教学中，多采用正面和侧面示范。为了达到最佳效果，可利用图片、幻灯片、电影、录像等手段进行技术动作的演示，以利于学生形成正确的技术动作表象，建立完整的技术概念。示范和讲解往往结合运用，可以先讲解后示范，也可以先示范后讲解，然后再示范，也可以边讲解边示范。采取何种形式，应根据教学内容和教学对象的实际情况来决定。

③ 试做。

试做是在讲解和示范的基础上，让学生在降低要求的条件下尝试体会动作。试做的不必是完整的技术，但必须是技术关键，有时是徒手做，有时是简单的模仿，使学生的视觉、听觉和本体感觉一起发挥作用，以便获得所学技术的运动感觉，初步掌握技术。

讲解、示范和试做的过程，是学生动作技能形成的认知定向阶段，起主要作用的是视觉听觉等外导系统，尤其是视觉在学生形成清晰正确的动作表象中起重要作用。因此，教师应适时做出正确的示范动作，把讲解、示范和试做结合起来，使学生更好地理解动作要领，加速形成正确而完整的技术动作概念。

（2）形成正确的技术动力定型。

① 在简单条件下练习技术动作。

根据技术动作的难易程度，可适当降低练习难度，或采用分解与完整练习相结合的方法，或在慢速或无对抗的情况下练习。如学习原地单手肩上投篮技术，可采用二人对面互投的方法练习投篮的基本姿势和投篮手法，把注意力集中在关键技术上，避免投篮命中带来的干扰。在掌握了原地单手肩上投篮的身体姿势和投篮手法后，可对着球篮练习，与球篮的距离可由近到远，保证投篮动作不变形，并逐步加大难度。

② 掌握组合技术，巩固技术动作。

在学生掌握两个或两个以上技术的基础上，要进行组合技术练习，以进一步巩固技术动作的动力定型，为技术的运用奠定基础。篮球技术在实际运用中大多都表现为综合技术，既综合又连贯，前一个动作的结束就是后一个动作的准备和开始，如接球与传球、停步与投篮、接球与突破、投篮与突破等。因此，要适时进行组合技术练习。组合技术的衔接要合理，动作要有节奏，讲究协调。在组合技术的练习中，可先在慢速中进行，然后加快移动速度和动作速度，并逐渐增加动作组合的数量和变化，以便进一步巩固技术动作，使之更加熟练。

③掌握假动作，提高应变能力。

在学生较好地完成组合技术的基础上，可结合假动作的教学，学会运用瞄篮虚晃、跨步等动作迷惑对手，掌握投篮与突破结合和左右突破结合。假动作要做得逼真、灵活、实用，不断提高应变能力。

（3）在攻守对抗条件下提高运用技术的能力。

①在规定的攻守条件下进行练习。

练习设置一定的条件，练习时可以对攻守双方提出一定的要求。学生在这种特定的条件下进行练习，便于掌握技术的运用时机，提高技术的运用能力。例如，练习原地投篮技术时，防守者仅高举手臂而不封盖；持球突破时，防守者在被突破后不继续防守移动；运球时，防守者仅堵路而不打球等。

②在消极对抗条件下进行练习。

根据练习重点，对防守双方提出一定的要求。例如，在练习进攻技术时，要求防守消极些，练习防守技术时，要求进攻消极些。这样。便于学生体会和掌握攻防技术动作，更好地选择运用时机，提高技术的运用能力。

③在积极对抗条件下进行练习。

当学生已基本掌握技术动作并逐步达到熟练的程度后，应逐步过渡到在积极对抗条件下练习，提高攻守难度，增加运动负荷，使学生在接近比赛或在正式比赛的攻守状态下完成技术动作。

在篮球技术教学中，对初学者宜采用简单条件下的练习方法。当他们的技术动作掌握得比较牢固熟练后，可以逐步增加练习的难度和强度。通过积极对抗，进一步提高技术的运用能力。此外，还要注意弱手弱脚的练习，注意在篮球场左右侧的练习轮换进行。这样，有利于技术动作的迁移，有利于学生全面掌握技术，也有利于学生左右大脑的均衡发展。

2. 篮球战术教学方法

篮球战术的教学任务，是使学生掌握技术方法并在比赛中运用。由于篮球战术是以篮球技术为基础的，因此，战术教学应与技术教学相结合。要使战术内容丰富，教学中就应按以下步骤进行。

（1）建立战术概念，掌握战术方法。

①建立完整的战术概念。

教师首先要对具体战术的概念、特点、运用目的、攻守战术之间的矛盾关系等进行讲解，使学生对该战术有初步的概念。然后，对该战术的落位阵型、移动路线、主要配合方法、配合顺序、队员职责、同伴协作行动、以及该战术规律进行讲解和演示，使学生对所学战术的组织形式和技术方法有基本的了解和认识，以建立完整的战术概念。讲解和演示时，可使用图示、沙盘、电影、录像等进行直观教学，也可在球场上假设攻守的方式试做。让学生实际体会战术阵型，位置分工，移动路线和配合方法，启发学生的战术思维，培养良好的战术意识。

② 掌握局部战术配合方法。

全队战术是由局部战术构成的，掌握局部战术是学习全队战术的前提。战术教学要根据全队战术发展的一般规律，把全队战术分成几个阶段或几个部分，有序地进行重点教学。例如，学习快攻战术，把短传快攻分为发动与接应、推进和结束三阶段。分别进行局部战术教学，这样既保证了战术的连续性，又解决了战术中的局部问题，为掌握全队战术打下了基础。局部战术练习时，要注意局部与局部之间的衔接，要注意适时进行攻守对抗条件下的练习。

（3）掌握全队战术方法。

全队战术是在局部战术配合的基础上进行的。教学中可按照全队战术的要求进行。从消极的攻守对抗到积极攻守对抗，熟练掌握全队战术的配合方法，以提高全队战术质量。

（2）提高攻守转换和综合运用战术的能力。

在篮球战术教学中，当掌握两个或两个以上的全队攻守战术方法后，应结合攻守转换进行战术组合练习。提高攻守转换和综合运用战术的能力。

① 提高攻守转换能力。

在练习中，当攻守结束时，无论对方抢到篮板球或掷界外球，应立即封堵与退守，落位并调整防守阵式，迅速转入全场或半场防守。当防守结束时，获球后应立即转入反击。首先发动快攻，如果快攻受阻再转入阵地进攻。

攻守要迅速、流畅。可组织二攻二守、三攻三守、四攻四守，然后，进行全队攻防练习。可采用多种方法，培养学生攻守转换意识，提高攻守转换的速度。

② 提高综合运用战术的能力。

根据学生掌握战术方法的数量和质量，以及攻守转换能力的高低，逐渐要求学生有策略地运用多种战术。如在一个防守回合中，在前场采用全场紧逼，后场改为半场人盯人或区域联防；在半场防守时，区域联防可变为对位联防或半场人盯人防守。攻守双方根据对方的变化而变化，可以提高综合运用战术的能力。

（3）提高战术运用和应变能力。

在篮球战术教学中，应通过教学比赛，让学生在竞赛中进一步体会和掌握战术方法，教师应在比赛前提出要求，进行引而不发的指导，帮助进行赛后总结，理论联系实际，提高学生的战术水平和战术意识。在篮球选项战术教学中，要把战术教学与技术教学结合起来。一般来说，篮球选项的战术教学，重点放在建立战术概念和掌握战术方法上，并结合教学比赛，提高攻守转换和综合运用战术的能力。

3. 发现与纠正错误

（1）及时发现错误。

发现错误是纠正错误的前提，这就要求教师要有对错误的观察和判断能力。这种观察和判断能力来自对篮球技、战术的深入研究，来自多学科理论的积累，来自长期教学经验的总结，来自对教学工作的敬业精神。教师应该准确地把握正确技、战术的结构和表现形式，把握技、战术的关键，对技、战术的细节要了如指掌。这样，学生一旦出现错误就能立即发现，并立即加以纠正。

（2）分析产生情况的原因。

当教师发现了学生的错误时，不一定能立即判断出产生错误的原因。学生的个体差异较大，同样的错误可能是由不同的原因造成的。分析产生错误的原因是纠正错误的基础。因此，教师必须运用自己的知识和经验，细致准确地分析，找出错误发生的原因。

一般来说，技术学习中产生错误的原因大致为：讲解示范不清楚、学生对技术的概念模糊、对技术动作的内容或结构不了解、所学技术的难度过大、身体素质达不到完成某项技术的要求、身体不适、受旧技能的影响、学习时无信心、学习时兴奋性过高或过低、恐惧心理、教学环境、教学条件、气候不适宜、教学方法不当等。战术教学中产生错误的原因大致为：对战术的概念不清楚，对战术的特点、阵型、配合方法和战术的规律认识理解不准确，对完成战术的技术掌握不好；战术运用不恰当，战术意识不强，配合的时机、路线、节奏掌握得不好；没有处理好个人行为与全队战术的关系，战术运用和应变能力不强；教师讲解、示范、组织教法不当，或教学进度过快等教师要对产生错误的原因进行具体分析，对难以找出原因的错误要采用录像分析，生物力学分析等手段。只有正确地分析产生错误的原因，纠正错误才能更有针对性，效果才显著。

（3）错误。

纠正错误的方法很多，这些方法可以单独使用，也可以结合使用，但必须具有针对性，达到"药到病除"的效果。

① 讲解示范法。

讲解要生动形象，启发学生的思维。比如对于一个防守不到位的动作，用"手勤脚懒"或"脚勤手懒"来加以描述会起到意想不到的作用和效果；示范可用完整、分解、慢动作、正误对比等方法，并通过正面、侧面、背面和镜面的位置示范加以强化。

② 诱导法。

采用动作结构与正确技术相似但较为简单的练习手段，帮助建立正确的运动感觉。诱导法包括语言、模仿、外力等诱导。

③ 限制法。

按照教师的意图去完成技术或战术配合，以达到纠正错误或不良习惯的目的。

采用限制性手段，如根据学生随意运球而不乐意传球的坏习惯，运用全场十五人轮无运球攻守练习等方法，可在一定程度上改变随意运球的不良习惯，限制学生的随意动作等。

④ 变换法。

改变练习方法，降低练习难度，分解技术动作，改变或调整环境，尽可能地使错误动作得到最大限度的纠正。

⑤ 暂停练习法。

练习的本质是强化动作，反之，则可弱化动作。根据技能形成规律的"动力定型"，可暂停对某个动作的练习，实现暂时或完全"遗忘"的目的而重新学习，建立和形成正确的"动力定型"动作，以达到纠正错误形成正确动作的效果和目的。

⑥ 鼓励法。

主要用于纠正恐惧心理而产生的错误。教师要多鼓励引导，正面教育，使学生建立纠正错误的决心和信心。学生在老师不在场的情况下，自己互相纠正错误，提高学生自我分析问题和解决问题的能力。

第四节 篮球选项教学考核与评价

一、考核评价方法的选择与改变

学习成绩的考核与评价是教学工作的组成部分，也是教学管理的重要内容。根据教学大纲所规定的考核与评价内容和办法，在教学单元结束或课程结束时要进行考核与评价。篮球选项教学评价过程中，以往的技术课评价活动，比较注重终结性评价，由于这种评价仅仅是期末学习结束时进行的，因而失去了评价的有效反馈功能。在对学生学习成绩的评价中，只重视技术考试，而忽略了学生的个体差异，忽视了对学生体育态度的评价，不利于学生兴趣的培养、个性的发展。在传统的篮球教学评价中，缺乏身体对抗性方面的评价内容。因此，应改变诸如篮球课程评价目标与教育目标评价之间的不一致、评价方式单一、缺乏动态性评价机制及过程评价等不合理评价现象。因此，篮球选项教学评价的选择应着重考虑，第一、整体教学过程的连续性，以利于调动学生参与篮球选项实践活动的主动性；第二、采取诊断性评价、形成性评价和终结性评价相结合的评价方法。采取这些评价方法，要注意合理分配和安排评价的时数，应与课内外评价相结合。评价方法和标准应着眼于学生成绩的进步幅度和篮球常规技、战术对抗这方面的内容，使学生所付出的劳动通过分数体现出来。第三、适当增加动态性机制的评价形式，使有效反馈评价的功能得到体现，这样既体现了客观性评价的'质'，在遵循学生技能形成规律的同时，又体现主观性评价的'面'，有利于大学生篮球运动水平的提高和意识的培养。[3]

评价方法的改变和丰富，在一定程度上能提高学生学习的主动性，逐渐消除"学生喜欢篮球运动，但不喜欢篮球课"的看法与想法。当然，评价方法的改变与丰富，必须与教学内容紧密结合。避免评价方法停留于表面而造成适得其反的后果。在"健康第一"的教学思想指导下，使"三自主"（学生自主选择课程内容、自主选择任课教师、自主选择上课时间）教学模式中的篮球选项教学，真正体现出从运动教育向健身教育转变，即从学习运动向运动健康转变。不仅着重体现篮球选项教学中的"炼"，而且真正体现学生这个"实践主体既是实践的主体又是实践的客体"的运动价值。不仅体现教师的主导作用，而且体现了学生主体的地位。在做到篮球健身教育与技术教学有机结合，以及突出课程评价目标与教育目标之间的一致性，传授知识、培养能力与提高素质融为一体的同时，丰富篮球文化内涵，提炼出篮球运动的健身价值和人文价值。最终让学生在篮球项目中自我体验、自我锻炼、自我评价和自我享受篮球运动带来的快乐，并受益终身。

二、考核与评价的内容

篮球选项教学学习成绩的考核的内容，主要根据教学大纲所规定的考核范围和方式，参照学时或年级的不同要求，选择那些最基本的技、战术为考核内容。还要考查课外参与以篮球为主的身体活动或竞赛，以及次数和所取得的成绩。

三、考核与评价方法

1. 技、战术达标考核与评价

根据学生完成技术动作的速度、准确性确定评分标准。以半场往返运球移上篮技术测试的达标评分为例，如表1-9。

2. 技术评定

根据学生完成技术动作的质量进行评分，考核前把所考的技术战术按动作结构、配合过程分层，根据若干环节完成情况进行评分。以原地跳投评分标准为例，如表1-10。

3. 比赛评价

比赛评价突出了动态性机制的评价形式，能充分反映学生的实际水平和能力。

（1）课内：二对二、三对三的形式。

（2）课外：以证书或影像为依据评定学生技、战术的运用能力与水平。

半场往返运球移上篮技术测试标准达标（表1-9）

男生/成绩/S	女生/成绩/S	得分
30	34	10
32	36	9
34	38	8
36	40	7
38	42	6
40	44	5
42	46	4
44	48	3
46	50	2
48	52	1

原地（跳）投篮评分标准（表1-10）

动作完成情况	等级	得分
动作正确，连惯，协调，用力精确，起冲合理（起跳有力）	优	9-10
动作正确，比较连惯，协调，用力较精确	良	8-8.9
动作基本正确，不够连惯，不够协调	中	6-7.9
动作不正确，协调性差	差	6分以下

第二章　篮球球性练习

　　熟习球性基础练习既能提高初学者学习篮球的兴趣，又是打好学习篮球技术基础的基本条件和要求。熟习球性基础练习是有兴趣、运动量较小的运动，可以把它理解为人对一种事物的初步认识，反映的是人的一般操作水平和能力。熟习球性的练习内容包括第一节的原地部分和第二节的行进间两部分，分别创编了十节的练习动作，采用语言描述与示范相结合的方法、学生试做法、成果验收法三种相结合的教学方法。这些熟习球性的基础练习，仅一个练习动作，仅通过 10~30 s 的短暂练习就能掌握。通过对每个动作的试做时间和所达到的水平进行测试，一方面能反映个体的一般操作能力和水平；另一方面，又能在一定程度上反映个体篮球基本功的扎实程度，还可以依据这些基本的熟习球性内容，创编和设计篮球操。

第一节　原地熟习球性练习部分

一、换手托球绕腕

　　练习目的：增强手腕的控球能力和手腕的力量，同时，置球于至高无尚的地位，仰视篮球，方能进步神速。

　　练习方法：（如图 2-1、2-2），两脚分开重心偏于右侧，左手直臂举球于头上且拇指指向身后，并由后向内再向外绕腕 4-8 拍后，从左手换到右手再绕腕 4-8 拍。

　　练习要求：眼看高球，控球手指把球托起，掌心空出，由左手换到右手的过程中，经托球让球落于全手掌并顺势如大像捲鼻把球"捲"下。

　　组织形式：个体或集体；集体练习注意节奏的一致性、动作的统一性。

图 2-1　　　　　　　　　　　　图 2-2

二、胸前左、右手 180 度点拨球

练习目的：强化手感，提高手指、手臂力量。

练习方法：两脚分开，身体保持正直，左手持球于体前两脚下左侧，由下肢经体前至头顶直臂点拨球为 1 个 8 拍，然后，由上向下点拨球，做 4—8 拍（如图 2-3、2-4、2-5、2-6）。

图 2-3　　　　图 2-4　　　　图 2-5　　　　图 2-6

练习要求：掌心相对，左右手保持较大间距或间距由小变大，保持好身体重心和身体姿态。

组织形式：个体或集体。体会球由下向上移动，并经左手点拨球给右手时的点拨动作，而非左手亲自交给右手过程。集体练习注意节奏的一致性、动作的统一性。

三、胯下（双手）垂直抛接球换手

练习目的：增强瞬间双手控球能力，提高全身协同动作能力和身体的灵活性。

练习方法：身成下腹腰且两脚分开给球可上、下移动的空间，左手位于体前，右手位于体后，同时，球置于胯下，数 1 时，双手将球垂直上抛，此时，快速换手接下落的球，数 2 时，左手位于体后，右手位于体前，继续抛接球换手，以此类推（如图 2-7、2-8、2-9），做 4－8 拍。

练习要求：两脚不能移动接球，均匀将球垂直抛起并保持在胯下范围内。

组织形式：个体或集体。集体练习注意节奏的一致性、动作的统一性。

图 2-7　　　　　　图 2-8　　　　　　图 2-9

四、胯下（双手）前后（V 字型）抛接球换手

练习目的：同上，难度大于 3 的练习。

练习方法：身成下腹腰且两脚分开给球可上下移动空间，数 1 时，左、右手（双手）位于体前持球，并向胯后方抛球，双手经体外两侧在身后接球；数 2 时，双手从身后向胯下前方抛球，双手经体外两侧在身前接球，以此类推（如图 2-10、2-11、2-12、2-13），做 4－8 拍。

练习要求：两脚不能移动接球，将球 V 字型前后抛起并将球保持在可控范围内。

组织形式：个体或集体。集体练习注意节奏的一致性、动作的统一性。

图 2-10

图 2-11

图 2-12

图 2-13

五、三绕环（颈、腰、膝）

练习目的：体会人球一体的感觉和球的向心作用，提高动作的协调性和增强球感，难度大于 2 的练习。

练习方法：保持直立，右手持球于右肩并经颈点拨球（数 1 时）、腰点拨球（数 2 时）、膝点拨球（数 3 时）三绕环回到右手持球于右肩部的位置继续开始。以此类推（如图 2-14、2-15、2-16、2-17），做 4－8 拍。

练习要求：注意膝点拨球（数 3 时）要曲膝并保持抬头和身正姿态，加快速度，注意节奏。

组织形式：个体或集体。集体练习时，节奏的一致性为此动作的练习难点和重点。可将节拍换成 1－2－3……2－2－3……

图 2-14

图 2-15

图 2-16

图 2-17

六、前弓步单手内、外运球

练习目的：体会球上升时给手的力，并借助此力将球的移动方向改变，增强上肢的支配球能力，提高运球的能力和手部的力量。

练习方法：成右前弓步，并以右前弓步为自然障碍从体右外侧（右前弓外侧）用右手运球 1 次后，仍用右手将球运至前弓步左侧即内侧，此时为 2 次运球，以此类推（如图 2-18、2-19、2-20、2-21），做 4－8 拍。

练习要求：有障碍运球时，注意手掌心争取一直指向下方，不要翻掌、腕。此练习需要一定量的练习才能达到一定的效果。

组织形式：个体或集体。运球动作的规范性是本练习的重点。

图 2-18

图 2-19

图 2-20

图 2-21

七、双手胯下前后运球

练习目的：体会和明确身体与球的空间关系，提高身体协同运球的能力。与胯下双手前后 V 字型抛接球换手的练习相似。不同之处是一个抛、一个是运。

练习方法：上身正直且两脚分开给球可通过胯下的有效空间，数 1 时，双手位于体前持球，并在胯下向后方双手运球，双手运球后经体外两侧在身后运球，数 2 时，双手从身后向胯下前方运球，双手经体外两侧在身前运球，以此类推，做 4－8 拍。

练习要求：双手同时连续运球，找到球的反弹点。切忌用持球并用双手传球的方法。

组织形式：个体或集体，运球动作的规范性是练习的重点。（如图 2-22、图 2-23、图 2-24、图 2-25）

图 2-22

图 2-23

图 2-24

图 2-25

八、原地直臂难度抛接球

（1. 直臂抛接、2. 直臂击掌抛接、3. 直臂转圈抛接、4. 直臂双手触地击掌抛接）。

练习目的：体会身体与球的空间和时间关系，提高双手的控球能力。

练习方法：双手将球向头上抛出后，准备用双手直臂在头上远端接球，以此类推，做 1-8 拍。1 拍是指 1 次抛接球的完成过程。（如图 2-26、图 2-27、图 2-28、图 2-29、图 2-30、图 2-31、图 2-32、图 2-33）。

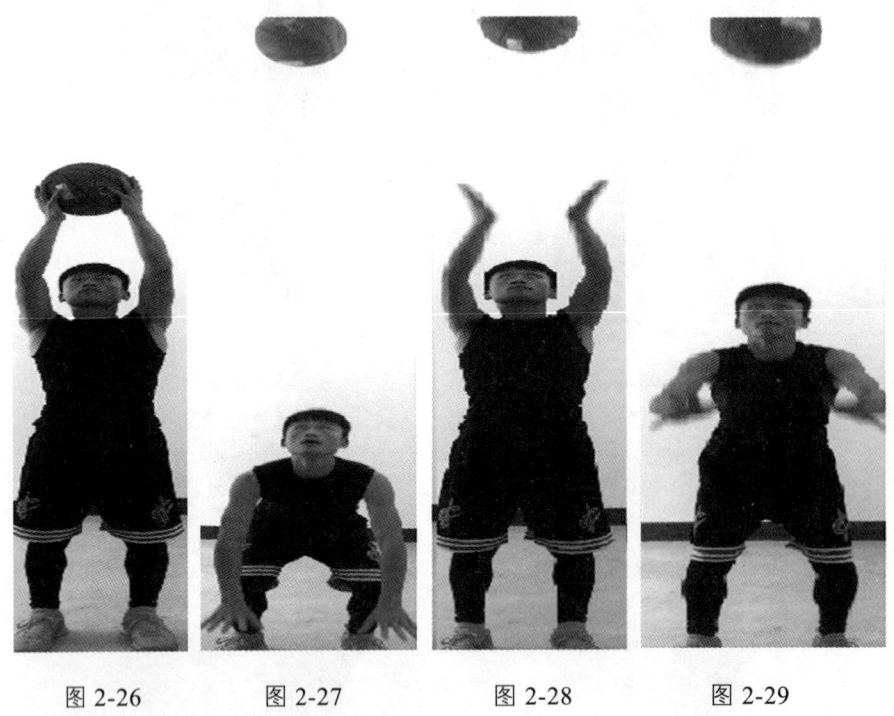

图 2-26　　　图 2-27　　　图 2-28　　　图 2-29

练习要求：（1）无论练习形式如何变化，都要求直臂在头上远端接球；（2）所抛出球的最高高度不超过篮板上沿为宜。（3）练习形式是指球抛在空中时做的一些附加动作。

组织形式：个体或集体。集体练习时，节奏的一致性为此动作的重点。

图 2-30　　　　图 2-31　　　　图 2-32　　　　图 2-33

九、身后单手抛接球

图 2-34　　　　　　图 2-35　　　　　　图 2-36

练习目的：体会身体与球的空间和时间关系，提高单手的控球能力，增强身体协调性和灵活性。

练习方法：右手后倒腕持球并经体后向左方抛起，待球下落时左手正手接球后快速后倒腕持球并经体后向右方抛起。以此类推（如图 2-34、图 2-35、图 2-36），做 1－8 拍。

练习要求：持球后倒腕的方法要正确。

组织形式：个体或集体.全身协同用力，是球平稳运行的关键。

十、双手体前、体后抛接球

练习目的：体会身体与球的空间和时间关系，提高双手的控球能力，形成良好的判断意识。

练习方法：双手持球于体前并经头上向后抛球，双手经体两侧到体后接下落的球后，又经体后头上向前抛球，此时，双手经体两侧后方到体前接下落的球。以此类推（如图 2-37、2-38、2-39），做 4－8 拍。

练习要求：球必须经头上而非体侧通过，在体后接球时，用双手接球，而非背球方式。

组织形式：个体或集体，集体练习时，以淘汰方式结束熟习球性的全部练习。

图 2-37

图 2-38

第二章 篮球球性练习

图 2-39

第二节 行进间熟习球性练习部分

一、跑跳步左、右手交替运球

图 2-40

图 2-41

练习目的：提高在一定速度要求之下的双手支配球，以及全身的协同配合能力。

练习方法：右脚腾空支撑一次的同时，右手运球一次并准备交给左手，左脚腾空支撑一次的同时，左手运球一次并准备交给右手；以中圈为哨音开响区，哨音前为高运球，哨音后为低运球。以此类推，（如图 2-40、2-41、2-42、2-43）全场往返，以此交替进行。

练习要求：由跑跳步高运球变跑跳步低运球时，要求有加快节奏的明显变化，同时，球的横拉运球动作要明显，两脚、两手交换要紧凑、连贯。

组织形式：个体或集体。

图 2-42

图 2-43

二、跑跳步单手高、低运球

练习目的：提高在一定速度要求之下的单手支配球，以及全身的协同配合能力。

练习方法：右脚腾空支撑一次的同时，右手运球一次，左脚腾空支撑一次的同时，右手运球一次；以中圈为哨音开响区，哨音前为高运球，哨音后为低运球。依次类推，（步伐同图 2-40、2-41、2-42、2-43 所示）全场往返。腾空支撑一次为一个周期性运动，亦即一个周期的跑跳步，依次交替进行。

练习要求:由跑跳步高运球变跑跳步低运球时,要求有加快节奏的明显变化。两脚交换要紧凑、连贯。

组织形式:在球场端线排成若干纵队,根据练习人数的多少确定纵队列数。以横队第一排开始直至最后一排完成,每排完成后回到本列排尾,回位时从该列右侧进入排尾。

三、行进间抛接球

练习目的:提高在快速跑动过程中双手接抛球以及全身协同配合的能力。

练习方法:双手抛球于前上方,自然快速跑动跟近双手直臂头上前端接球后跑动跟近再抛球,依次交替。抛球高度要根据鸣哨信息以低、中、高的次序展开。(如图2-44、2-45、2-46、2-47)全场往返,依次交替进行。

练习要求:加快跑动速度,同时做到球领人向前跑动趋势。还要做到双手直臂前端抛接球,跑与抛的动作要紧凑、连贯。底、中、高抛接结合练习。

组织形式:同上。

图2-44　　　　图2-45　　　　图2-46　　　　图2-47

四、弓步胯下换球换手前移

攻击步胯下从内向外或从外向内换球换手；交叉步胯下从内向外或从外向内换球换手。

图 2-48

图 2-49

图 2-50

练习目的：提高在快速移动中单手交换接球，以及全身的协同配合能力。

练习方法：八字攻击步前行，左脚腾空下落支撑前，球由右手经体前通过胯下向后方传球给在身后等待的左手，左手顺势向上引球至高点后下压，此时，右脚跨出，球经体前通过胯下交给在体后等待的右手并做引球动作，以此循环（如图2-48、2-49、2-50）。全场返回时，做从外向内换球换手的练习。

练习要求：从内向外换球换手是异侧，从外向内换球换手是同侧即同手同脚。

引球动作要显著，手和脚的配合要协同，此练习节奏鲜明，两脚交替与两手交换要紧凑、连贯。

组织形式：往返的动作不同，还可运用交叉步胯下从内向外或从外向内换球换手练习，其它同上。

五、前弓步胯下滚球

练习目的：提高在快速移动中单手交换贴地绕拨球，以及全身的协同配合能力。增强上下肢力量和身体的平衡能力。

练习方法：攻击步左脚前行时，右手绕拨球通过胯下交于左手绕拨球，同时做出右脚前置攻击步，并让球通过胯下交于左手绕拨球，依次循环（如图2-51、2-52、2-53）。

图2-51

图2-52

图 2-53

练习要求：单手交替、球紧贴地面，球从内向外换手绕拨球是异侧性动作。绕拨球时与下肢的紧凑、连贯是练习重、难点。

组织形式：同上。

六、跑动运球收球换手运球收球

练习目的：提高快运球收球起动快运球或传球的动作，增强生物性反应和全身的协同配合能力。

图 2-54　　　　　　　　　　图 2-55

练习方法：跑动收球换手运一次球依次循环（如图2-54、2-55）。

练习要求：此动作是根据规则制定的一次运球后实现快速传、接球的组合练习，实际中，只能允许一个单个动作的存在。体现一个"快"字，且上、下肢的协调性与球的关系是此练习的重、难点。

组织形式：同上。

七、单手移动抢接高球

练习目的：提高单手控球技术，是练习抢篮板球技术的手法之一。

练习方法：走跑交替将球抛起，球下落时用单手（一次右手、一次左手）抢接高球，接着在向上抛，依次循环（如图2-56、2-57、2-58、2-59）。

图 2-56

图 2-57

图 2-58

图 2-59

练习要求：在最高点上将球抢下，手指触及球的上位，快速抢下至胸前，另一只手协助保护球，也可跳起抢球。

组织形式：同上。

八、提腿胯下绕球前移

练习目的：提高手、脚并用的能力，增强灵活性、协调性和平衡性。

练习方法：右脚提起时，左手持球并通过右脚提起之后产生的空间将球传给右手，此时，右脚由腾空腿变支撑腿，左脚由支撑腿变腾空腿，右手持球后通过左脚提起之后产生的空间将球传给左手并行进间交替，依次循环（如图 2-60、2-61、2-62）。

图 2-60

图 2-61

图 2-62

练习要求：提起腿的高度至少要达到 90 度，上体保持正直，不能用上体弯曲的方法，让球通过提起腿后所产生的空间。

组织形式：同上。

九、双手接高抛反弹球

练习目的：判断掌握提高单手控球技术，是练习抢篮板球技术的手法之一。

练习方法：将球抛向前上方，随机移动至合理位置并降低重心，准确观察判断球的反弹点后，立刻在球弹起的最低点上用双手将球控制，向前继续抛球接球，依次循环（如图 2-63、2-64、2-65）。

图 2-63

图 2-64

图 2-65

练习要求：最好在球弹起的最低点上将球控制住。

组织形式：同上。

安全提示：避免球弹起时可能造成对手指的损伤，双手应从球的两侧，而不是上方去控制球，两手的张开略大于球的直径。

十、换位接高抛球

练习目的：提高观察、判断、快速起动和快速停止的能力。

练习方法：两人相距 3 米左右各持一球，通过配合将球平稳上抛，此时，两人立即换位接对方抛出而下落的球，成功后向前继续抛球换位接球，依次循环（如图 2-66、2-67、2-68）。

练习要求：抛出而向下的落点最好指向在偏向本位的正前方，要同时抛球且高度适宜。

图 2-66

图 2-67

图 2-68

组织形式：以两人一组，破上一组距离，被破者淘汰，破者距离为当前距离。最后以最长距离为胜者。

安全提示：两人预先约定将从对方的身前还是身后经过来接球。两人的跑位不能发生冲突，不能只看球而不看人。

第三章 篮球技、战术基础与技术对抗练习

篮球比赛时，双方你攻我守，攻守不断交替，球在穿梭传递，运动员在不停地奔跑，有时运球，有时投篮，左突右堵，你夺我抢，这些动作可以统称为篮球技术。篮球技术是篮球运动员必须具备的比赛基础，只有掌握了一定数量的技术，并能正确熟练地运用，才能进行战术配合，才能打好比赛。因此，要想打好球，要想提高篮球运动水平，必须学习篮球技术，注意打好基础。

第一节 篮球选项移动技术基础

在篮球比赛中，常看到运动员打球打得非常巧妙，脚步灵活轻快自如，但也会看到，有的运动员给人以身不由己或动作别扭的感觉，想快跑用不上劲，想停下来又刹不住"车"，这是为什么？主要原因之一是没有掌握篮球场上的跑、停、转；其次是篮球运动中的传球、接球、运球、投篮等技术，很多情况下都是在跑动中完成的，若不掌握篮球场上的跑动技术，在做上述技术动作时就会顾了手却顾不了脚，手脚不能协调配合。因此，学会篮球场上的跑、停、转动作，不但能帮助你尽快地掌握其它技术动作，还可以使你打起球来轻松自如、灵活多变。它是篮球运动中的一项很重要的基础技术，在篮球运动术语中叫作"移动技术"。篮球运动中的几个主要动作：

一、篮球场上的站立姿势

篮球比赛情况错综复杂，千变万化，双方十名队员在一块15 M宽28 M

长的场地内进行攻守对抗，要求运动员在短暂的时间内及时地变换动作。例如：无球时能主动摆脱对手接到球，接球后能立即投篮、突破或传球，传球后又能快速地奔跑、转身、接球等。因此，我们生活中的那种站立姿势是不能及时完成篮球场上的各种动作的。那么，规范的站立姿势应该是怎样的呢？如图 3-1 所示，两脚左右或前后自然分开站立，约与肩宽，两膝稍向前倾，重心降低，身体重量放在两脚掌上，上体稍向前倾，两臂微屈自然地放在身体两侧，眼睛观察全场情况。这种姿势叫做基本站立姿势，它是投篮、传球、突破等技术动作的准备姿势，在球场上不论持球或不持球，随时随地都要保持这种姿势，以便及时地转换成其它动作，完成攻守的目的。因此，要重视基本站立姿势的练习，并养成好习惯。练习时先原地做，然后结合起动和跑、停等相结合的技术动作进行练习。

图 3-1

二、篮球场上的跑

篮球场上的跑不同于田径场上的赛跑。篮球场上的跑，需要忽快忽慢，时左时右，随时能变换速度，变换方向。跑的路线大都是弧线或折线。跑的方法很多，下面仅介绍起动、变向跑和侧身跑。

（一）起动

在进攻中突然快速地起动，它与起跳的准备有所不同。起动是摆脱防守的有效方法，防守时，迅速的起动是为了保持或抢占有利位置，防住对手或抢球、打球、断球。起动时（如图 3-2 和 3-3），首先上体和重心迅速向行进方向倾移，同时以异侧脚（或后脚）的前脚掌内侧用力蹬地，并充分利用蹬地的反作用力迅速向跑动方向迈出。起动后的前两三步，两脚的前脚掌要短促而迅速地连续蹬地，使之在最短的距离内把速度充分发挥出来。

要领：上体和重心迅速向行进方向倾移，异侧脚的脚前掌内侧用力而快速地蹬地。

图 3-2

图 3-3

（二）变向跑

变方向跑是队员在跑动中利用突然改变前进方向来甩开防守队员的一种方法，跑动路线是折线。变方向跑时，以从左向右变方向跑为例（如图 3-4），当左脚向左前方跑出最后一步，脚着地时，脚尖稍向内扣，并用左脚脚前掌内侧用力蹬地，随之腰部扭转，上体向右前倾，转移重心，右脚向右前方迈出一小步，随后左脚迅速向右侧前跨出一大步，继续加速跑动。向另一侧变方向时，动作相反，方法一样。

要领：支撑脚脚前掌内侧蹬地，上体转动和重心转移，跨步积极快速。

图 3-4

（三）侧身跑

如图 3-5 所示，比赛中，队员在跑动时，为了更好地观察场上情况和抢占空间位置把防守人挡在身后，经常采用侧身跑。这种跑的动作方法是向前跑动时，头部和上体放松地转向球的方向，脚尖和肩部对着前进的方向，既要保持跑速，又要看球和注意场上情况。

要领：脚尖和肩部对着前进方向，眼睛注视球和场上情况。

图 3-5

（四）起动、变方向跑和侧身跑的运用

起动、变方向跑和侧身跑都是进攻队员用以甩掉防守，创造进攻机会的方法。特别是起动，在篮球场上所起的作用更为重要，许多技术都离不开它，突然起动是超越防守人的关键，运用得好可以直接摆脱防守。在许多情况下，把起动、变方向跑和侧身跑等几个动作结合起来运用效果更为显著。例如摆脱防守接球，如图 3-6 所示，假若⑤被❺盯得很紧，⑤要想接到④的传球，首先就必须摆脱❺的防守，此时⑤可先向进攻方向的左侧跑一、两步（一般叫下压），❺必然立即后撤堵截，⑤再突然改变方向，快速起动，上左脚，转体侧身靠近防守人（截断防守人的断球路线），再向右方上步接球，接得球后可以根据防守队员的情况进行进攻。如图 3-7 所示，⑤也可以根据❺的防守位置偏低线而向左侧下压后突然改变方向，快速起动，向右前方做侧身跑，把❺挡在身后，以便保证能接到④的来球进行进攻。如图 3-8 所示，如果⑤做下压而❺没有及时后撤或堵截，⑤此时可快速起动做侧身跑，同样可以达到摆脱防守接球进攻的目的。进攻队员无论

在任何位置，为了接球都可以用上述方法摆脱防守。

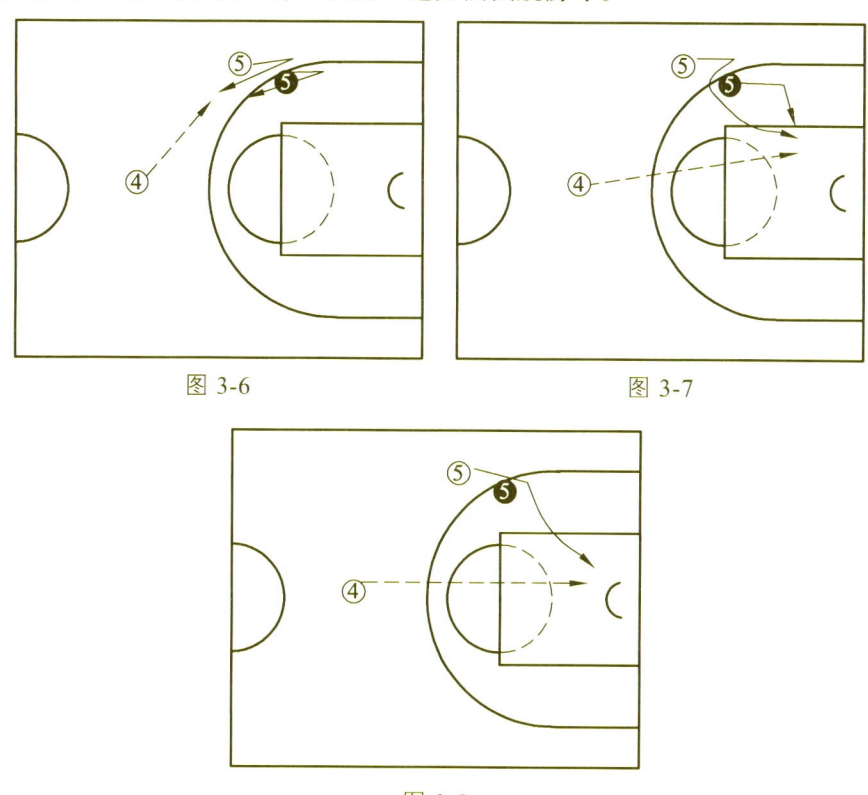

图 3-6　　　　　　　　　　图 3-7

图 3-8

三、急停

急停是指队员在快速奔跑中突然停住，就像汽车在行驶过程中的急刹车一样。但是，急停的要求比急刹车还高，要克服惯性，一下子就能停车。

完成急停动作有两种方法：一种是急停时向前跑两步使身体停住，这叫两步急停，也叫跨步急停；另一种是向前进方向跳一步使身停住，这叫做一步急停，也叫跳步急停。

（一）跨步急停

如图 3-9 和 3-10 所示，有球与无球急停以及防守中的急停。队员在快速跑动中急停时，先向前跨出一步，用全脚着地抵住地面，快速屈膝，同时身体稍向后仰，转移重心，减缓向前冲力；跨出第二步时，脚尖向内侧转，用脚掌内侧蹬地，两膝弯曲，身体侧转（右脚跨出一步，身体右转），微向前倾，重心在两脚之间，两臂自然张开，协助维持身体平衡。

图 3-9

图 3-10

人们一般都有这样的经验，车急刹时，站在车上的人往往是自然地降低重心，脚前掌用力向前抵，腰用劲往后拉，使身体尽可能蹬地不向前扑，急停时的用力和这个道理是一样的。

要领：臀部后坐，脚前掌内侧用力蹬地。

（二）跳步急停

队员在慢跑中，用单脚（或双脚）跳起（离地不高），上体稍向后仰，两脚同时落地，落地时两膝弯曲，两肘自然张开，保持身体平衡，如图 3-11 所示。

要领：落地屈膝降重心，两脚内侧用力蹬地。

图 3-11

（三）急停的运用

进攻队员在跑动中，如果被防守队员紧紧跟随而无法摆脱时，就可用急停把防守人甩开，从而创造接球进攻的机会。跨步急停多用于对付紧逼防守。例如：快跑中用跨步急停甩开防守进行跳投或传球，还可在运球中用急停、急起以突破对手。总之，在篮球运动中，跨步急停的运用是非常广泛而有实效的。

跳步急停多用在进攻队员突破前的接球时。如当进攻队员距离防守队员较远，此时可利用跳步急停主动靠近防守队员接球，以便为传球突破和跳投创造条件。做策应的内线队员在背向篮筐接球时，也可用跳步急停接球，以便于用任何脚做中枢脚转身进行攻击。另外，在现代篮球激烈的比赛中，无球队员进攻摆脱防守队员时也可用跳步急停，往往会起到出奇制胜的效果，如图 3-12 所示。

图 3-12

四、转身

转身是队员以一脚做中枢脚，另一只脚围绕中枢脚向前或向后跨出，改变原来的身体方向、站位，借以抢占有利位置和摆脱防守的一种方法。转身在比赛中运用非常广泛，熟练的转身技术可以使你更多地获得接球、运球、传球和投篮的机会。转身前，两脚左右分开，两膝微屈，上体稍前倾，身体重量落在两脚上。转身时，以一只脚的脚掌为中枢（叫中枢脚），脚跟离地，用另一只脚（叫移动脚）的脚掌内侧用力蹬地的同时，使身体重心迅速移向中枢脚，同时腰部转动带动上体随着移动脚转动，向前或向后改变身体的方向。在转身过程中，要保持身体重心的平稳，不要起伏。转身后，身体重量仍放在两脚上。持球转身时，要注意利用身体做好护球动作。转身可以分为前转身和后转身（如图 3-13、3-14），移动脚向自己身前（中枢脚脚尖方向）跨出的同时，中枢脚旋转，使身体改变方向，叫前转身。移动脚从中枢脚脚跟方向绕过中枢脚旋转使身体改变方向，叫后转身。

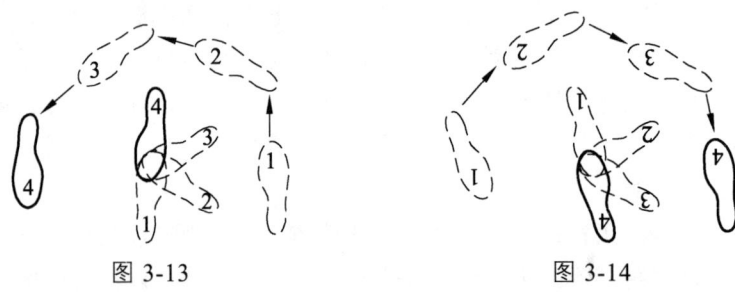

图 3-13　　　　　　　　　　图 3-14

要领：移动脚积极蹬跨，中枢脚膝关节内收或外展。腰部转动，躯干角（上体和大腿所成的角度）和膝角（大腿和小腿中间所成的角度）角度保持固定。

运用：进攻时，队员运用转身技术较广泛。当进攻队员背对球篮接到球后，可利用前转身或后转身进行突破、跳投或传球。如持球队员面对防守人，可用前转身或后转身突破对手或躲避对手的抢球，无球队员利用转身可以摆脱对手接球。

五、掌握和改进跑、停、转的练习

1. 队员按图 3-15 所示，做起动跑（直线）、急停（直线结束）、转身（直线结束两次转身）的练习，依次循环到全场结束为一组练习。练习时，队员从端线起动跑到罚球线，做急停、转身、返回端线，做急停、转身，跑到中线，做急停、转身，跑回罚球线。依此类推。按图示做到前场端线后，从边线外返回队尾。

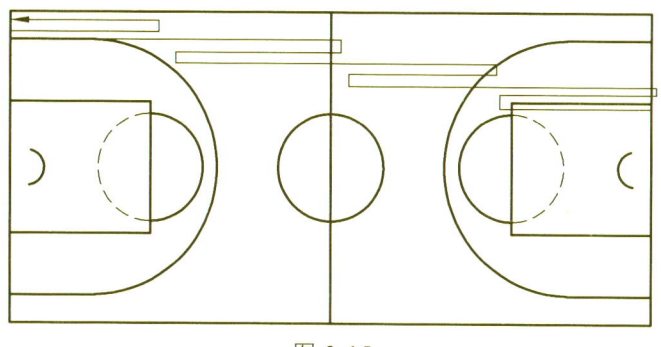

图 3-15

2. 在全场范围内做变向跑、侧身跑、急停、转身、起动练习。二人一组，一人在前，一人在后，相距 2-3 米。前面的队员做上述各种动作，后面的队员紧紧跟随的同时做和前面队员相同的动作。

3. 如图 3-16 所示，队员之间相距 4-5 米，③传球给⑤后立即起动与④换位，⑤接球后再传球给④并与⑥换位，④接球后急停传球给……如此反复练习三十次或持续一分钟。

4. 二人一组，相距 3～5 米，对面站立。一人持球向另一接球队员前、后、左、右做高、低传球。接球队员迅速向传球方向起动，力争在球落地前接住并停稳，然后回传球给原持球队员。连续做 10 次后交换，反复进行。

5. 如图 3-17 所示，队员分成两组。②先做摆脱接球，①传球给②后先向左跑，在接近②时突然变向从右侧切入接②的低手传球，运球上篮。②跟进抢篮板球，把球传给③，①与②互相换练习位置。

图 3-16

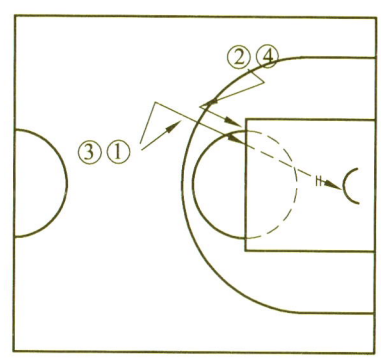

图 3-17

6. 如图 3-18 所示，队员分成两组。②做摆脱接球，①传球给②后先向上提要球，在跑至罚球线延长线时突然转身切入篮下接②的高吊球上篮，②跟进抢篮板球，并把球传给③；①与②互换练习位置。

7. 如图 3-19 所示，①传球给②后向篮下切入，当②传球给③时，①做急停、转身、切底线，从另侧回到⑤的排尾。②传球给③后向另侧做与①相同的动作。依次进行空切、侧身跑、急停、转身的练习。

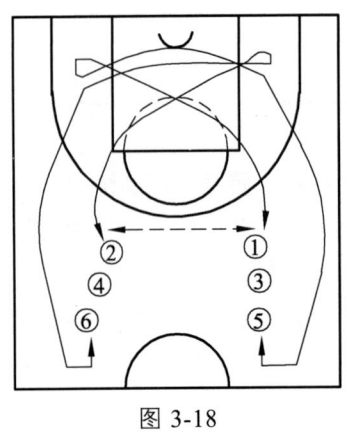

图 3-18

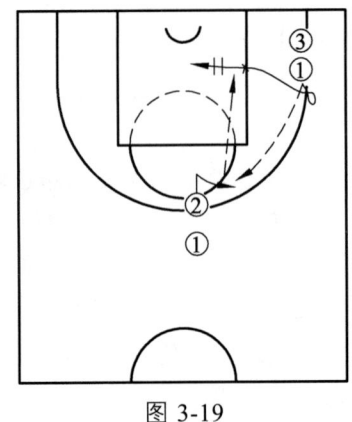

图 3-19

六、篮球场上的跳

跳是队员在比赛中争取高度和远度的一种方法。由于篮球运动中的跳是在快速移动和激烈对抗条件下进行的，所以必须学会双脚起跳和单脚起跳，会在原地、跑动中和对抗条件下起跳，会向上跳，向侧跳，向后跳和连续跳等。同时要求起跳快，跳得及时，跳得高。

1. 双脚起跳

方法：起跳前，两脚开立与肩同宽，下肢各关节弯曲，重心下降，上体稍向前倾，两臂屈肘微外张。起跳时，两脚迅速用力蹬地，两臂同时快速向上挥摆并用提腰的力量，使身体向上腾起，身体在空中要自然伸展，维持平衡。落地时，用前脚掌先着地，并屈膝缓冲身体下落的重力，注意保持身体平衡，并作好下一个动作的准备。

要领：下肢弯屈下蹲，两脚用力蹬地，两臂挥摆提腰，身体在空中充分伸展。

2. 单脚起跳

方法：起跳时，最后一步幅度要小，起跳脚微屈前送，用脚跟先着地制动着并迅速屈膝和过渡到全脚掌用力蹬地，同时挥臂提腰，另一条腿屈膝上提帮助起跳，当身体在空中最高点时，摆动腿伸开与起跳腿自然并拢，全身协调。落地时要屈膝缓冲和保持身体平衡，并做好下一个动作的准备。

要领：起跳时步幅小，用力蹬地；摆动腿、腰、腹、臂协调配合，身体在空中自然伸展协调有力。

第二节　篮球选项支配球技术教学

篮球选项支配球技术教学的内容包括传、接球技术、投篮技术、运球技术、持球突破技术、抢篮板球技术，被称为五大技术基础。五大技术基础彼此衔接，不可或缺。

一、传、接球技术

传、接球技术是篮球比赛中运用最多的技术。它是队员之间相互联系、相互配合、组织进攻、实现战术的手段，也是培养队员团结协作，充分发挥集体力量的重要环节。传球是一项细致而复杂的技术。随着篮球技术的发展和为了适应篮球比赛千变万化的需要，传球方式越来越多，有单手、双手、原地、跑动和跳起传球等。由于出球的部位和方向不同，又分头上、肩上、胸前、体侧、背后和勾手传球等。接好球才能顺利地进行传球、投篮和运球等动作，接不住球或接球不稳，都会失掉进攻或直接得分的良好机会。因此，对接球技术应给予充分的重视，在练习传球的同时，一定要注意把球接好。由于来球的方向、速度、距离和高度不同，接球的方法也多种多样，最常用的是双手接球。

下面学习比赛中几种常用的传、接球技术：

（一）双手胸前传球和接球

双手胸前传球，由于用双手持球，因而容易控制和保护好球，又便于转为其他动作,同时传球的准确性也比较高。因此,这种传球被认为是传球的基础。

(1)双手胸前传球。

两手五指自然分开,拇指相对成八字形,用指根以上部位持球的侧后方,手心空出,两肘自然弯曲于体侧,将球置于胸前部位,身体保持基本站立姿势,眼睛注视传球目标。传球时(如图 3-20、3-21 所示),后脚蹬地,身体重心前移,同时前臂短促地前伸,手腕急促向上翻转,用手腕抖动和拇、食、中指向传球方向用力弹拨将球传出。

要领:迅速伸臂,手腕急促地翻转,拇指下压,食指和中指用力拨球。

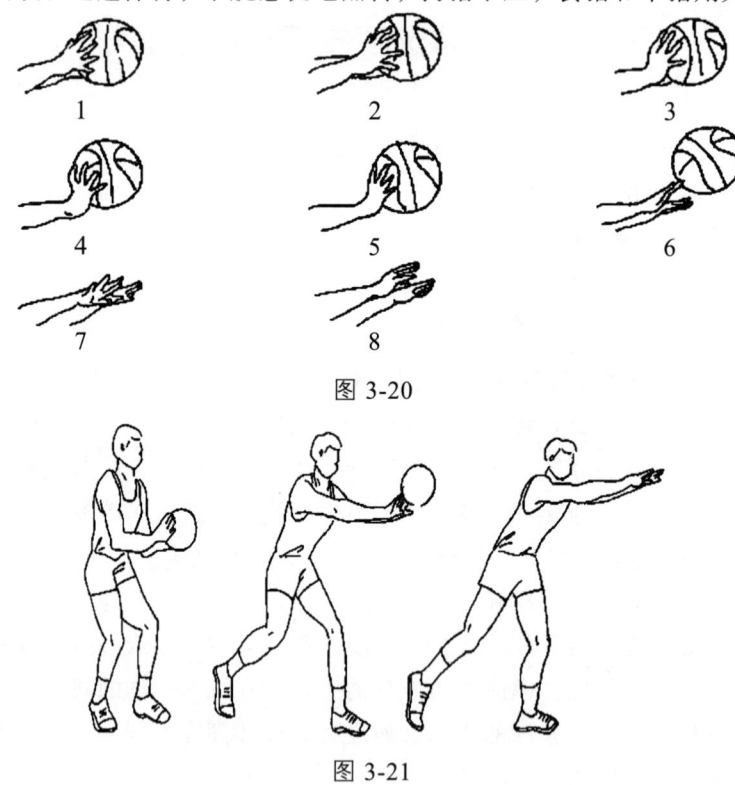

图 3-20

图 3-21

(2)双手接球。

接球时,两眼注视来球,用脚步调整接球位置,并向来球的方向迎上去,两臂向来球方向伸出,五指自然分开,两拇指成八字构成一个半球形。当手指刚接触到球时,握球于胸前,两臂随球后引,保持基本站立姿势,缓冲来球的力量，两臂顺势回收。

要领：两眼注视来球，伸手迎球，手指触球后引。接高于腰部的球时（如图3-22所示），手指向上，手心向前，两拇指成八字形；接低于腰部的球时，手法基本相同。

图 3-22

1. 双手接胸部高度的球动作要领

如图3-23所示，这是最基本的接球方法，眼视来球，两臂迎球伸出，两手手指自然张开，拇指相对成八字形，其他手指向前上方，两手成一个半圆形。当手指触球时，两臂顺势屈肘时后引缓冲来球的力量，两手持球于胸腹前，成基本站立姿势。

动作要点：伸手迎球在手接触球时，收臂后引缓冲，握球于胸腹前，动作连贯一致。

图 3-23

2. 接头部高度的球

方法要点与双手接胸部高度的球相同，只是两臂向前上方迎球伸出（如图3-24所示）。

图 3-24

3. 双手接反弹球

接球时迎跨步,上体前倾,两臂迎球向前下方伸出,五指自然分开,在球刚刚离地弹起时,手指触球将球接住,并顺势将球引至胸腹之间,保持身体平衡,成基本站立姿势(如图 3-25 所示)。

图 3-25

① 如图 3-26 所示,接从墙面反弹球,可同时进行接反弹球和双手直传的练习。

图 3-26

② 双手接低于腰部的球,接球时两腿弯屈,一脚步向前跨出,上体前倾,双手迎球向前方伸出,五指自然分开,两小指成八字形,掌心向着来球方向。当手指触球时,两臂顺势屈肘收回,握球于胸腹之间,保持基本站立姿势(如图 3-27 所示)。

③ 反弹传球易犯错误:传球时用前臂甩球,或两肘外张用力推挤球,

球的击地点不合适。

图 3-27

纠正方法：可反复做单、双手平传球练习。针对击地落点不准的错误，进行二人用反弹传球通过防守练习，体会球的击地点。

4. 跑动中双手胸前传、接球

跑动中传、接球是一个连贯动作，要求手脚动作协调配合。如果跨左脚接球，就应在跨出左脚的同时伸出双手迎球。手指触球时，手臂随球的力量后引，持球于胸前，同时左脚落地，然后上右脚，当右脚落地抬左脚的同时把球传出。如果跨右脚接球，那么两脚的动作和上述相反，但两手的动作相同。双手胸前传球可用于不同的方向和不同的距离。从后场向前场推进时，一般多在中近距离运用。阵地进攻时，外围队员之间多采用双手胸前传球。双手接球的使用比较广泛，在原地和跑动中大都采用这种接球方法。

双手胸前传球易犯错误与纠正方法：接球方法不正确；用手掌握球，指端没贴住球；肩、腕关节紧张、传球时两肘外展；伸臂和翻腕动作脱节形成挤球；两臂用力不均匀；全身动作配合不协调。学生做好持球准备姿势后，由教师的两手上下握球。让学生做传球时腕翻转和指拨球的动作，使学生从中体会动作方法，并多做徒手模仿动作。

双手接球易犯错误：接球手形不正确，手指朝前，拇指向上，形成由两侧或上下去捂球或挟球；伸臂迎球时臂、腕、指紧张，引球动作不及时，两手掌心触球。

纠正方法：多做自抛自接球练习，养成张手、伸臂迎球和及时屈肘引臂的习惯。

（二）单手肩上传球

单手肩上传球是单手传球中的一种最基本的方法。这种传球力量大，球飞行的速度快，常用于中、远距离的传球。如快攻中的远距离传球和阵地进攻区域联防时的中、远距离对角传球，经常用单手肩上传球。如图 3-28 所示，按基本站立姿势站好，以右手传球为例，双手持球于胸前，两脚平行开立。传球时，左脚向传球方向迈出半步，同时将球引到右肩上，右上臂与地面近似平行，前臂与地面近似垂直，手腕后屈，右手托球的后下方。左肩对着传球方向，身体重心落在右脚上。传球时，右脚蹬地、转腰、转肩带动右臂，使肘领先，前臂迅速前甩，手腕迅速前扣，最后通过食指、中指、无名指用力将球传出。球出手后，随着重心前移，右脚向前迈出半步，保持基本站立姿势。

图 3-28

要领：肘领先迅速甩小臂，扣腕和手指控制球的方向。

单手肩上传球易犯错误：传球时臂、肘外展，或传球时不以肘领先带动小臂摆甩和扣腕，指拨动作传球，形成推铅球式传球，腕指控制球能力差传球落点不准。

纠正方法：重复讲解、示范单手肩上传球的动作顺序，强调传球时肘关节领先。并针对传球时前臂和腕指动作的错误，可采用各种单手传球的徒手练习和利用小球练习体会动作，以及其他腕、指专门性练习，提高手腕、手指灵活性和力量，增强控制球的能力。

（三）双手头上传球

如图 3-29 所示，这种传球方法出球点高，多用于中、近距离的传球。如抢篮板球后快攻第一传的传球，外围队员向内线队员的传球。持球手法与双手胸前传球相同。两臂稍弯曲举球于头上。传球时，前臂前摆，手腕前扣并外翻，同时拇指、食指、中指用力将球传出。传球距离较远时，可以加上腰腹和腿部力量。

要领：迅速甩臂和翻腕，手指用力拨球，腰腹用力收缩。

图 3-29

（四）单手体侧传球动作要领

以右手传球为例。两脚开立，两腿微屈，双手持球于胸前。传球时，左脚向左跨步的同时将球移至右手引到身体右侧，出球时一刹那，持球手的拇指在上，手心向前，手腕后屈，出球时，前臂向前作弧线摆动，当球摆过身体右前方时，迅速收前臂，用手腕、手指的力量将球传出（如图 3-30 所示）。

图 3-30

动作要点：当持球手引球到体侧时，前臂摆动要快，幅度要小，腕、指急促用力抖动将球传出。

（五）勾手传球动作要领

这种传球出手点高，右手传球时，左脚向前跨步并转体，左肩对着传球方向，球交右手，右臂沿体侧绕环上摆的同时右腿屈膝提起，左脚起跳，当球摆至头部右侧上方时，急促扣腕，手指拨球。将球传出（如图 3-31 所示）。

动作要点：跨步、转体、摆臂、起跳要迅速连贯，当球摆至头上时，要扣腕手指拨球，将球传出。

图 3-31

（六）单手背后传球

单手背后传球这是一种隐蔽传球的方法。多用于快攻中以多打少时分球和阵地进攻中的突破分球。如图 3-32 所示，按基本姿势站好，双手持球于胸前。如果用右手传球，传球时，左脚向前方迈出一步，同时，双手持球后摆。当球摆至身体右侧，左手离开球，右手引球继续绕髋关节向后摆，当前臂摆到臀部的一刹那，向传球方向急促扣腕，拇、食、中指用力将球传出。跑动中和运球中做背后传球时，手法与原地相同，但移动中传球必须与脚步动作协调配合。如右脚上步接球（拿球），左脚上步出球。因此，传球一定要抓住时机，切勿贻误同伴接球进攻的良机。要避免盲目做多余动作后再传球，以免丢掉了时间，贻误战机。

动作要点：持球于跨步的同时，上体前倾，侧对传球方向将球传出。

图 3-32

（七）单手低手传球

这是一种多用于近距离的传球方法。这种传球具有出球点低，动作幅度小，而球速快的特点，常用来对付高大的防守队员，或作隐藏传球时使用。如图 3-33 所示，以右手传球为例。持球手法与双手胸前传球相同。传球时，双手持球稍向后摆，左手指向下，右手掌对着传球方向，左脚向前跨出半步的同时，左手离球，右手托球，前臂迅速向传球方向挥动，用手腕手指急促前拨的力量将球传出。

要领：甩前臂，迅速屈腕，手指拨球。有时接球队员与传球队员相距很近，几乎是擦肩而过，这时传球队员低手传出的球必须轻而柔，手递手时手腕轻轻向上一挑即可。

图 3-33

（八）单手胸前传球

多用于近距离传球的一种方法。这种传球出球灵活，特别是在行进间向侧面传球，很方便。如图 3-34 所示，以右手传球为例。持球方法与双手胸前传球相同。传球时，上体稍左转，左手离开球，右手持球的侧后下方，手腕后屈，同时前臂外展并向前侧甩，手腕迅速前压内翻，最后通过手指拨动将球传出。

图 3-34

要领：伸或甩前臂，扣压腕和手指拨球。

上面介绍的几种传、接球方法，通过练习不难掌握。但是在比赛中运用的好，便不是轻而易举的了，这需要有一个实践的过程，通过反复实践，认真总结，不断提高，就一定能在复杂多变的比赛中把球传准牢。下面谈传、接球时应注意的问题。

1. 接球时应注意的问题

接球是下一个动作的准备动作正确才能把球接好、接牢,才便于协调而连贯地完成传球、投篮或突破等动作。因此,对接球技术的重要性应该有充分的认识,绝对不可忽视。

(1)主动上步迎球,及时移动抢占有利的接球位置,不要站在原地等球,以防对方断球。

(2)采用恰当的接球方法,接球的结束应为下一个动作做好准备。

(3)接球前要观察好攻守双方的情况,了解和掌握传球时机和传球目标,以便接球后能够迅速作出传球或进行攻击的决断。

(4)接球后,要尽量减少不必要的停球,更不要养成接球后无目的地随手拍一下球的习惯。在自己没有较好的攻击机会的情况下,要尽快地酌情把球转移给同队队员,以便调动防守,创造更好的战机。

2. 传球时应注意的问题

(1)传球队员的视野要宽阔,进攻时要先看远处后看近处,先看篮下后看外围,先看异侧再看同侧,要全面地观察和了解情况,抓住每一个有利的进攻机会,有目的地传球。

(2)比赛中攻守争夺异常激烈,良好的进攻机会转瞬即逝,因此,传球一定要抓住时机,切勿贻误同伴接球进攻的良机,要避免盲目的做多余动作后再传球,以免耽误时间,贻误战机。

(3)传球前要大胆接近对手,这样使对手难于做出反应,便于传球。如果传球时距离对手较远,而又不便于传球给同伴时,要用投篮或运球等动作吸引对手或接近对手,选择有利的传球位置和角度,快速突然地将球传出,使对手难以防守。

(4)传球时尽量减少球在手中的停留时间。要在人和球不停的移动中创造和捕捉战机,加强传球的突然性。

(5)传球的时候,要隐蔽自己的传球意图,不要用眼睛直盯着接球者,面部要不露声色,从而加强传球的攻击性。

(6)传球的力量、速度和落点要根据接球人及其对手的位置、速度和意图来决定,一般是:

①传球给原地站立面向篮的同伴时，要把球传到他的外侧肩部的高度。

②传球给内线插上的同伴时，要传到同伴远离防守人的一侧。如防守人站在同伴的右侧后方进行防守，球要传到同伴的左侧前方，若防守人站在同伴的后面防守时，球要传到同伴的前面。如果防守人绕到同伴的前面防守时，则可用高吊球把球传到同伴的侧后方。

③传球的落点，一般应该在接球者的胸部高度。传球的队员可以向同伴示意他的防守者的位置，引导同伴选择合适机会做出合理的动作。这就是大家通常所说的传、接球队员之间的"配合默契大的地方"，球的飞行速度要快，传给非移动中接球的同伴时，要传到他前一步，落在同伴的胸部高度。传给顺着球飞行方向跑动的队员时，要传到他前面，以球领人，要既有较快的速度又有适当的弧度，以便于同伴接球后顺和地完成攻击动作。传球给迎面跑来的同伴时，要传到他胸部的高度，球要快而柔和，力量不要太大，以免失误。

3. 掌握和改进传、接球的练习

（1）队员分成两排，如图 3-35 所示，按图示的传球路线，进行往返传球的练习。此方法可以练习各种原地传、接球。练习时，要注意队员掌握正确的动作方法，特别是正确的持球手法，传球时的手腕和手指的用力以及接球时的迎球和引球的动作。

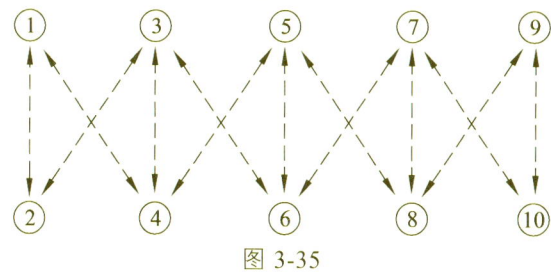

图 3-35

（2）如图 3-36 所示，持球队员④传球给教练员后，沿弧形跑动接回传球，并及时传球给教练员，按图示做跑动中接、传球，最后接球上篮。投篮后自己抢篮板球并传给下一个队员，依次进行，反复练习。此练习，传、接球时，要与脚步动作协调配合。接、传球动作要连贯，幅度小而快，球的落点要准。

（3）如图 3-37 所示，④传球给⑤并跑向③接其回传球并传给⑥，然后跑到⑥的队尾。当④传球给⑥时，⑥紧跟着起动快速切向⑥，并接⑥的传球再把球传给⑦，然后跑向⑦的队尾。如此连续进行。练习时，起动要及时、快速，传、接球动作连贯，传球准确到位。

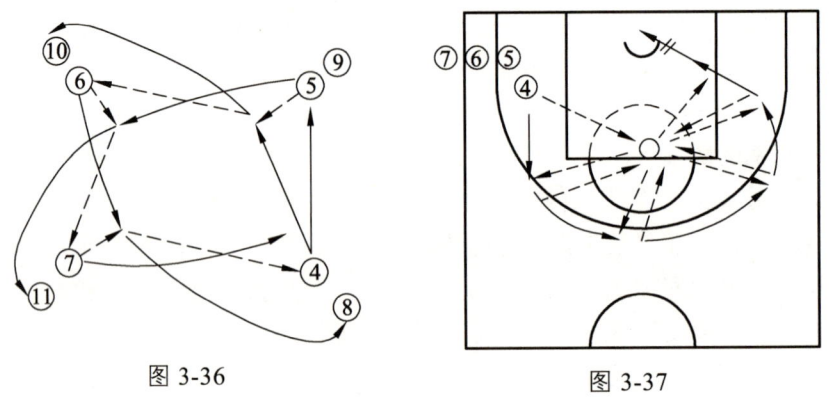

图 3-36　　　　　　　　　图 3-37

（4）如图 3-38 所示，两人全场传、接球推进练习，⑤传球给④后，立即起动直线跑接④的传球，④传球给⑤后，立即起动直线跑接⑤的传球。如此两人推进传球 5-7 次，最后由④号队员上篮，⑤抢篮板球。返回时，两人推进必须在三次传球中完成上篮。进行此练习时，对传球次数的规定和上篮时投中，必须有严格的要求，一丝不苟。传球后起动要快，球要领先，落点要准确。

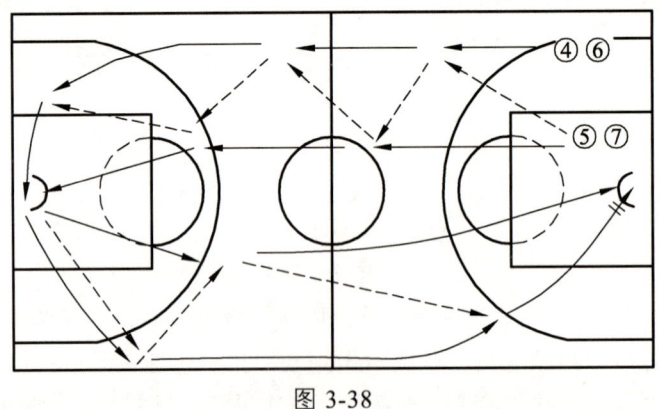

图 3-38

（5）如图 3-39 所示，④传球给向斜前方插上接球的⑤，并快速从⑤的身后绕过切进。⑤接球后传给⑥，并快速从⑥身后绕过切进。如此按图示继续进行。至对面篮下投篮后返回，全组往返一次以后，换下一组做。进行此练习时，传球后向前绕切时，速度要快，要加速。传球的力量柔和、准确、到位。

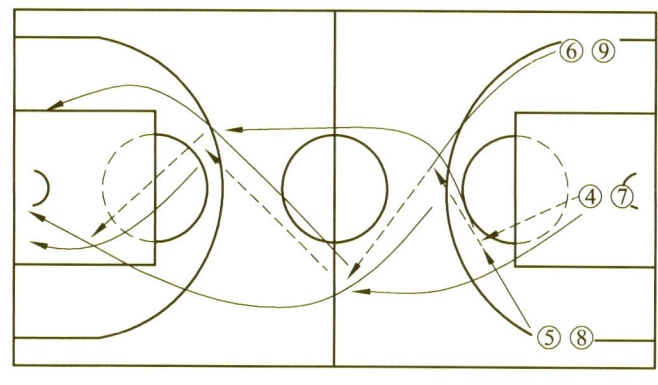

图 3-39

（6）如图 3-40 所示，⑤传球给④，④传球给上提到罚球线的⑥，⑥接球后可用反弹传球或其它传球把球传给切入的⑤，⑤接球后投篮。投篮后按逆时针换位。进行此练习时，人和球动的时间要协调，如⑥接到④的到位，传球的同时，⑤起动切入，时机最合适。球的落点要准确到位。

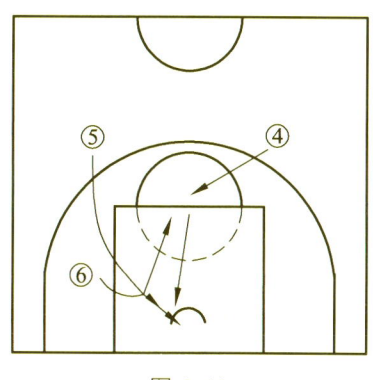

图 3-40

（7）如图 3-41 所示，三人一组，二人传球，一人防守。两个传球人之间相隔 3~4 米，在防守人积极封堵的情况下进行传球，传出的球若被防守队员的手触到或因传球落点不准而接球人接不到，则传球者和防守者互相交换位置练习。防守者要在传球队员之间积极移动封堵、抢球。进行此练习时，要根据防守者的位置和手臂，合理地采用或选择不同的传球方式。

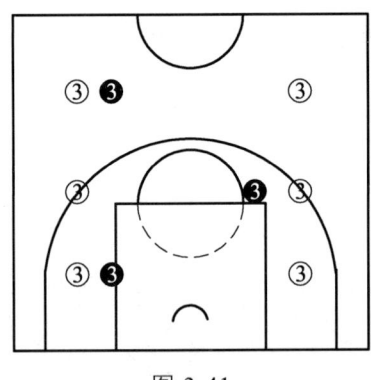

图 3-41

（8）如图 3-42 所示，多人盘式旋转传、接球[4]。

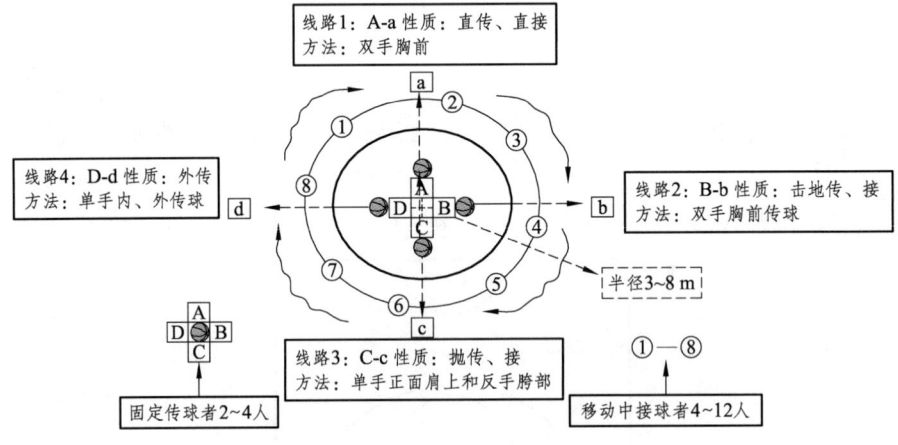

图 3-42 "盘式旋转传、接球"学练模式

① 学练方法：

学生分为 5 组，每组 12 人，4 人原地传、接球，8 人跑传、接球（又称 4*8 盘式旋转传、接球）。

② 学练要点：

盘式旋转传、接球技术练习，可按顺时针与反时针方向互相交替进行，当朝顺时针方向跑动时，接、传球时身体是朝着右向转身的；反之，其实战应用的价值是相同的。双手胸前直传、接球是盘式旋转传、接球技术的基础练习。根据来球，包括，双手胸前直传接球、双手击地传接球，都应以相同方法回传球，同时，必须利用跨步或跳步急停转身接球。单、双手高（抛）传、接球，可根据来球作适当调整，可跳起接球。单手内、外传、接球只限跑动传、接球者（面对圆心），跑动传、接球者正面接球后，利用后撤步内传。利用上步或交叉步外传（包括利用击地传球）。沿圆周跑动过程中既要有侧身注视和判断来球的意识，又要有始终保持基本跑动队型的责任。个人行动要协同集体行动，确保传球的连续性，分享个体融入集体中的成功感。

③ 进行盘式旋转传、接球技术练习时，原地内传球人数可不断从 1 人增加至 4 人，跑传、接球人数也可适当增加。

④ 注意的问题。

传、接球技术是篮球运动的基本功。多人盘式旋转传、接球技术运用于高校篮球选项课教学及技术评价体系，是针对高校篮球选项课教学对象的技术基础和身体素质的差异性，以及学练中普遍对传、接球环节的轻视与淡化，采用以技术评价方法为主的，削减以量化指标评价过多的现象，扬长避短，弥补身体素质的不足，有利于传、接球技术配合及其篮球意识的培养与提高。从而在篮球教学中，特别是在自主练习环节中，有意识地增补传、接球的练习密度与强度，改变自主练习环节中投篮练习兴趣浓、密度过大。而传、接球练习兴趣淡、密度过小的现象。盘式旋转传、接球技术的练习，以传球准确为重，以传球节奏为次，在节奏中体会传球要及时、果断、隐蔽和多变要求，并把传球的三大类型交待清楚，即什么球叫转移的传球，什么球叫超越的传球，什么球叫推进的传球，把传球的基本要求与分类结合起来思考，有利于传球意识的培养。无论是哪种类型的传接球方式，它都是体现支配球能力的一个方面。而"多人盘式旋转"传、接球技术恰好是三种传球类型的基础，同时又包容了传球类型的基本分类，是篮球运动传球学练的有效方式之一。

二、投篮

投篮是队员在进攻中得分的唯一手段，是篮球运动的主要进攻技术，是组成战术的重要环节。篮球运动竞赛规则规定，只有把球投中篮才算得分，而比赛的胜负是由两队得分的多少决定的。因此，要取得比赛的胜利，就必须有良好的投篮技术和较高的投篮命中率，否则队员的其它技术再好，战术运用得再精,最后如果投不中篮,也会前功尽弃,达不到预期的进攻目的。投篮方法很多,可以分原地投篮、跑动上篮(移动上篮或行进间上篮)、跳起投篮和扣篮等。各类投篮又包括单手的和双手的两种方法。从投篮时持球的部位来讲,又有胸前、肩上和头上之分。从投篮时出球的手法来看又有低手、高手、反手和勾手等。

投篮的相关认识与辅助练习:

(一)投球的生物力学基础

1. 直接命中(空心)投篮

在空心篮时,主要考虑球的飞行弧度,即投射角(出手角度)和入射角的问题,以及球在旋转中偶尔发生的与篮筐的碰撞问题。

(1)投射角与入射角。

投篮时的投射角越大,球的飞行弧度就越高,入射角就越大,入射截面就越大,所允许的误差围范围就越大,投篮的命中率就越高。

篮球的直径是 d=24~27 厘米,篮筐的直径是 D=45 厘米,设 X 角为投篮命中的最小入射角,则投篮命中的最小入射角等于篮球直径与篮筐径之比的反正切函数,即:[5]

$$\theta = \arctan\frac{d}{D}$$

实际上,投篮的弧度以中等弧度或稍高一些为好,如果为了追求更大的入射角而增大投篮的抛物线弧度,则必然要增大出手速度和投射角,这将会影响动作的准确性。

(2)投篮距离和出手速度。

投篮的距离越远,球出手的速度则应越大。如图 3-43(投篮距离的相关因素)所示,投篮距离 x 同投射角 β、入射角 α、出手点高度(出手高度 Δh 和身高 H 之和)等诸因素有密切关系。在确定了最小入射角的前提下,按抛物线的一般公式 X 进行微分,两边以乘 X/2,有:[6]

$$\tan\beta = \frac{2\gamma}{x} - \tan\alpha$$

因而,按图 3-44(向后旋转的球正面擦板的反弹方向)的条件有:[7]

$$\tan\beta - \frac{gx}{v_0^2 \cos^2\beta} = \tan\alpha$$

所以，出手速度的公式为：[8]

在知道投篮距离，入射角和投射角的条件下，即可求出球出手时的初速度 V_0。

$$\tan\beta = \frac{6.1 - 2(H - \Delta h)}{x} - \tan\alpha$$

（3）投空心篮的旋转作用。

球偶尔碰到篮筐的内侧时，在篮筐给球的摩擦反作用力的作用下，球的反弹方向是向下，容易滚入篮筐，比不旋转的球易于命中。

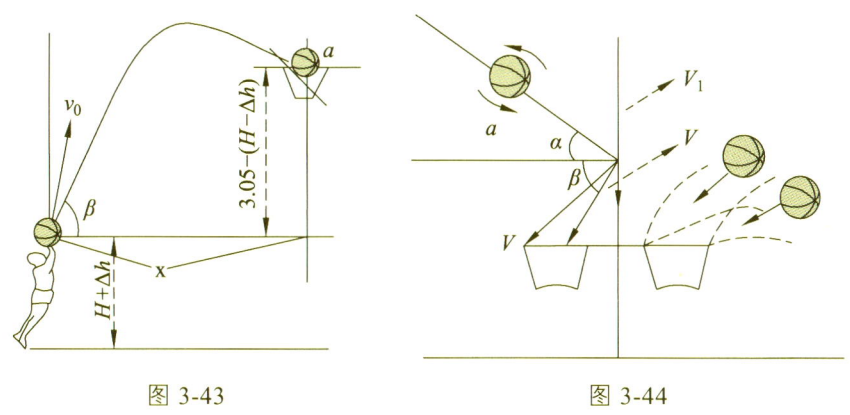

图 3-43   图 3-44

2. 碰板投篮

碰板投篮的首要问题是碰点，而碰板点的正确与否取决于投篮的位置、投篮的力量、球的飞行弧度以及球的旋转情况。

正面碰板投篮球的旋转力是向上作用于篮板的，而篮板的切向反作用力则向下反作用于球。这样球在向下的篮板切向反作用力的作用下，一方面会使球的旋转速度减慢，另一方面使球增加了一个向下的速度 V^1，于是反射速度不再是 V 而是 V 和 V^1 的合成速度 V（图 3-44）[9]，就是说，向后旋转的球碰板时不是沿着速度的方向反弹，而是在篮板摩擦反作用的力的作用下，向合速度的方向弹回。所以向后旋转的球，碰板后垂直下落的速度增加了，从而反射角也增大了，我们可以利用旋转球的这一作用提高投篮命中率。同时可以看出，球向后旋转的正面碰板投篮，碰板点即使稍高一些，也不容易碰到篮筐前缘，比不带旋转的正面碰板投篮较为容易命中。

侧面碰板投篮以行进间单手投篮为最多。球出手后，由于腕部的转动和手指的拨球动作，球围绕矢状轴向球筐一侧旋转。碰板之后，球的反射角将明显大于入射角。如图 3-45（侧面擦板投篮球绕矢状轴左右旋转的情况），且球的旋转速度越快，反射角越是明显增大。因此球的旋转速度越快，碰板点也应该越远离篮筐。

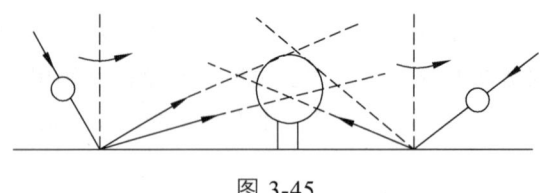

图 3-45

3. 投篮距离与命中率的关系

投篮距离与所需的出手速度有直接关系，此外，出手速度和出手角度（投射角）也是相互制约的，所以投篮距离也会影响到投射角的变化。球在空中飞行的距离越远，最佳出手速度和投射角的微小偏差所造成的影响就越明显。因此，投篮的准确性是随着投篮距离的变化而变化的。

（二）几种投篮的基础练习

先简单介绍原地双手胸前投篮，然后重点学习单手肩上投篮、跑动中单手高手上篮、单手低手上篮、单手反手上篮和勾手上篮、跳起单手肩上投篮等几种最基础的，在比赛中运用比较广泛的投篮技术。

1. 原地投篮

原地投篮又叫定位投篮，也可以叫颠投。是篮球运动中最基本的投篮方法，它是跑动上篮和跳投的基础。这种投篮方法省力，身体比较平稳，便于运用全身的力量。原地投篮一般在中、远距离投篮和罚球时运用较多。准确的中、远距离投篮，不仅可以增强个人和全队的攻击力量，而且具有较大的战术意义，准确的远投，能够拉大对方的防区，为切入篮下和灵活地运用战术创造良好的条件。这里介绍两种常见的原地投篮方法。一种是双手胸前投篮，一般女生采用这一种方法较多，原地双手胸前投篮（如图

3-46 所示），两脚左右或前后站立，两腿弯曲，上体稍前倾，肩关节放松，两肘自然下压，两拇指相对成两手五指自然分开，握住球的两侧稍后部位，眼睛注视篮筐，手心略空出，手腕放松，两脚蹬地，持球于胸前，两臂向前上方伸展。投篮时，两手腕外翻，使球通过拇指出，随着上下臂伸展的同时，全身自然伸展。食指、中指指端飞出，球出手后，全身自然伸展。

图 3-46

要领：两脚脚前掌蹬地，臂向前上方伸出，手腕外翻。

随着篮球运动的发展，女子篮球向男子化方向发展，单手投篮成为投篮的主要方式，学会原地单手投篮，可以为学好跳投等动作打下良好的基础。原地单手投篮与原地单手肩上投篮是同一个概念。我们先以原地单手投篮为例，展开对它的理论认识。

2. 原地单手投篮

原地单手投篮的四要素：正确的手法、瞄篮、球的旋转组成、球的弧线。以右手原地单手投篮为例：

（1）正确的手法。

手腕后仰，五指自然分开，用手掌外沿及指根以上部位控住球的后下方，手心空出，球的重心落在食指和中指之间，肘关节自然下垂，球置于同侧肩的前上方，扶球手扶住球的侧面部分来辅助控球，两手的大拇指间隔 6~9 厘米，如图 3-47 所示。

在投篮瞬间屏息（停止呼吸）投球，球自下而上协调蹬地用力的同时，抬肘伸臂、抖腕拨指将球投出。球从指根到指尖的顺序是手指根 – 第 2 关节 – 食指和中指依次协同用力、滚动式出手，如图 3-48 所示。

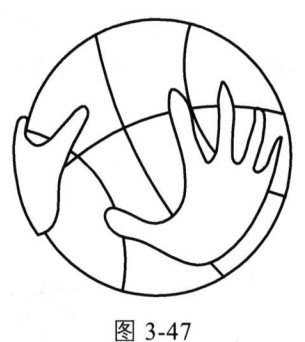

图 3-47

图 3-48

（2）瞄篮。

在投空心篮时，一般以篮圈前沿为瞄准点，碰板的瞄准点在篮板正面；投篮距离远碰板角度小，应相应提高瞄篮点；若投篮距离近，碰板角度大，瞄准点则相对降低，如图 3-48 所示。

（3）球的旋转。

要保持球的旋转是向正后方向，即下旋，且有利于球接触篮板或篮圈时，反弹落入篮圈。投篮的高度和速度由手腕和手指来决定，而投篮的远度由膝、肘决定。适当屈腿，肘伸到一半时即球投出，则能使球飞得更远。如图 3-49 所示。

图 3-49

（4）球的弧线。

篮球飞行的弧线没有固定模式，只有不断地总结与实践，才能摸索出其内在规律，如图 3-50 所示。

图 3-50

3. 原地单手肩上投篮

以右手投篮为例，右手持球于肩上，五指自然分开，托球的后下方，手心略空出，手腕后翻，球的重心投影落在食指和中指之间的指根部位。前臂与地面接近垂直，左手扶球的左侧，两腿微屈，右脚略前于左脚，身体的重量落在两脚的脚掌上，眼睛注视篮圈的前沿或碰板点。投篮时，右臂随腿的蹬伸，右肘上提并充分向前上方伸展，同时，手腕迅速前压（扣腕）使球从食指、中指指端向后旋转着飞出。球出手后，身体自然伸展（如图 3-51 所示）。

要领：脚掌蹬地，向前上方提肘伸臂和迅速突然地扣腕以及食、中指用力拨球。

1　　　　　2　　　　　3　　　　　4

图 3-51

4. 原地单手肩上投篮的运用

(1) 罚球时,一般都采用原地投篮。一场篮球比赛,罚球的机会很多,罚球正确与否,对比赛结局起着重要作用。罚球是在没有防守的情况下进行的,但这时队员的思想容易紧张,肌肉不放松,往往影响投篮命中率。因此,罚球时,要充分利用罚球规则规定的时间稳定情绪,并充满信心地投篮。

(2) 原地投篮多用于中、远距离,无论采用哪种投篮方式,都要掌握好投篮时机。因此,要求队员在接球的同时调整好身体重心和身体姿势,脚尖转向篮圈方向,面对球篮,以缩短准备动作的时间,如果动作慢,就会丧失良好的投篮时机。

(3) 在比赛中为了争取时间,还要求队员投篮时出手快。要做到这一点,除在接球的同时调整好身体重心和身体姿势外,还要缩短瞄篮的时间,要在刹那间使精力高度集中,并根据自己和对手的位置,正确而及时地以适当的力量和弧度迅速地把球投出,使防守者来不及封阻。平时练习中就要养成快出手的习惯,并逐步提高命中率。

(4)我们只要认真观察比赛,就会发现,凡是投篮准的得分手,他们都有一个共同点,就是投篮的手法好。所谓手法好,就是投篮时手部动作正确,球出手时能正确地运用手腕、手指的拨球动作,这是投篮准的必备条件之一。有的人练习投篮时,只追求把球投进或投得远而忽略了正确的投篮手法,这种"准"是暂时的,经不起在困难条件下的考验。正确掌握好原地投篮的手法,不但能投得准,投得远,而且能够帮助掌握其它投篮动作。

(三)跑动上篮

跑动上篮简称上篮或跑篮,也叫行进间投篮,一般常说的"三步上篮"就是指的这一种。这种投篮可以从球场的各种位置、各种角度跑向篮下,并在跑中接球投篮,通过快速运球冲向篮下起步投篮。

1. 移动上篮的基本结构与方式

(1)篮球运动移动上篮的概念。

篮球运动移动上篮是指包括由助功"给球前"的无球移动和持球移动或摆脱两个环节,且并不一定表现有投篮动作的过程。

(2)移动上篮的基本结构与方式。

篮球运动移动上篮的方式比较多,其中,直线三步上篮就是移动上篮中,最典型和最有代表性一种。由直线三步上篮作为移动上篮的技术基础,可演化出曲线、转身和非常规节奏的三步上篮(目的是摆脱防守)。

(3)篮球运动移动上篮的教学(如图 3-52 所示)[10]。

步:指的是行走时两脚的距离。

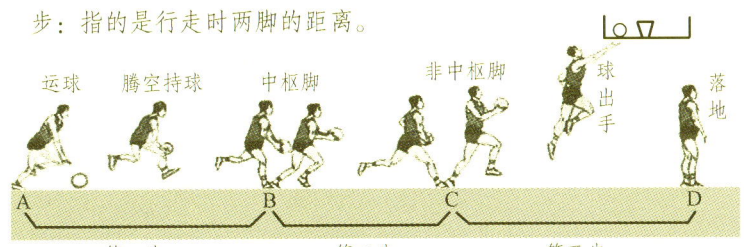

运球收球或同伴传球接球的同时跨跳—第一步;腾空腿主动落地起跳—第二步;腾空腿前伸并送肩伸大小臂,抬头倒腕拨指,球离手—第三步。

图 3-52

针对初学者的教学，必须要遵守循序渐进、区别对待原则。首先，要讲明移动上篮的典型形式。即运球三步上篮和非运球三步上篮的异同性。具体来说，运球三步上篮是通过自主判断而捕捉到上篮时机的过程。它是单个技术组合得到实现的过程，它是个人战术和技术的反映，而非运球三步上篮是与助攻者通过战术配合而捕捉到上篮时机的过程。它是在战术配合的基础上，由两个或两个以上组合技术动作得以实现的过程，它是集体战术的反映。这也是组合技术与战术组合的区别所在，其异同性显而易见。然后，讲明由移动上篮典型形式而产生的一些变化，从而理解移动上篮的作用。从篮球运动移动上篮的性质来看，只要是通过获得水平速度从而把水平速度转化为垂直速度的移动的投篮过程，都可以称为篮球运动技术中的移动上篮。如"运球急停上篮"也属于移动上篮类型中的一种。就三步上篮本身也不是完整意义上的"三步"，作为裁判员和本身动作的技术结构，其在球出手后的最后一步将不属于动作技术规格和判罚之列，属体育道德范畴的问题。最后，上升到动作的自动化与实战相结合的灵活运用。同时，也要强调弱侧手对上述技术动作的掌握与运用。总之，随篮球运动的不断发展，在篮球意识概念的指导下，篮球运动移动上篮所指向的内容及其分类，没有一成不变的东西。只有注重篮球运动技术在实战中的灵活运用与创新，不停留在"健身论"的低层次、低要求上，篮球运动教学与训练才有竞技的价值，才能获得与众不同的快乐意义。

2. 单手高手上篮

如图 3-53 所示，以右手投篮为例，跑动中右脚向前跨出一大步，同时伸出双手接球。接球后右脚落地，左脚向前跨出一步（这一步要跨得小一些，以便用力踏跳），并用力踏跳，同时右腿弯曲前摆，大腿尽量高抬。此时双手迅速将球举至右肩上，右手五指自然分开，手指根以上部位触球，手心空出，手腕后屈托球。左手扶球保护，肩放松，肘下垂，眼睛注视篮圈或碰板点。跳到最高点，右腿迅速下压伸展的同时，左手离开球，右肘上提，右手托球向上，用伸腕和食、中指的力量将球投出。落地时，右脚的前脚掌先着地，腿要弯曲，以缓冲落地的力量，并保持身体平衡。左手投篮时，要先跨出左脚去接球，整个动作与右手投篮动作方法相同，而方向相反。

要领：接球前这一步跨得要大，两脚腾空或右脚落地时接球；左脚迈的这一步要小，以便上跳；跳起到最高点，提肘，迅速伸臂，食、中指用力拨球。

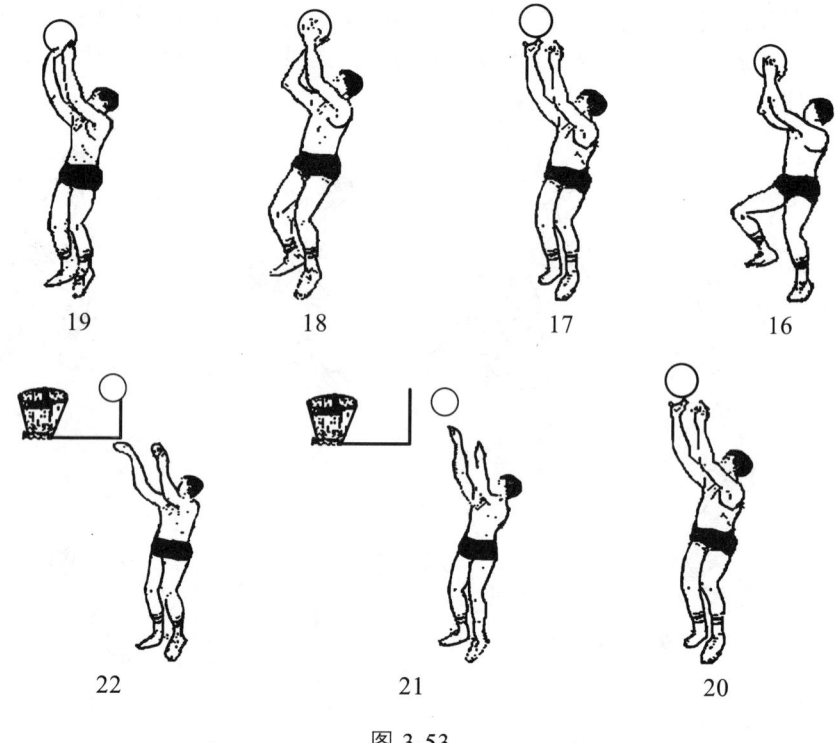

图 3-53

3. 单手低手上篮

步法与单手高手上篮基本相同,其区别在于低手上篮时第二步跨得大一些,起跳的方向略微向前。如图 3-54 所示,以右手投篮为例。接球后,左脚踏地的同时,双手持球由体侧向前上方伸出,左手自然离开球,右手托球手心向上,并充分向篮圈前沿举球,跳到最高点时,用微微屈肘和手腕上挑的动作,使球向前旋转从食指和中指端滚出。

要领:踏跳脚用力向前上方起跳,跳到最高点时,向前上方伸臂、屈腕、手指上挑,使球向前旋转入篮。

第三章 篮球技、战术基础与技术对抗练习

图 3-54

4. 单手反手上篮

队员从底线（端线）突破或从侧面冲向篮下或身体已越过篮下时运用这种投篮。

如图 3-55 所示，以沿底线，由右侧向篮下突破右手投篮为例。步法与单手高手上篮相同。投篮起跳时，左脚尖稍向左转，跳起后身体背向球篮，上体略向左转并稍后仰，眼睛看篮板和篮圈，右手掌心向上持球于头的前上方，当身体腾空至最高点时，用转腕和手指的力量向碰板点拨球，使球逆时针方向旋转碰板入篮。

要领：手腕向逆时针方向转动，手指拨球。

图 3-55

5. 勾手上篮

背向球篮或斜插到篮下接球后经常运用的一种投篮方法，它有远离对手和出手点高，对手不易防守的优点。如图 3-56 所示，以右手投篮为例。接球后第 1 步左脚起跳，右腿前摆高抬，身体侧对球篮，左肩靠近防守队员，双手持球从下向右上方做弧形摆动，左手自然离开球，左臂弯曲上举保护球，当右手摆到最高点时，用手腕、手指的力量将球向篮板方向拨出，使球向外侧旋转碰板入篮。

要领：支撑脚蹬地，身体侧对球篮，手持球做弧形摆动，屈腕，食、中指拨球。

图 3-56

6. 比赛中上篮技术的运用

（1）正确、熟练地掌握上篮技术是比赛中运用好上篮技术的基础。

（2）对方在篮下防守得较严密，上篮时经常会和防守队员发生身体接触，因而要求上篮的动作果断，出手要快。碰板投篮比投空心篮容易控制用力，只要找好碰板点，用力适当，一般都容易投中，因此，上篮时经常采用碰板投篮的方法。

（3）上篮有空切接球上篮、运球上篮和持球突破上篮等，这些方法在快攻和阵地进攻中经常被采用。至于具体采用哪种方法比较适宜，要根据自己以及防守队员所处的位置来确定。例如：当进攻队员在已超越防守人的情况下，可采用低手或高手上篮的方法；当进攻队员从底线突破或从侧面冲向篮下，身体已处在篮圈下面时，就应该用反手上篮；当进攻队员运球突破到篮下一侧或空切接球与防守队员处于平行位置时，可用远离防守队员一侧的手做勾手投篮。

（四）跳起投篮

跳起投篮也叫跳投，这种投篮动作快，突然性强，如果运用得当，与突破、传球结合得好，就能使防守者防不胜防，陷于被动。

跳起单手肩上投篮的手法与原地单手肩上投篮基本相同，其区别是前者要跳起在空中将球投出。正因为这样，就要特别注意运用手、臂、腰、腹的力量。

起跳时有上步和不上步两种方法。上步起跳由于借助上步的力量，可以增加跳起的高度，便于维持身体平衡，缺点是起跳慢。不上步起跳突然性强，缺点是起跳力量小，跳不高。但无论哪一种，投篮者都应保持良好的身体平衡和便于起跳的姿势。

1. 上步起跳单手肩上投篮

如图 3-57 所示，以右手投篮为例。投篮队员左脚向前跨步的同时，双手接球，并置于胸腹之前，左腿弯曲，脚着地后，右脚迅速向前并步，两脚用力蹬地起跳。在两脚用力蹬地垂直向上起跳的同时，目视篮圈前沿，双手迅速举球于右肩上，腰腹用力，保持身体平衡。当身体接近最高点处于稳定的一刹那，迅速提肘向上伸臂，用右手手腕和手指的力量将球投出。

要领：起跳和举球动作协调一致，举球要快，身体在空中处于相对稳定时提肘、伸臂、球出手。

图 3-57

2. 不上步起跳单手肩上投篮

这种投篮在接球之后不做上步动作而是突然原地起跳，也叫干拔。这种投篮的方法是：向前跳步接球急停（或原地接球），双手持球于胸腹之间，两脚落地后立即用力踏跳，使身体垂直腾起，同时双手迅速举球于右肩上，腰腹用力，保持身体平衡。当身体腾空接近最高点而处于相对稳定的一刹那，迅速提肘伸臂，用右手手腕和手指的力量将球投出。

要领：和上步跳起单手肩上投篮相同。

3. 练习或比赛中怎样才能投得准的相关问题

投篮是篮球运动技术中的重要环节，是得分的唯一手段，在比赛中怎样才能投得准呢？要做到这一点是不容易的。但只要有决心，有毅力，肯动脑筋，大胆实践，认真总结，是可以解决比赛中投得准的问题的。

掌握正确的投篮技术：掌握正确的投篮技术是提高投篮命中率的关键。正确的投篮技术主要体现在投篮的手法正确，会用力，球的旋转正确，球飞行的弧线适度等几个方面。

投篮的手法正确，前面已经讲过，是指球出手时能正确地做出手腕和手指的拨球动作。投篮用力的关键，是手腕手指在投篮时正确的动作，同时也要借助臂、腰、腹、腿和脚的力量。这些力量要协调地汇合成一个力量，最后灌注于手指上。力量的大小要根据离篮的远近而定，离篮远力量要大，离篮近力量要小。投篮时球的飞行弧线与举球伸臂的方向有关，如手臂过于向上伸则球飞行的弧线偏高，而手臂过于向前伸则球飞行的弧线偏低。这在中、远距离投篮时表现得尤为明显。初学者一般容易产生弧度偏低的现象，其原因，有的是没有向上伸臂，有的是力量小或不会用力。要想投得准，必须首先掌握正确的投篮技术。而且要多练，要认真总结经验，不断改进，形成正确的定型，这是比赛中投得准的首要条件。如果这方面不注意，平时随便地投，形成错误的习惯动作，比赛时就很难投准了。

投篮一刹那，精力要高度集中。掌握正确的投篮动作的同时，还要注意全神贯注地瞄篮，因为在短暂的时间内，如果精力不高度集中，就难以做出正确的判断，这样势必影响投篮的准确性。

要不畏强手，满怀信心，大胆运用。有的人在平时练习时动作很不错，投得也比较准，可是一到比赛，情况就变了，紧张了，动作别扭了，准确性也差了，甚至因怕投不中，即使比赛中有再好的投篮机会也不敢投了，等等。如有以上情况，必须加强在比赛的实践中锻炼，培养自己的投篮意识，满怀信心大胆地投篮。只有经过反复不断的实践，才能掌握比赛中投篮的规律，做到"有把握"。但任何事物都是一分为二的，提倡大胆投，决不是不择时机地乱投，因为那样反而摸不着规律，也就不能尽快地掌握投篮的时机。有的人比赛时投篮命中率有时比较高，但是有时发挥得又很不正常，顺利时投得准，不顺利时投不准，一般的比赛投得准，关键的比赛投不准。究其原因，主要是思想问题，就是缺乏那种不畏强手，敢于斗争，敢于胜利的劲头。必须克服这种怯懦的思想，树立顶着困难上，敢于斗争，敢于胜利的思想，只有这样技术才能得到正常的发挥。

善于寻找和积极创造良好的投篮时机。掌握了正确的投篮技术，比赛中敢于投篮，但是该投的时候没投，不该投的时候却投了，这也会降低投篮的命中率。所谓应该投或不应该投，是指投篮的机会好坏，机会好就比机会不好投中的可能性要大。但机会不是凭空而来的，而是要积极寻找和积极创造才能获得的。寻找和创造机会有下列两点：

① 个人寻找和创造机会。

持球队员首先要在短时间内观察防守队员的位置和距离，如果防守队员失掉了正确的防守位置，并且不能及时上来干扰投篮时，应该抓住这个机会果断而沉着地投篮。持球队员可以利用假动作创造机会。例如，持球队员做瞄篮动作，把防守者吸引上来，可以造成突破的机会；持球队员也可以先做突破动作，趁防守队员后撤防守的机会突然投篮；也可以利用虚晃假动作或传球假动作使防守者产生错误而改变其原来正确的防守位置，从而创造投篮的机会。持球队员还可以利用突破中急停创造跳投机会。手中没有球时，可以利用巧妙的摆脱动作空切到同伴便于传球的位置，接球投篮。

② 通过各种配合创造投篮机会

在比赛中，由于防守队员的阻挠，完全依靠个人的力量取得投篮的机会有时是有困难的，因此，必须要通过与同伴间的相互协调配合来取得较好的投篮机会。常用的协同配合有传切、掩护、策应和突分等。具体采用什么方法，要根据当时场上的攻守情况而定。例如，同伴做持球突破时，你要观察好场上的情况，同伴一旦受到对方的堵截时，你要注意寻找空当，突然跑到有利的位置上去接同伴的传球，进行投篮。

总之，不论是个人还是通过配合创造投篮机会，都必须根据当时场上的变化，做出正确的判断，采取果断的行动和合理的动作，才能抓住良好的投篮机会，达到投篮得分的目的。

4. 改进和掌握投篮的练习形式

（1）原地和跳起投篮的练习。

① 如图 3-58 所示，队员面对篮，在罚球线后站成纵队，按前后顺序依次做原地单手肩上投篮或双手胸前投篮或跳投练习。投篮队员投完后，立刻冲抢篮板球，并用双手胸前传球传给下一个队员，传球后跑到队尾。

② 如图 3-59 所示，在距离球篮 5～7 米的两个场角，两边 45 度角、弧

顶等处标五个点,做原地投篮或跳起投篮的练习。队员按五点的顺序依次由场角开始投篮,投中后到45度角的第二点,第二点投中则到第三点继续投。如果在某一点上投不中,则等下一轮再投,依次类推,看谁能用最少的投篮次数完成五点投中的任务。进行以上两个练习时,要严格要求动作的正确方法,形成正确的动作定型。

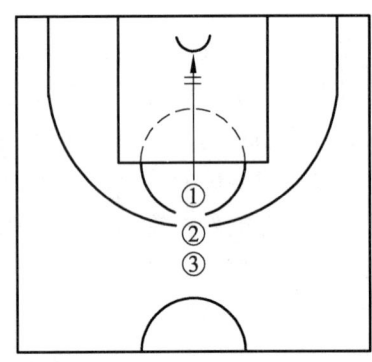 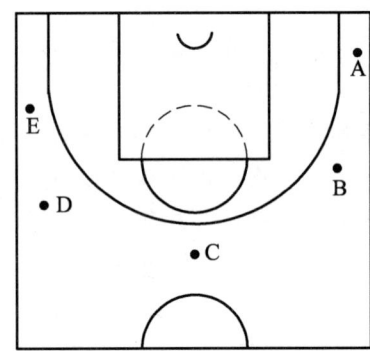

图 3-58

③ 如图3-60所示,④传球给⑥投篮,⑥抢篮板球后运球到⑨的排尾。④传球后迅速起动,在快速跑动中接⑤的传球做急停投篮,然后抢篮板球运球到⑥的排尾。⑤传球后迅速起动,快跑到⑥的位置接⑦的传球进行投篮(原地或跳投)。依次在全场跑动中做急停投篮的练习。

④ 如图3-61所示,④投篮,⑤抢篮板球后,用单手肩上传球传给⑧,⑥运球到45度角(或场角)投篮,⑦抢篮板球并用单手肩上传球将球传给⑧,⑧快速运球到45度角(或场角)位置投篮。依次按逆时针换位进行练习。进行以上两个练习时,对个人和小组的投中次数要有明确的规定和严格的要求,动作与动作之间的衔接要协调连贯。

(2)投篮技术的教学与练习建议:

① 首先使学生了解正确的投篮技术方法要点,形成正确的动力定型。在初学阶段,重点掌握正确的投篮方法和全身协调用力。及时发现并纠正错误,使学生形成正确的投篮动作。

② 突出重点,合理安排,互相促进。教学中,应以原地单手肩上投篮和行进间单手投篮、跳单手肩上投篮为基础,利用技能转移规律,带动其

他投篮技术的学习。

③ 根据各种投篮技术动作的内在联系,按照循序渐进的原则进行教学。投篮教学的一般顺序是,先学原地单手肩上投篮,行进间单手肩上篮,低手、高手投篮,再学原地跳起单手肩上投篮和接球急停及运球急停跳投。

④ 技术的教学与训练应与脚步动作、传球、运球等其他技术结合练习,以提高学生的运用能力和应变能力。

⑤ 教学与训练中,要合理安排练习的密度和强度,加强对学生的心理训练,不断提高投篮命中率。

⑥ 根据现代篮球运动的"对抗"特点,在学生掌握正确的投篮技术的同时,要安排对抗条件下的投篮练习,提高在有防守情况下运用技术的能力。还要进行配合投篮、投抢练习,培养学生的配合意识,对配合技术要提出明确的要求。

图 3-59

图 3-60

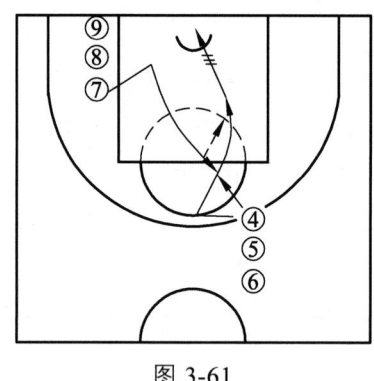

图 3-61

（3）上篮的练习形式：

① 如图 3-62 所示，①传球给②后跑上前去跨步从③手中拿球上篮，然后运球到队尾，依次进行练习。此练习主要解决队员跨步两脚腾空接球的动作和手脚的协调配合。

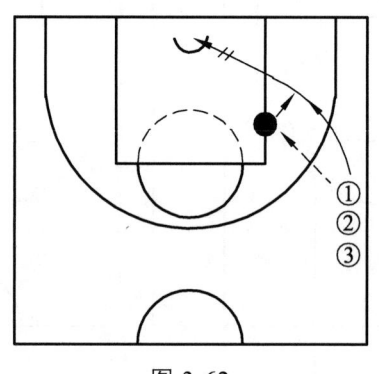

图 3-62

② 如图 3-62 所示，④传球给插到罚球线上接球的⑦，并作虚晃后空切接⑦的传球上篮。⑦抢篮板球后到⑥的队尾，④投篮后到⑨的队尾，如此循环练习。此练习要求队员必须全速和全力进行。练习中可以对⑦号位的传球提出不同的要求，如规定用什么方式传球。也可以对④号位队员提出不同方式的投篮的要求，如单手低手上篮或反手上篮以及接球急停突破后上篮等。

（4）练习原地和跳投分别应注意的问题：

① 原地单手肩上投篮和双手胸前投篮是其它各种投篮的基础。这两种投篮的手法掌握好了就可以为掌握其它各种投篮技术打好基础。因此，在

练习原地投篮时，必须注意形成正确的动作定型，要在正确动作的基础上求准，不要单纯只着眼于目前一时的命中率而忽视了正确动作，这点对初学者尤为重要。

② 练习跳投时，起跳和举球要同时进行。如果先举球后起跳，就做不出空中动作，而且也跳不高；反之，如果先起跳后举球，就会形成球还没有投出去身体就下落的现象。所以，只有同时做起跳和举球的动作，投篮才能协调有力。

③ 要掌握好球出手的时间。出手早了，就成了边跳边投的动作，出手晚了，身体处于下落的状态，就会减弱投篮的力量。发现自己出手时间掌握不好时，可以先对墙或篮板投球以便把精力多集中在出手的时间上。起跳后可以默念"停、投"来指挥自己的行动。掌握得比较好了，再对着球篮进行投。

④ 跳投可以较多地结合其它技术运用，但先要学好跳投技术，比较熟练而正确地掌握了接球跳投技术以后，再练习与其它技术的结合。

（5）练习上篮应注意的问题：

① 初学上篮的人往往是注意到迈步子，就顾不上拿球，注意到拿球又赶不上步子，这怎么办呢？这要注意拿球的时间。练习时注意做到迈出第一步的同时就接球或拿球，如果拿球过早就会造成带球跑，拿球晚了，第二步衔接不上就会使动作停顿而不连贯、不协调。出现这种手脚不协调的情况时，可多做上篮的模仿练习，也就是跨步接球、起跳、投篮的模仿动作。也可以手中持球，向前拍运一下球后拿球上篮。

② 上篮时身体向前冲得厉害怎么办？有的人基本上掌握了上篮动作，但由于向前的冲力过大，控制不好身体平衡，投篮动作不稳，影响投篮的准确性。这要强调第二步要小一点，脚跟先着地，逐渐过渡到全脚着地，用力向上跳，摆动腿要抬高。投篮的一刹那，腰部要绷住劲，使身体尽量在空中停留一下，以减少向前的冲力。

③ 球出手用力过猛怎么办？上篮时，球出手点距离篮圈是比较近的，应主要靠屈手腕和手指拨球的力量将球投出。有的人用力过猛，是因为胳膊用力过大，手指控制不住球。出球过猛，不易投中。做高手投篮时，切忌将球举到肩上停一下，然后用胳膊力量向前推出。正确的动作应该是把球举到肩上时继续不停顿地向上伸臂，直到将球举到最高点时，用手腕、

手指的力量柔和地将球投出。做低手、反手和勾手上篮时，不要把胳膊向前（侧）伸直后再向上举球，应该先往上举球，当胳膊充分伸展时，球也举到了最高点，随即用手腕、手指的力量将球投出。为了体会出手动作，可以先在原地反复练习举球和手腕、手指的用力动作，然后再做完整的动作练习。

④ 上篮方式这么多，应该先学哪一种？在篮球比赛中，运用最多的投篮方式是单手高手上篮和单手低手上篮。单手高手上篮学起来好掌握，用起来容易和传球等动作结合。单手低手上篮出手快，命中率高。初学者可以从中选择一种，反复多练，直到掌握得比较熟练时再练其它方式的上篮动作。因为各种上篮的步法大同小异，只是球出手的部位和用力方向不同而已，掌握好常用的一种上篮方式后，学习其它上篮方式也就比较容易了。

三、运球

用单手连续按拍从地面反弹起来的球叫运球。运球是比赛中突破防守，发动快攻，组织进攻配合，调整位置，寻找有利时机进行传球和投篮所必需的技术。运球运用得好可以突破对手，打乱对方的防守部署，创造良好的进攻机会，提高进攻战术质量。但是不择时机地，盲目地滥用运球，也会贻误战机，给集体带来很大的损失。

运球包括高运球、低运球、运球急停急起、体前变向运球、背后变向运球、运球转身等多种。

（一）运球的方法和运用

1. 高运球

高运球是指球弹起的高度在腰、膝之间的运球。这种运球的特点是队员向前推球的力量大，球反弹的高度高，队员跑动时重心高，跑动速度快，运一次球可以跑若干步，如图3-63所示。这种运球便于观察场上情况，多在快攻和无人防守的情况下运用。运球时，两腿弯曲，上体稍向前倾，抬头，眼睛看前或后方。五指自然分开，用手指和指根部位控制球，手心空出，肘自然弯曲，并以肘关节为轴，前臂上下摆动，用手腕和手指的力量向地面按拍球（按拍球的上后方）。当球从地面反弹起来手触球时，手腕和前臂做随球弹起而上抬的缓冲动作。然后再随球前臂向下摆动，手腕和手指用力按拍球，同时下肢跑动相配合，依此重复进行。跑动速度越快，手拍按球的部位越靠后一些；跑动速度慢，则拍按球的部位就靠上些。而原地运球，就该拍按球的正上方。

要领：以肘关节为轴用手腕和手指按拍球的正确部位，跑动的步法应与手按拍球的节奏协调一致。

图 3-63

2. 低运球

低运球是指球反弹的高度低于膝的运球，这种运球主要用在接近对手或对手抢球时的摆脱。运球时，两腿弯曲，降低重心，让身体稍前倾，身体成半蹲姿势，抬头，眼睛注视场上情况。手指自然分开，用手指和指根部位控制球，手心空出，肘关节稍弯，以手腕关节为轴，手指上下移动按拍球，使球连续弹起。在有对手防守的情况下，运球的落点要根据攻守双方的位置和持球人的意图而定。

要领：抬头，两膝深屈，运球高度控制在膝部以下。如图 3-64 所示。

图 3-64

(二) 运球急停急起

运球急停急起是在防守比较严的情况下,利用"动"和"静"的突然变化,借以摆脱防守的一种方法。运球队员在对手紧逼时防守而又不能用快速运球超越的情况下,经常采用这种方法。

运球急停急起是运球、急停、起动三个动作的组合。运球急停动作是用手指控制球的前上部,同时做一步或两步急停。要求两腿弯曲,重心下降,并随即将球垂直按向地面,用身体保护球。急停有时能把对手甩开两三步,这时进攻队员可利用防守队员向前移动的时机,突然运球起动。上体迅速移动的,手指用力推球的后上部加速向前运球超越对手。如图 3-65 所示,其中 1-5 是运球急停的动作,6-8 是急起运球的动作。

要领:急停时手控制球的前上方,使球垂直反弹,其高度控制在膝以下。急起时,手指用力推球的后上方,同时脚掌蹬地和重心迅速前移。

图 3-65

1. 体前变向运球，当运球队员前进路线被阻但与防守者有一定距离时，可以利用突然变换方向运球前进，借以摆脱和超越对手。以由右向左变向运球为例，如图 3-66 所示，运球向右前方推进，当与对手有一步多距离时，右手触球的右上部，前臂、手腕和手指向右侧用力按拍球，使球快速地在自己身前落地后弹向左侧。在右手按拍球的同时，右脚掌内侧蹬地，上体迅速向左前方倾，重心左移，带动左脚向左稍前一点迈半步。球落地的同时，右脚迅速向左前方跨出，上体左转，侧右肩，以肩和腿保护球，左手及时按拍球的左后上方，迅速超越对手前进。

要领：拍球横按，转体侧肩，以肩领先护球，脚掌蹬地和重心移动要协调配合。

图 3-66

2. 背后变方向运球是一种在身体背后改变运球方向的运球方法。当运球队员运球的一侧被对手堵截，对手的身体重心又偏于有球的一侧时，运球队员可用背后运球来改变前进的方向，借以超越对手。

如图 3-67 所示，以右手运球向左侧变方向为例。右手运球接近对手时，向前迈左脚，使球处于两腿之间以便保护球。变方向时，右脚向前迈出，同时重心随之前移，用右手触球的右后侧，掌心指向左前方，使球处在身体的右后方。当左脚向前迈时，右手从背后向左前方按拍球，使球反弹到左侧，左手迅速迎球，右脚继续向前迈进，上体向左转，右肩向前压，用左手运球快速超越对手。

要领：用右手将球拉向背后按拍球的右侧后方，同时右脚向前跨出，转体探肩。

图 3-67

3. 运球转身,是在运球中利用后转身动作掩护球摆脱对手的一种方法。当运球队员从对手的右侧或左侧突破,而路线被堵,且双方距离很近,不便于运用变方向运球突破时,则多运用运球转身来突破对手。

如图 3-68 所示,以右手运球想从对手的左侧突破而被堵住为例。先向对手的左侧迈出左腿诱使对手继续向左移动封堵,此时右手将球控制在自己的两腿中间略偏向右脚的位置,然后以左脚的前脚掌为轴做后转身,右腿向后撤步,贴近防守人的身体,挡住防守人的移动路线,迅速转体换左手运球超越对手。

要领:摆动腿向后撤步,贴近防守人,手腕、手指控制球的方位正确和按拍球的力量适当。

图 3-68

（三）掌握运球的练习和练习时应注意的问题

1. 掌握运球的练习，以原地运球每人一球做原地高、低运球，双手左右交替运球，单手做前推后拉的运球，单手做左推右拉或右推左拉的运球，注意手按拍球的正确部位，球的方向和速度变化及手对球的控制，以及正确的姿势，建立正确的动作定型。

2. 如图 3-69-1 所示，队员分成两组，球场内放两排标志，队员绕标志做直线高、低运球，运球急停、急起，体前、背后变方向运球，运球转身等。体会拍按球的部位与球反弹角度的关系，用力的大小和运球的频率及手脚的协调配合等。

3. 如图 3-69-2 所示，④抢篮板球后传给⑤，⑤快速运球上篮，④快速跟进抢篮板，并传球给⑤，⑤快速运球上篮，④追防。⑤上篮⑥抢篮板球后与⑦作④和⑤同样的练习。依次循环进行传球和快速运球上篮的练习。在进行此练习时，对运球的速度要有明确而严格的要求。

4. 胯下运球，如图 3-70-1、图 3-70-2 所示，二人一组一球，开始⑤传球给④，④运球转身或背后变向运球切入，切向篮下时分球给向限制区切入的⑤，然后⑤到⑧的后面，④到⑨的后面，各组依次进行运球突分的练习。进行此练习时，要求运球动作正确、快速、分球准、接球人移动要突然快速。

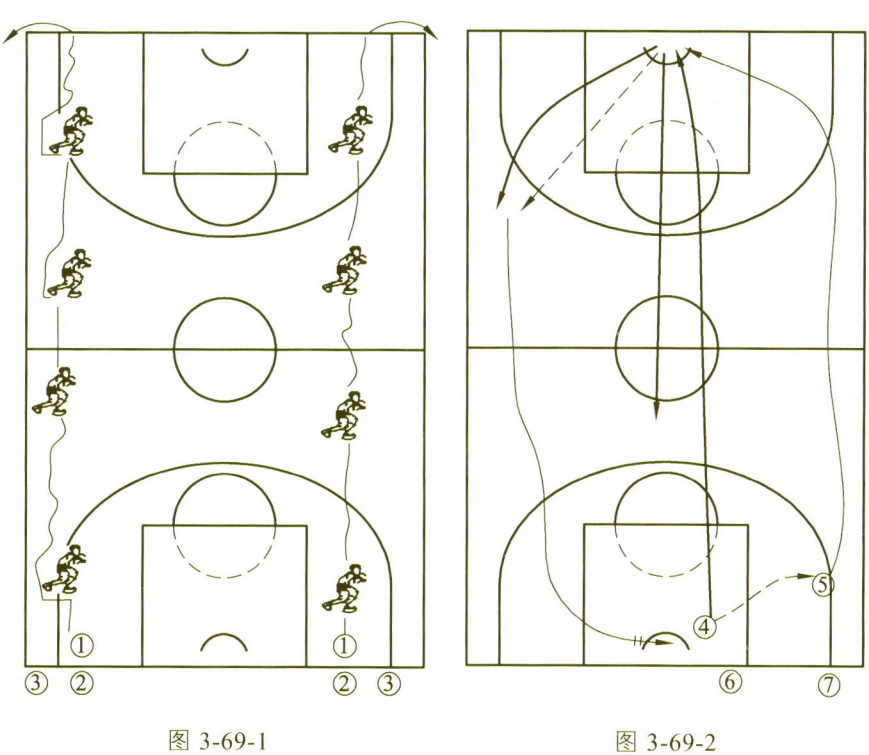

图 3-69-1　　　　　　　　　图 3-69-2

图 3-70-1　　　　　　　　　图 3-71-2

(四)练习运球时应注意的问题

1. 抬头观察场上的情况,不要低头运球

初学者往往觉得低头看着球往前运好做一些,可是养成这种习惯后,在比赛中就不能充分发挥运球的威力。因为眼睛盯着球,就看不到场上的情况,这不仅会丧失良好的战机,而且容易被对方夹击造成失误。所以,初学者从学习运球开始,就要注意养成正确的运球姿势,加强手对球控制的能力。

2. 时刻注意保护球

不论采用哪种运球方式,都要用自己的身体挡住防守人,使防守人够不到球,这就要求用离防守人远的一只手运球。除非没有人堵截在快速向前推进时,可在身体前面运球外,其它情况下都要把球控制在身体的侧方,以便保护球。练习运球时,可在无人防守的情况下,模拟实战做保护球的运球动作,以养成保护球的习惯,为投入比赛打好基础。

3. 运球时,不要运得太高

偏高时,球在空中运行时间长,不仅会影响推进的速度,而且也容易被防守人打掉或带球走,在前面和侧面都有防守人时,球要运得更低一些。一般情况下,球反弹到腰部高度就行了。

4. 掌握好运球时机

队员要做到这点,首先要善于观察比赛的情况,根据场上情况的发展,正确合理地运用运球技术。如抢到后场篮板球后,对手防守得很严很紧而没有合适的传球机会,或不能传出时,可以运球摆脱对手的封阻,以便于传球发动快攻。由守转攻接到同伴的第一传后,如其他队员都被对方防住时,为了争取机会造成以多打少的优势,可以快速地运球向前推进。快攻结束阶段已造成三攻二或二攻一的优势而对方固守篮下时,可以利用运球吸引对手给同伴造成良好的投篮机会或为自己创造上篮机会。抢断球后能直接运球上篮时,可以运球,突破对手当然需要良好的运球技术。总之除了用运球的方法牵制防守人和必要的运球攻击外,其余情况只要能传球,都不应该运球。尤其是在比赛中切忌接到球后盲目地随手拍一下球,因为这样就失掉了再运球的机会,因而不但不能突破对手,反而使对手可以毫无顾虑地大胆上来紧逼抢球，造成自己的被动。

四、持球突破

持球突破也叫持球过人，是持球队员利用持球的有利条件运用脚步动作超越防守人的一项攻击性较强的技术。如果该技术运用的合理、正确，会打乱对方的防守部署，创造更多、更好的个人和全队的进攻机会，因此持球突破是初学者必须掌握的一项技术。

（一）突破的方法和运用

1. 交叉步突破

如图 3-71 所示，以右脚做中枢脚从防守人的左侧突破为例。两脚左右分开站立，两膝微屈，上体稍前倾，双手持球于胸前。突破时，左脚前掌内侧用力蹬地，同时，上体迅速前倾并右转，右膝前移下压，左肩对着前进方向，带动左脚向右前方迅速跨出，在跨左脚的同时，右手向左脚的侧前方推放球，右脚脚掌急剧蹬地上步超越对手。

要领：跨步脚的脚前掌内侧用力蹬地，转体探肩，中枢脚的膝前移下压，球推放在跨步脚的侧前方。

图 3-71

2. 同侧步突破

如图 3-72 所示，以左脚做中枢脚从防守人的左侧突破为例。两脚斜前开立，两膝微屈，双手持球于胸前。突破时，左脚的脚前掌内侧用力蹬地，上体向右侧前方倾倒，右脚迅速向防守的左侧跨出，同时上体稍右转，右手向右脚的侧前方推放球，当球离手后，中枢脚继续用力蹬地，快速上步超越对手，接着用右手运球前进。

要领：左脚掌内侧用力蹬地，上体迅速前倾并右转，左肩领先，球落点在右脚的侧前方。

图 3-72

3. 在比赛中如何发挥突破的威力

（1）及时了解和掌握对手的脚步移动速度、防守的位置、距离、步伐及其身体重心的情况，抓住对手某一点的不当，利用持球突破超越对手。例如当发现防守自己的对手脚步移动较慢时、对手离自己很近时、或对手失去了正确防守位置或身体失去平衡时，都应抓住时机果断地突破。

（2）持球突破应与投篮、传球等假动作结合起来运用，这样才能发挥更大的威力。例如对手离自己较远时，要突破对手是较困难的，这时可先做投篮的假动作，把对手吸引过来，然后再用快速的突破动作超越他。持球队员也可以先做传球的假动作使对手产生错觉而失去平衡或正确的防守位置，然后用突破动作超越他。

（3）根据对方防守力量的情况，抓住对方个别队员防守技术差或脚步移动速度缓慢这一环节，有计划地给同伴造成在局部地区形成一对一的局面，利用突破攻击对手，打乱对方防守战术的部署。

（4）在突破过程中，一定要注意用上体、两腿和手臂保护球。如突破一旦受到对方的堵截或处于不便投篮的位置时，要及时地把球传给同伴，由同伴进行攻击。

（二）掌握突破的练习方法和练习时应注意的问题

1. 掌握突破的练习方法

（1）如图 3-73-1 所示，队员每人拿一个球，面向教师站成一路纵队，④持球做交叉步或同侧步突破投篮，抢篮板球后运球到队尾。⑤在④抢篮板球后开始起动做同样练习。

（2）进行此练习时，形成正确的习惯动作是重要的，所以开始练习时速度稍慢一些，注意动作的要领和协调性。如图 3-73-2 所示，队员分成两组，左组持球，开始练习时，④跑到教师面前跳步急停接⑤传来的球，接球后用交叉步或同侧步突破，在突破后把球传给切向篮下的⑥投篮，④抢篮板球后运球到⑨的队尾，⑤投篮后到⑧的队尾。进行这个练习时，突破要有速度，要有上篮的神态，分球要准。摆脱接球的队员其移动一定要在突破队员的视野范围之内，这样以便于接应同伴的分球和个人攻击。

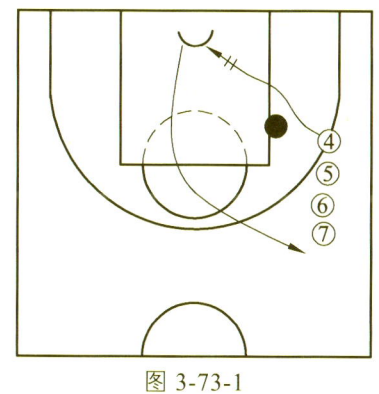

图 3-73-1

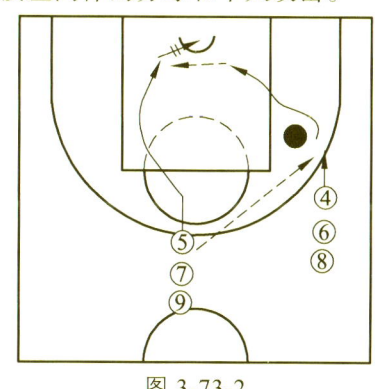

图 3-73-2

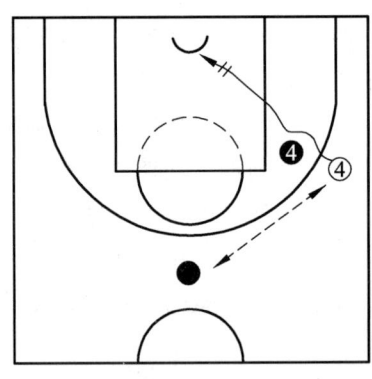

图 3-73-3

（3）如图 3-73-3 所示，半场一对一突破练习，④接到教师的球后，利用投篮、传球或虚晃的假动作，造成对手的错觉，使其在防守位置、距离、步伐或身体平衡等方面产生错误，抓住时机突破上篮。练习过程中，如果持球队员由于判断不正确而突破不成时，可把球传给教师，重新做此练习。练习若干次后，攻守互换。此练习，可对防守人提出适当的要求，如与持球人保持一步距离或与持球人做相应的动作等。

2. 练习突破应注意的问题

（1）突破要狠、要快。快是超越对手的先决条件。要想快，重心前移，脚前掌内侧用力蹬地和球推放在跨步脚的侧前方，这是很重要的。如果正确地做出上述动作，就可以在前两步超越防守者。

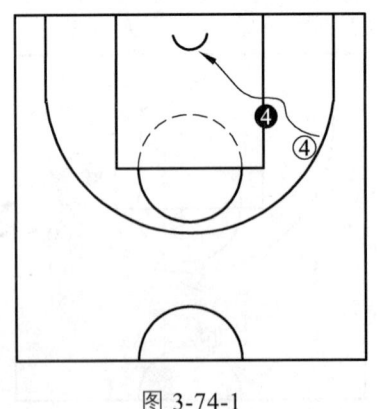 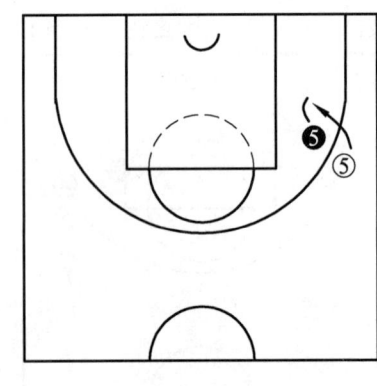

图 3-74-1　　　　　　　　　图 3-74-2

（2）突破时要走捷径，要敢于大胆贴近防守人。占据有利位置，卡住对手移动的路线，如图 3-74-1 所示，④突破的路线是正确的。如果躲着防守人，绕开对手走，是费力不讨好的事。如图 3-74-2 所示，即使⑤突破的速度很快，由于绕了弯路，耽误了时间，所示对手❺有时间进行堵截。

（3）持球突破要在有防守的情况下与投篮、传球以及虚晃等假动作结合起来练习，便于掌握突破的时机，提高突破的质量，并养成突破过程中及时、正确处理球的习惯。

五、抢篮板球

抢篮板球是在投篮不中时，双方在篮下抢球的技术。有抢进攻篮板球和抢防守篮板球两种。前者也叫前场篮板球，是在对方的篮下争抢。后者也叫后场篮板球，是在本方的篮下争抢。

抢篮板球是攻守转换的方法之一。抢得一次篮板球，就取得一次主动权，增加一次进攻的机会。进攻篮板球抢得好，不仅可以增加进攻次数和篮下投篮的机会，而且可增强本队中距离投篮的信心，减少对方发动快攻的机会。防守篮板球抢得好，不仅中断了对方的进攻，而且为本队发动快攻创造了条件。篮板球抢得多少，对比赛的主动与被动、胜利与失败，都起到重要的作用。因此，无论进攻还是防守，都应重视篮板球的争夺。要想篮板球抢得好，抢得次数多，首先应加强抢篮板球的意识，树立积极主动、勇猛顽强的战斗作风，同时，还要掌握抢篮板球的技术。

1. 争抢反弹篮板球的判断

篮板球反弹的方向与投篮的距离、角度、弧度、力量、落点等都有密切的关系。一般来说，投篮的距离与反弹的距离成正比，即投篮距离远，反弹的距离就远。投篮距离近，球反弹的距离也近。投篮的角度不同，反弹的方向也不同，约有下列三种情况：第一种情况，如图 3-75-1 所示，在与篮板成四十五度角的地区投篮时，球反弹出来，一般要落在图中斜线所表示的区域；第二种情况，如图 3-75-2 所示，在中间地带投篮，球反弹出来，一般要落在正面的地带；第三种情况，如图 3-75-3 所示，在虚线的一角投掷时，球反弹出来，一般要落在如图所示的区域之内。投篮的弧度不同，球反弹的落点也不同。如投篮的弧度高，球多撞在篮圈的上沿，反弹高，落点离篮较近。如果投篮的弧度低，球多碰在篮圈外沿或对侧的内沿，球反弹出来则离篮较远。擦（碰）板球反弹的力量小，落点离篮较近。因此，在比赛中就要根据当时的情况，观察、判断、抢占有利的位置来拼抢篮板球。

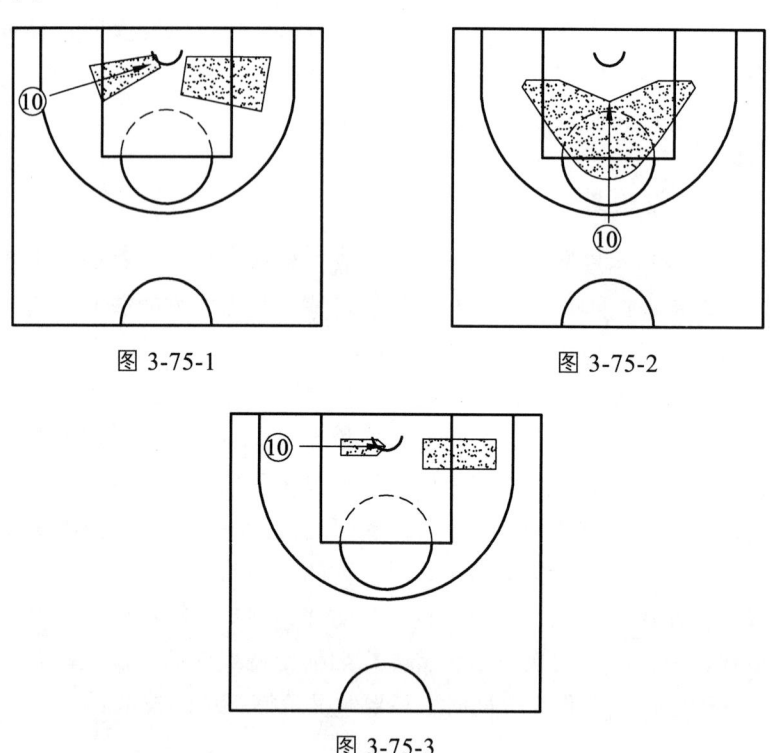

图 3-75-1

图 3-75-2

图 3-75-3

2. 争抢防守篮板球

抢防守篮板球时，关键在"挡人"。就是要利用身体合理地挡住进攻队员向篮下冲抢篮板球的路线，使自已抢占有利的位置。如图 3-76 所示，进攻队员与防守队员之间的距离较近时，如果进攻队员是要从防守队员右侧向篮下冲抢篮板球，这时，防守队员则应以右脚为轴，做后转身，将进攻队员挡在身后。若进攻队员想从防守队员的左侧冲抢篮板球，防守队员则应以左脚为轴，做后转身，将进攻队员挡在身后。转身的时间不能过早也不能过晚，而且在转身以后要向侧伸出两臂，以免对手溜掉挤进。当进攻队员与防守队员之间的距离稍远时，防守队员应先迎前一步接近对手，然后再用上述的转身和伸臂摸的动作挡住对方。在上步和转身的过程中，随时都要注意对手的活动，并根据对手的移动，用快速的脚步动作调整位置。在一般情况下，转身以后，背对或侧对进攻者。此时调整位置要利用合理的身体接触，根据身体的感觉和手摸，及时地抢占有利的位置，以挡住进攻者向篮下冲抢的路线。在特殊的情况下，根据战术的要求，也可以面对面地挡住进攻队员冲抢篮板球的路线。即使自己抢不到也不让对手抢到球。抢占有利位置的同时，要做好抢篮板球起跳的准备。转身后两脚左、右开立，距离略比肩宽，屈膝，两臂自然弯曲，肘向外张，以扩大控制面积并帮助起跳。起跳时，上体稍前倾，眼睛注视球，进一步判断球的落点。跳起以后，要使身体达到最高点时恰好抢到球。起跳的步伐，可采用原地上步（向前迈一步），撤步（向后撤一步）或跨步（向侧跨一步），也可以原地双脚起跳。如果起跳前和对方有身体接触，应该能适应这种接触，就是要会主动用力（用暗劲）顶住对手，以便先于对手起跳抢篮板球。

图 3-76

起跳时两脚用力蹬地，两臂用力向上摆振，腰腹用力向上提，当身体上升到最高点时，手臂和身体要充分伸直，同时双手（或单手）抢球。当手指尖触到球时，应立即屈指、屈腕，腰腹用力，迅速收回手臂，将球拉至腹前，如图3-77所示，然后将球传出或运出篮下，以便发动进攻。单手抢球时，另一只手要及时扶住球，保护球。抢到防守篮板球以后，在落地之前，争取在空中转身侧对进攻方向，以便观察场上情况并及时把球传到合理的位置上去。落地时要屈膝，降重心，上体稍前倾，保持身体平衡。并把球拿在远离对手的一侧，及时将球传出或运球突破发动进攻。

图 3-77

3. 争抢进攻篮板球

抢进攻篮板球时，要强调冲抢，突出"冲"字。起动要快，当球在空中飞行还没有触及篮圈时，就要判断球可能反弹的方向，利用突然、快速的移动或借助于闪、晃的假动作，绕过防守队员，冲向篮下抢占有利位置起跳。起跳的步伐多采用上步起跳和跑动单脚起跳。跳起在空中的动作和抢防守篮板球相同。抢到球后，应立即投篮。如不能投篮，应迅速将球传给同伴，以便重新组织进攻。

如图3-78所示，左锋抢进攻篮板球，当防守者迎前阻挡时，左锋用假动作摆脱防守者。图中穿白上衣的进攻队员先假做从对手的右侧跑过，吸引防守者做出相应的移动进行阻挡，然后突然由左侧跑过去冲抢篮板球。投篮队员在球离手的瞬间，自己能感觉到球出手方向、力量大小和弧度的高低，从而判断球能否投中。投篮队员可以利用这一感知的条件，掌握球的反弹方向和落点，先于其他队员抢占有利的位置，这样便可增加抢到篮板球的机会。

图 3-78

4. 争抢篮板球的技术练习。

（1）如图 3-79-1 所示，在中圈或罚球圈外两人一组，一攻一守。教练员持球在圈内。练习时，教练员将球抛起，位于圈外的进攻者⑦、⑧、⑨设法绕过防守者❼、❽、❾冲进圈内接球。防守者要尽力把进攻者挡在圈外。连续做一定的次数以后，攻守交换。此练习的目的是要使队员掌握抢占地面位置的技术。所以要求防守人要侧对球，保持人球兼顾、以人为主的防守姿势。当教练员抛起球的瞬间，要用转身和灵活的步伐挡住对手冲进的路线。进攻队员可利用闪晃等动作，摆脱对手的阻挡，争取接到中圈内的球。

（2）如图 3-79-2 所示，④、⑤、⑥在外围相互传球，当任何一个队员投篮以后，三人同时冲抢篮板球。抢到者立即投篮，另二人防其投篮，投中者得一分。如果未投中，三人再抢，再投，直到投中为止。球投中以后，三人回原位重新开始。先得十分者为胜。此练习是训练队员对球落点的判断，掌握冲抢的起动时间。抢到球以后要及时投篮，或用假动作创造再次投篮的时机。

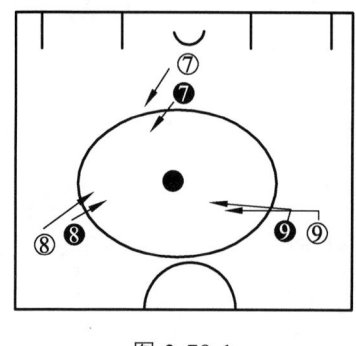
图 3-79-1

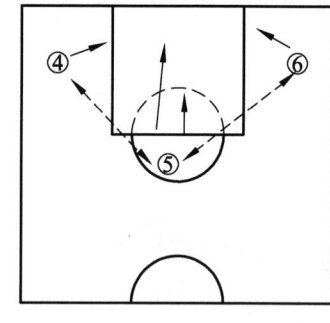
图 3-79-2

（3）半场三对三、四对四的攻守练习，要求防守者挡人抢位，只准进攻队员在外围进行投篮。投篮后双方争抢篮板球。攻方抢到篮板球继续进攻，守方抢到篮板球后，则变守为攻。

5. 提高弹跳力的练习

目的：提高队员的弹跳力、反应能力、空中控制身体的能力和动作协调性。

要求：屈膝蹬地，两臂上摆，保持身体平衡和动作协调性。

练习一 原地或上步持球或不持球连续跳起

方法1：原地单脚起跳，左右手依次各触篮板或篮圈若干次；

方法2：原地双脚起跳，双手触篮板或篮圈若干次；

方法3：上步连续单脚或双脚起跳，单手或双手触篮板或篮圈若干次；

方法4：一人一球，篮下原地跳起托球碰板若干次；

方法5：两或三人一组一球，依次在篮下一侧或两侧用单手或双手托球碰板若干次；

练习二 跳起在空中抢球转身一传练习

方法：如图 3-79-3 所示，队员一人一球在篮下成纵队站立，依次自己把球抛向篮板，在球反弹的瞬间快速起跳，在空中抢球并转身把球传给站在外围的固定接球队员。

要求：在蹬地起跳的同时开始转身，边接球边向传球方向转身，并准确地把球传出；外围队员的固定接球队员可由固定一个接球点逐步发展到不固定接球点，以提高队员的观察判断能力。

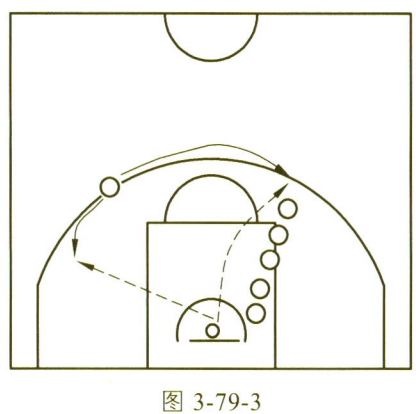

图 3-79-3

第三节　防守技术

篮球比赛中有攻有守，攻与守在不断交替进行。一个队想取得比赛的胜利，不仅要有良好的进攻，而且要有好的防守。因为，进攻是千方百计地摆脱对手的防守，力争投篮得分，而防守则是想方设法地阻挠和破坏对方的进攻不让对方投中，并力争把球抢断过来转守为攻，扩大战果。因此，对一个队而言，既要积极地练好进攻，又要扎扎实实地练好防守，这样既能攻又能守，攻守兼备，才能保证在比赛中取得胜利。

防守有人盯人、区域联防、区域盯人、混合防守等战术，但构成全队防守战术基础的，是个人防守技术。有了良好的个人防守技术，才能有好的全队防守战术。所以，对防守技术的练习必须给予充分的重视。练习中不断改进和提高个人防守技术，不仅可以保证防守战术的质量，而且可以进一步丰富防守战术的内容。

一、防守技术要点

比赛中为了防止对手投篮、传球、突破、运球、接球和空切等，并且尽快地把球从对方手中抢过来，防守队员在防守时必须保持正确的姿势、有利的位置、适当的距离和敏捷的步伐。

（一）防守位置

保持有利的防守位置是防守的关键。比赛中场上的情况不断变化，对手与球的位置也不断变化，因而防守位置也就有所不同。防守人有时是站在对手与球篮之间（也叫三点一线的位置，如图 3-80-1 所示）；有时是站在对手与球之间，如图 3-81-2 所示的，球在⑦手中时，❻站在⑥的前面以防止他接球。而❹站在④与球之间，防止对手向篮下切入或接球。有时是在球、球篮、对手所形成的三角形中，站在以对手为顶角的该角的二等分线上的内侧位置，如图 3-81 所示的位置。角的二等分线位置选择还有两种，一种是站在靠近球侧的位置（如图 3-81-1 所示）；一种是站在靠近球篮一侧的位置（如图 3-81-2 所示）。靠近球一侧的防守位置，一般用在对手（如图 3-81-3 所示）距球近时；靠近球篮一侧的防守位置，一般用在对手距离球较远时。"三点一线"位置多用在对持球队员防守时，而其余几种位置则多用于防无球队员时。总之，防守人要随时观察场上情况，了解和掌握对方的意图，随着球和对手的移动，随时调整位置，保持有利的防守位置，以达到控制对手的目的。

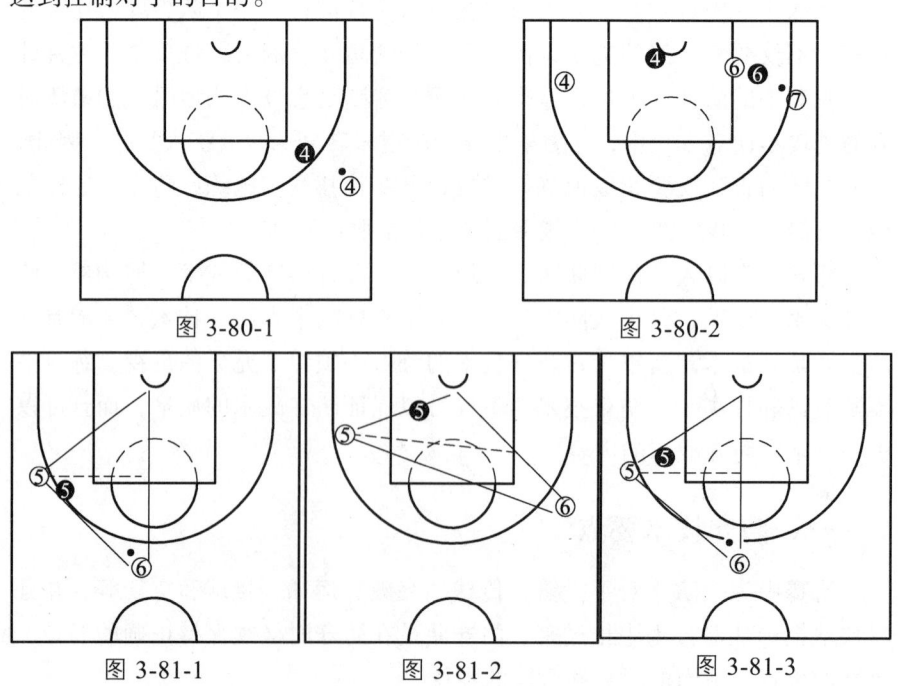

图 3-80-1　　　　　　　　图 3-80-2

图 3-81-1　　　　图 3-81-2　　　　图 3-81-3

（二）防守距离

防守距离是根据防守战术、对手的特点和人与球的情况（拿球和不拿球、离球或球篮的远近以及防守队员与对手移动速度的快慢）决定的。如采用紧逼盯人防守战术时，防守距离就应靠近对手一些；如采用松动人防人防守时，距离就应远一点。但应考虑到当时对手的情况，如对手拿球，就应与他保持一步距离；如果对手不拿球而离球或篮较近，则防守人也应与他保持较近的距离；如果对手离篮或球较远时，距离则要加大。同时，还要考虑到个人移动速度，如果防守人的速度比对手的移动速度快，就可以适当地缩短防守距离，相反，则要增大距离。

（三）步伐

比赛中能否保持有利的防守位置与距离，常常取决于防守人有没有娴熟的移动步伐。娴熟的移动步伐，可以随时随地向任何方向迅速起动，并能在快速移动中保持身体平衡，保证经常占据有利的防守位置和距离，从而使防守主动。在防守中常用的步伐有滑步、撤步和交叉步等。

1. 滑步

防守中为了保持有利的防守位置，以免被对手摆脱，而应用滑步。滑步又分侧滑步、前滑步和后滑步。

（1）侧滑步。

如图 3-82 所示，两脚左右分开站立，两膝微屈，上体稍前倾，两臂自然侧举。向左滑步时，右脚掌内侧向右蹬地，左脚向左跨出一步，左脚刚着地时，右脚迅速擦着地面跟随左脚滑动，右脚一落地，左脚立刻再滑出一步。身体不要上下起伏，要始终保持原来的高度。向右滑步时则相反。

1

2

图 3-82

（2）前滑步。

如图 3-83 所示，由防守的基本姿势开始，两脚斜前后开立。向前滑步时，后脚脚掌内侧蹬地，前脚向前迈出一步，前脚刚落地时，后脚迅速擦着地面向前脚跟进，后脚一落地，前脚立刻再向前迈出一步。依次连续向前滑动。滑步时，两脚始终保持一定的距离，身体不要上下起伏。

图 3-83

（3）后滑步。

由防守的基本姿势开始，两脚斜前后站立。向后滑步时，前脚脚掌内侧向前蹬地，后脚向后跨出一步，后脚刚着地时，前脚稍擦地面迅速向后脚跟进。前脚一落地，后脚立刻向后再跨出一步。依次连续向后进行滑动。滑动时，身体不要上下起伏。两脚始终保持一定的距离，以便保证身体重心的滑步的动作。

要领：异侧脚脚掌内侧蹬地的同时，另一脚向前进的方向迈出，异侧降向前进的方向前进，并与前脚保持一定的距离，身体保持一定的高度，不要上下起伏。

2. 撤步

如图3-84所示，防守队员为了保持有利位置，为了防守持球突破常用后撤步。当进攻者持球突破时，应以前脚掌内侧用力蹬地，同时，腰髋用力使身体向同侧的侧后转动，前脚迅速向侧后方撤一步，与此同时，后脚脚掌向内侧蹬地。并以侧滑步抢占有利的防守位置，阻止对手的突破。

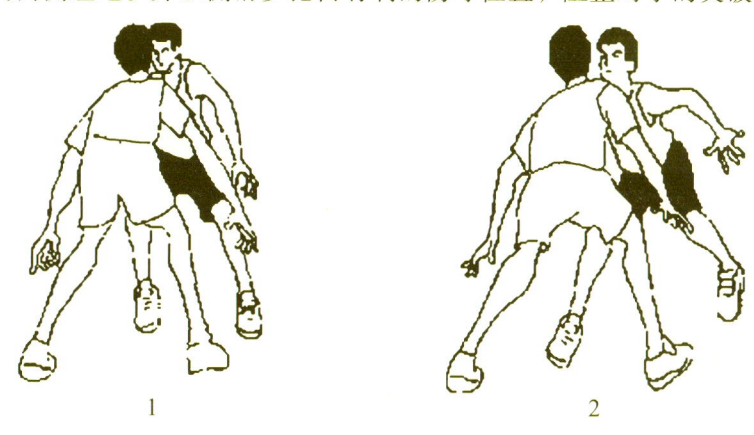

图 3-84

要领：脚掌内侧蹬地，腰髋用力向撤步方向转动，后腿膝盖向里扣，向侧后方撤步。

3. 交叉步

如图3-85所示，在防守中对手跑得很快，用滑步不能保持有利的防守位置时，可以用交叉步。防守中如果向右侧做交叉步，则左脚在前，右脚在后。开始时，左脚掌内侧用力蹬地，使身体重心移向右脚，同时左脚迅速从右脚的前面向右侧方迈出一步与右脚形成交叉动作，左脚落地时，右脚脚掌外侧用力蹬地，并迅速向右侧后方迈出一步，控制身体重心。两脚交叉动作要快，身体不要上下起伏，以便衔接滑步或跑，以保持有利的防守位置。

要领：保持身体重心的平稳，不要上下起伏，脚蹬地有力。

图 3-85

（四）防守姿势

为了有效地控制对手的投篮、传球和运球，有效地阻止对手的摆脱和接球。这就要求防守人必须有个正确的防守姿势，正确的防守姿势是维持身体平衡，保证随时能向任何方向移动的条件。这一点是非常重要的。比赛时由于进攻队员的情况不同，防守的目的不同，而对防守姿势的要求也不一样。根据防守目的一般可分为正面防守和侧面防守两种姿势。

1. 正面防守姿势

正面防守的目的，是防止对手投篮或突破。两脚左右或稍斜前、后分开站立，距离约与肩同宽，两腿弯曲，重心落在两脚掌上。上体稍前倾，两臂张开。两眼观察对手的动向，随时准备做出相应的动作。如对手要投篮，就举起与前脚同侧的手封阻其投篮；如对手要突破，就要加大自己两脚之间的距离（距离大小要适当，以不影响自己的移动速度为宜），一臂侧举，一臂前上举，以扩大自己的防守面积，阻截对手突破。

2. 侧身防守的姿势

防守时身体侧对对手，其目的是阻挠对手接球和掌握对手的情况，加强防守的集体性、攻击性。根据对手距球的远近、防守的姿势有两种。

（1）防守的对手距持球队员较近时，为了阻挠对手接球，防守队员应该把近球侧的脚放在前面，另一只脚在后。两脚间的距离要宽于肩。与对手保持半步距离，两膝弯曲，重心降低，身体侧对球。靠近球一侧的手臂伸在对方传球的路线上，手心对准球，五指张开，以便断球。另一臂自然侧伸。眼睛既要看到自己的对手，又要看到球的位置。

（2）防守的对手距球比较远时，防守队员距对手也应稍远。如图 3-86 所示，防守队员远离球一侧的右脚在前，左脚在后，两脚距离约与肩同宽，两膝弯曲，两臂自然弯曲在体侧，要人球兼顾。

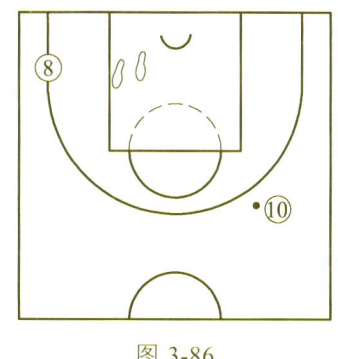

图 3-86

二、怎样防守持球队员

防守没有运过球的持球队员是比较困难的，因为此时持球队员可以传球，也可以突破，还可以投篮，有三种威胁。所以当你防守的对手一旦接到球时，应该立即调整防守位置。用短促而迅速的步伐，占据对手与球篮之间的有利位置。与对手要保持多大的距离，要根据对手距篮的远近和他的技术特点而定。假若对手在他习惯的投篮距离之内接到球，此时，防守的主要任务是防投篮和突破。如图 3-87 所示，防守队员距对手大约一步到一步半的距离，两脚斜前、后开立，重心稍低些，前脚同侧手向前上方举起，要高于对手持球的高度，便于干扰对手投篮，另一只手自然向侧伸出，阻挠对手传球并维持身体平衡。这时要注意观察、判断对手的意图。对手企图投篮时，要举手加以封阻，同时要严防他突破。脚步要灵活，忽前忽后碎步移动。如对手投篮，在球出手时，要奋力起跳封阻，以影响对手的投篮动作和心理状态，降低其命中率。若对手突破时，就要迅速向对手突破方向的侧后方撤步、滑步，抢占有利的位置，控制对手的前进速度，堵截其突破路线，不让对手起步上篮。如果对手没有突破和投篮的企图，就要用灵活而快速的小碎步，忽前忽后地干扰对手，使其心烦意乱，不知所从。假如对手是在他习惯的投篮距离以外接球，防守的主要任务是防对手运球过人。如图 3-88 所示，防守者两脚要左右开立，两腿弯曲，两臂向两侧自然张开，降低重心。对手运球时，防守人首先要堵截其向篮下的通路，迫使进攻者改变运球方向。此时防守队员要用滑步抢在运球方向的稍前方并随之前进，此时用手威胁球，逼使他向球场的边角地区运球或使其停球，以减少对篮下的威胁并缩小对手的活动范围，便于抢球。对手一旦停止运球，就应立即靠近并挥舞双手，积极干扰和封堵对手的传球。此时应注意不要犯规。若对手传球，防守人要随球的方向后撤一步，注意防其传球后的空切。在防守的过程中，要善于发现对手的特点，要及时了解对手的习惯动作。"知己知彼"才能更好地确定自己的防守策略。例如，对手的中投（中距离投篮）比较准而突破能力较差，防他时就可以稍近一些，重点防他投篮；反之，就可以距离稍远一些，重点防他突破。当对手处在球篮两侧底角的位置时，除防对手投篮以外，还要防他从底线突破，因为底线一侧没有同伴协助防守。所以站位时要把靠近底线那只脚放在后面，移动时，便于堵住底线。如果对手攻击性差，但善于传球，就应当靠近对手，积极地封堵和干扰他传球。或者离他远一些，以便协助同伴防守。如果对方攻击性差，动作呆板、单调，传球时从他的眼神中可以看出他的传球目标，就可以根据他的动向，突然断获他的传球。经常出现的断球机会是对手传给中锋的球，或传给空切队员的球。

图 3-87

图 3-88

三、怎样防守不持球的队员

防守不持球队员是个人防守中极为重要的内容。在一场比赛中,防守不持球队员的时间较长,这一防守能力的好坏,对个人防守的成败起着决定性作用,而且对一场比赛的胜负也有极大的影响。对于防守不持球队员的技术,应给予足够的重视。

1. 防接球

不让对手接球是最积极的防守,如果每一个防守队员都能使自己的对手接不到球,那么球必然被守方获得。虽然这是很难做到的,但设法不让对手轻易摆脱防守接球,尤其是不让对手在他习惯的威胁性较大的位置上接到球，是可能的而且是应该做到的。要达到上述要求，不仅要集中精力，积极控制对手的活动外，还要正确、合理地运用防守技术。例如对手距持球人较近，而且是他投篮得分的区域，此时，防守人应用近球一侧的脚在前的侧身防守姿势进行防守，与对手保持半步距离，卡断对手的接球路线，不让他接球。同时以灵活的步伐，随着对手的移动，保持上述姿势和位置，继续控制对手，防止他接球和跑向篮下。如果对手距持球人较远时，防守人则应该用远离球一侧的脚在前的侧身防守姿势（如图3-89所示）进行防守。要保持多远的距离，这取决于防守人的移动速度。如果防守人起动速度快，距离可远一些，反之则距离近一些。合理的距离应当是在既能协助篮下防守的同时，又能做到自己的对手一接球，马上可抢占有利的防守位置。总之，在防守中要随时观察场上的情况，根据进攻队员和球的位置变化，随时调整、改变自己的防守姿势、位置和距离，达到不让对手接球的目的。

2. 防空切（切入）

有防纵切和防横切两种。

（1）防纵切。

主要是不让对手在限制区及其附近接到球。如图3-89-1所示，当④向⑤移动要接球时，❹应抢前占据有利位置，伸出左臂阻截④接球，并始终保持在④与⑤之间，卡断其传球路线，以合理的身体接触，阻截④向有球一侧移动。迫使④向远离球的一侧移动。

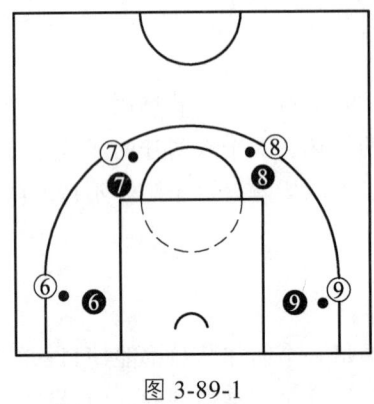

图 3-89-1

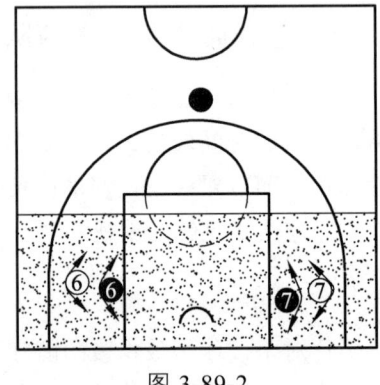

图 3-89-2

（2）防横切。

主要是不让对手在限制区内接球。如图 3-89-2 所示，球在⑤手中，当⑥向罚球线左侧横切要球时，❻要先上步卡住⑥，不让他从自己的身前横切。如果⑥变向从底线横切时，❻要及时调整位置，抢在⑥前面一步，面向球，并利用身体的合理接触和手的感觉跟随⑥移动，同时要观察球场的变化。当⑥跟出限制区时，❻应改为侧身防守迫使⑥向场角移动。

（3）断球。

断球是防守队员截获进攻队员传接球的技术，它是最积极的攻击性防守技术之一。合理地运用断球技术，能有效地破坏对方的进攻，为本队发动快攻创造最有利的条件。同时又能鼓舞本队士气。但断球具有较大的冒险性，断球时如果扑空，就会给对方提供很有利的进攻机会。所以，断球时必须判断准确，行动果断、起动迅速。

根据进攻队员的传球方向和防守队员的位置，一般可分为横断球和纵断球两种。横断球是防守队员从接球队员的侧面跃出被获球。多用于断截对方外围的传球。纵断球是从接球队员的身后或侧后跃出截获球，多用于断截对方外围队员向内线传球和远传球。断球前，首先要准确地判断对方的传球意图，同时还要有意地放松对自己对手的防守，隐蔽自己的断球意图，给对方造成错觉。当对方传球，球刚离手的刹那间，迅速跃出截获球。断获球以后，要控制身体平衡，以免走步违例，并能及时转入反击。

四、防守技术的练习方法和练习时应注意的问题

1. 掌握防守技术的练习

（1）如图 3-90-1 所示，两人一组，持球人在原地有节奏的做投篮和突破的结合动作，防守人要根据进攻者的动作，相应地改变和调整自己的防守姿势，位置和距离。每人按规定做完一定次数后交换练习。

要求：防守人要站在进攻队员与球篮之间的位置，与对手保持一步到一步半的距离，持球人做投篮动作时，防守人防投。持球者突破时，防守人要防突，姿势变换要正确、迅速。

（2）如图 3-90-2 所示，教练员持球，⑥、⑦在半场的两侧区域内摆脱接球。❻和❼防守、尽力不让⑥和⑦接到球。⑥和⑦控到球以后不进攻，仍把球快速回传给教练员。练习一定次数和时间以后，攻守交换。

要求：保持正确的防守姿势，并及时抢占以对手、球、球篮三点所形成的三角形中，把对手做为顶点的角的二等分线、靠近球一侧的位置上。如果对手接到球，则应迅速调整位置，做到"球到人也到"，站在球和篮圈之间。

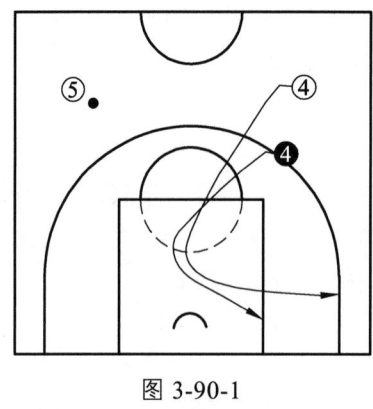

图 3-90-1

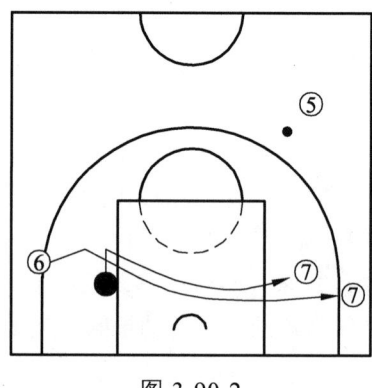

图 3-90-2

（3）如图 3-91 所示，二人一组，一攻一守，④在固定的区域内（画斜线的区内）摆脱❹的防守，接●的传球，运球过中场，传球给○。传球后摆脱❹的防守，再接○的回传球，进行投篮或突破。❹要积极防守，首先不让④接●的传球。如果④接到球突破，❹要抢先半步控制中路，迫使进攻队员沿边线运球。过中线④传球给○以后，❹要防④空切。如果④在外围接球，❹要立即调整位置，站在球与球篮之间，防他投篮与突破。如果❹抢到球，把球给④继续进攻，直到投篮为止。图 3-91 要求④只能在规定区域内接●的传球，❹防守要全力以赴，一拼到底。

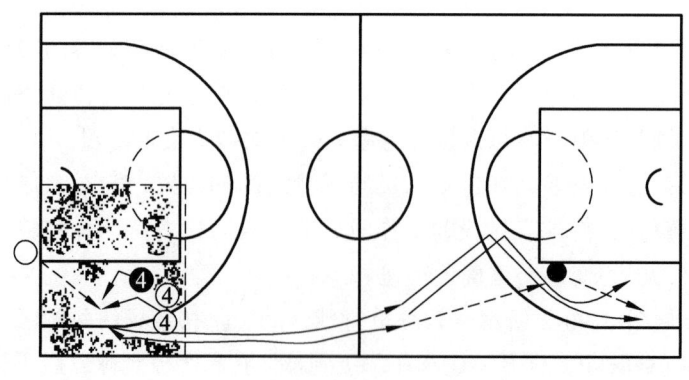

图 3-91

2. 练习时应注意的问题

（1）防守队员要随时保持正确的防守姿势和步伐，低重心。

（2）防守时，首先要防止对手直接切向篮下，进而阻挠对手投篮、运球和传球，直至能防对手接球。

（3）防守者要以防人为主，人球兼顾，绝不许转头看球而不看人。

第四节　篮球选项战术基础教学与运用

一、战术的基础配合

我们看篮球比赛，看到各个球队有着不同的打法，有的快攻打得很出色，有的善于全场紧逼。就是在一场比赛中，双方也在不断地变换攻、防战术，这往往使人感到眼花缭乱。其实无论多么复杂的战术配合，都是有两个或两个以上的基础配合变化而来的。篮球战术的基础配合是两三人之间组成的简单配合，例如常用的传切、掩护、策应、突分、关门、穿过、换人等等，都是战术的基础配合，都是组成全队战术配合的基础。基础配合学得越多，掌握得越熟练，全队战术配合就打得越灵活，越有成效。练习基础配合既可以提高基本技术的运用能力，又可以提高队员的战术意识。

基础配合分进攻和防守两部分。进攻的基础配合有传切策应、掩护、突分等，防守的基础配合有穿过、挤过、关门、补防、交换防守（也就是换人）等。

（一）进攻的基础配合

1. 传切配合

传切配合是两三个队员利用传球和切入组成的简单配合。内容包括一传一切（纵、横切）、绕切和空切。传切配合是一种最基本的简单易行的进攻方法，在半场和全场进攻中经常采用。

（1）纵切。

如图 3-92-1 所示，⑤传球给⑥后，突然地快速切向篮下。⑥接球后，先做瞄篮或突破假动作吸引防守者，同时用很睛的余光观察⑤的行动，见

⑤纵切，就用体侧或反弹传球的方法快速隐蔽地传球给⑤投篮。

（2）横切。

如图 3-92-2 所示，⑥传球给⑤后先向底线做下压面，接着改变方向侧身向篮下横切，用身体把❻指在后面。此时，⑤用头上或体侧传球给❻投篮。

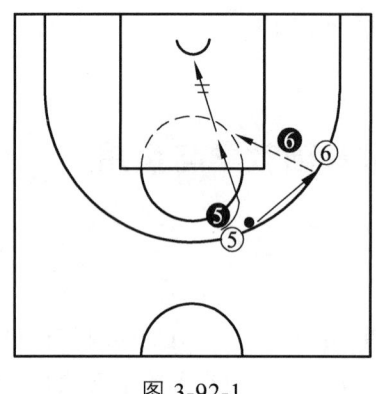

图 3-92-1

图 3-92-2

（3）纵横连续切入。

如图 3-93-1 所示，⑥传球给⑤后，立即沿底线横切到篮下，如不能摆脱❻的防守，则继续向限制区另一侧移动，此时⑤传球给⑥，接着做向右下压的假动作，然后，突然改变方向向左纵切到篮下接⑥的回传球投篮。

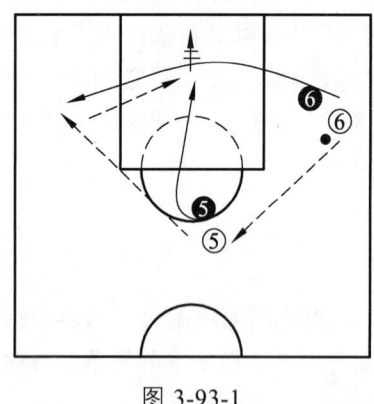

图 3-93-1

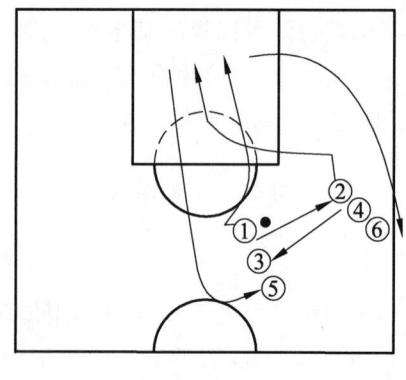

图 3-93-2

1）如何练习传切配合：

（1）切入动作的练习，队员分两组，如图 3-93-2 所示站位。①传球给②后，向左做切入的假动作，然后突然变方向从右边切入篮下。②接球后传给③，然后做向右边切入的假动作，突然变方向从左侧切向篮下，③把球传给④后切入，依次类推。做完切入动作的队员到队的排尾。

要求：① 切入者必须先做变方向跑的假动作。② 切入过程中用侧身跑并始终看着球。

（2）传球和切入动作结合起来练习，队员分两组，如图3-94所示站位。①传球给②后，迅速切入，②接球后做瞄篮或切入的假动作，用眼睛的余光盯住切入的①，待①进入限制区时，立即传球给①投篮，②跟进抢篮板球，二人交换位置。

要求：① 切入者必须先做变方向跑的假动作。

② 传球人要用假动作吸引防守者，用眼睛的余光看切入人，传球要隐蔽、及时、快速、准确。

③ 三人连续传切配合练习，队员分三组，按如图3-95所示站位。②传球给③后，立即切入篮下，①待②切入篮下后紧跟着切入篮下，③传球给①并跟进抢篮板球。三人按逆时针方向轮转换位，下组继续练习。

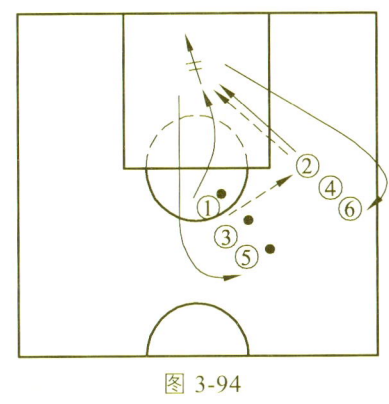

图3-94

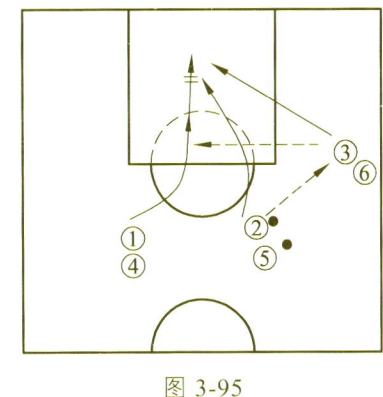

图3-95

要求：① 切入者必须先做变方向跑的假动作。

② 传球人要用假动作吸引防守者，用眼睛的余光看切入，传球要及时、准确。

（4）加强防守的传切练习，队员分两组，按如图3-96所示站位。①传球给②后，做向左切入的假动作，等❶跟随堵截，突然改变方向从右边切入篮下。②接球后，做瞄篮或切入假动作以吸引防守者，然后用体侧或反弹等隐蔽方式传给①投篮，并跟进抢篮板球。❶❷做完一组防守练习后，分别站两队的排尾，①②防守，③④进攻，练习循环下去。

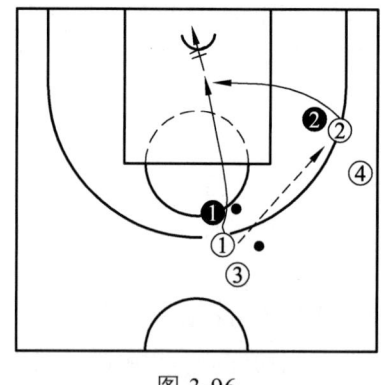

图 3-96

要求：① 切入者先做变方向跑的假动作。

② 传球者要用假动作吸引防守者，用眼睛余光看切入人，传球要及时、快速。

③ 防守者从消极逐渐变为积极防守。

2）怎样运用好传切配合：

（1）运用传切配合时，要求拉大对方的防区，俩进攻队员约保持 4 至 5 米的距离，篮下拉空，便于传球和空切。

（2）空切时要快速、突然。为了更好地摆脱防守者，要经常结合变方向跑进行练习。切入时要侧身向球，随时准备接球投篮。

（3）给切入者传球时，要及时、准确，要在他摆脱防守的一瞬间把球传到他手中。传球前要用瞄篮或突破等假动作吸引防守者，使防守人摸不清你的进攻意图。传球动作要隐蔽，要根据场上情况选择传球方式。

（4）传切配合不仅用作创造投篮得分的手段，而且遇到对方采用全场紧逼人盯人防守时，从后场向前场推进中，也常采用这种配合摆脱对方的防守。

2. 策应配合

策应配合是进攻队员侧向或背向篮接球，由他做枢纽，与外线队员进行传球、接球、空切和投篮的配合，从而形成一种里应外合的进攻方法。进行策应的范围较广，在半场范围内应用时，一般分为内策应和外策应两种，靠底线的限制区两侧做策应通称为内策应，在罚球线附近或罚球线的延长线附近做策应通称为外策应。当对方用全场紧逼防守时，可在中场一带，甚至在对方前场运用策应配合来破坏防守。高大队员策应时，接球后可把球举在头上，根据同伴的移动，做出前、后、左、右的传球配合。当同伴摆脱防守获得进攻机会时，策应者要及时传球给同伴，同时自己也要伺机进攻。在策应过程中可用转身调整策应的方向和位置，以帮助同伴摆脱防守，增加策应配合的变化和威胁。外线持球队员要根据策应者的位置和机会，及时将球传给策应者，争取做到人到球到。传球后要围绕策应者向篮下切入准备接球，以实现内外结合的进攻目的。

（1）策应跳投

如图 3-97-1 所示，❻做下压动作摆脱⑥的防守到罚球线附近接球，⑤传球给❻后快速摆脱❺，接❻的回传球跳投。❻的传球动作要小而隐蔽，尽量用低手传球，最好利用转身动作挡住❺再传球。❻传球后，立即插向篮下准备抢篮板球或接⑤的传球投篮。

（2）策应队员个人进攻

如图 3-97-2 所示，配合的前半截同图 3-97-1，策应队员❻接球后要利用转身动作把❺挡在身后，⑤趁机快速切入篮下。这时，如果❻采用交换防守去防⑤的话，❻应抓住尚未抢占防守位置的有利时机，果断地跳投或突破上篮，如果❻发现⑤的机会好，也可以传球给⑤投篮。

图 3-97-1

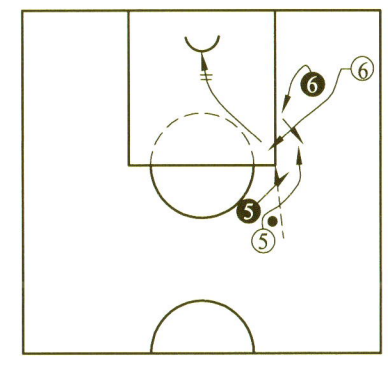

图 3-97-2

（3）三人策应配合

如图 3-98-1 所示，④、⑤在外围相互传球寻找时机，⑥突然插到罚球线上做策应，⑤把球传给⑥后，突然贴近⑥向左切入篮下，同时④向右也切入篮下，⑥可把球传给机会较好的④或⑤投篮。

1）如何练习策应配合：

（1）策应动作练习。

全队分成两组，如图 3-98-2 所示站位。①持球，②先向底线做晃切假动作，然后突然插到罚球线处，①传球给②后，作摆脱切入动作，②做传球给①的假动作，待①跑过后，把球传给③。①、②做完练习后，交换位置，分别到对方排尾，③和④再重复①和②练习，练习循环进行。

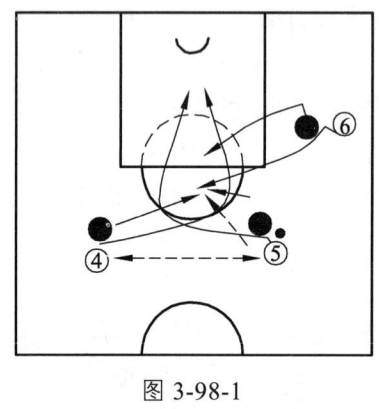

图 3-98-1

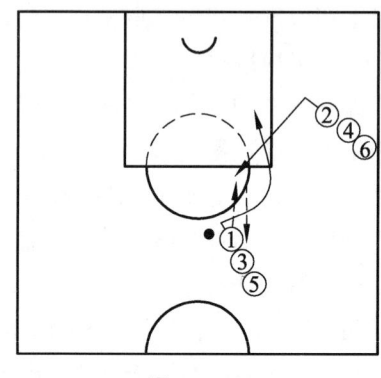

图 3-98-2

要求：①策应前有摆脱防守的动作。

②策应者要主动上步接球，接球后两腿要弯曲，两腿分开比肩略宽，两肘外张，持球于腹前，用身体和手臂保护球。

（2）完整策应配合练习

队员分两组，按如图 3-99-1 所示站位。练习的前半截和前一个练习相同，①向里切入时②及时传球给①跳投或上篮，②也可以不传球，自己进攻。

要求：①策应动作正确。

②传给策应者的球隐蔽、及时、准确，做到人停球到。

③切入者要突然、快速。

（3）策应交叉配合练习。

队员分成三组，如图 3-99-2 所示站位。①和②在外围相互传球。③突然插到罚球线进行策应。②把球传给③后，立即从③的右侧切入篮下，紧接着①从③的左侧切入篮下，③可以传球给①或②投篮，并跟进抢篮板。

做完练习后三人按逆时针方向换位站在各自队尾,下一组④、⑤、⑥三人开始练习。

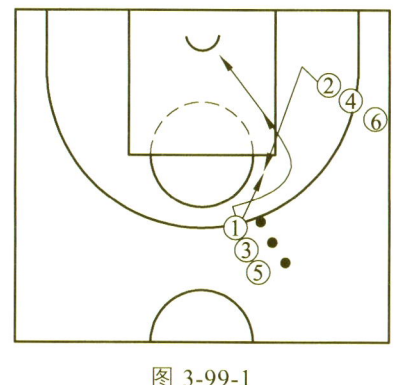

图 3-99-1　　　　　　　　　图 3-99-2

要求:① 策应动作正确。

② 传给策应者的球隐蔽、及时、准确,做到人停球到。

③ 切入者要突然快速。

(4) 加防守的策应配合练习。

队员分成两组,如图 3-100 所示站位。①传球给策应者②后,立即空切,②应及时传球给①投篮。此时如果②去补防空切的①,策应者②则利用防守❶还没有调整好③。防守位置的瞬间,自己攻击。❶、❷防守后拿球到③、④后面,①、②变为防守,③、④开始策应练习。

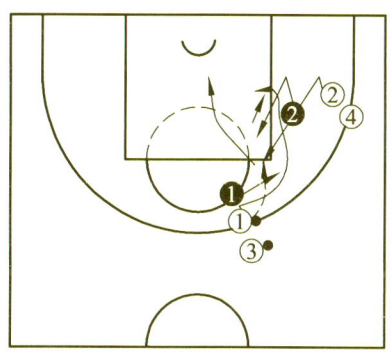

图 3-100

要求:① 策应者用跨步、转身动作帮助切入者摆脱防守。

② 策应者根据防守情况,把传球和个人进攻结合起来。

③防守应由消极逐渐变为积极防守。

2）怎样运用好策应配合：

（1）策应队员要突然起动，摆脱防守者到有利的位置上，要主动上步去接球。接球时两臂前伸，接球后两脚开立，两膝弯曲，用臂和身体保护好球。这时要观察场上攻守队员的变化情况，及时地把球传给机会最好的同伴。

（2）外围队员传球之前，要做瞄篮或突破等假动作吸引防守者，借以隐蔽传球的意图。传球给策应队员后，一定要摆脱防守、迅速跑到有利的接球位置上去。这样，既便于策应者传球，又给他创造了良好的进攻机会。

（3）策应队员接到球后，往往受到对方的围守，这时不要惊慌失措，要冷静地观察，并及时地传球给机会最好的同伴进攻。

（4）策应队员在同伴投篮或自己投篮后，都要积极的冲抢篮板球，争取再次进攻的机会。

3．掩护配合

掩护就是大家习惯叫的"挡人"。掩护配合是由进攻队员选择适当的时机和位置，站在同伴防守者的移动路线上，使同伴借以摆脱防守的一种配合方法。根据掩护者与被掩护者身体位置和方向的不同，有前掩护、侧掩护、后掩护三种形式。运用掩护时，根据不同的情况，还可进行多种变化，如反掩护、假掩护、运球掩护、定位掩护、行进间交叉掩护、双人掩护等。掩护的形式及其变化虽然很多，但从掩护者的行动来看，一是自己主动去给同伴做掩护，使同伴借以摆脱防守，二是自己主动利用同伴的身体和位置创造掩护，使自己摆脱防守（如定位掩护），以及同伴之间相互进行掩护借以摆脱防守（如行进间掩护）。

（1）给持球队员掩护。

如图3-101-1所示，⑤持球做瞄篮动作吸引防守者，⑥插上给⑤掩护，⑤先做向左突破的假动作，当⑥在防守者❺的侧后方站好掩护位置时，⑤突然快速变向贴近⑥的左侧突破上篮。⑤突破后，⑥立即后转身跟进准备接⑤的回传球投篮或抢篮板球。

（2）给无球队员掩护。

如图3-101-2所示，⑥传球给⑦后，到另一侧去给无球的⑤做掩护，所以叫给无球队员掩护。又因为是到传球的相反方向去做掩护，所以也叫"反掩护"。⑤见⑥过来掩护，先向左方做晃切动作，当⑥在防守者❺的侧后面站好掩护位置时，⑤突然变向快速贴近⑥向右切入篮下接⑦的球投篮。⑦传球前要做瞄篮或突破等假动作吸引❼上前防守，隐蔽自己的传球意图。⑥掩护后要面向球做后转身。当❺同切入时，如❻换防⑤，⑦应把球传给⑥进攻。

（3）定位掩护。

上面所列举的掩护都是掩护者跑去给同伴做掩护。定位掩护是掩护者固定在某一位置上不动，另一进攻队员主动利用他来做掩护，借以摆脱防守，因此也叫固定掩护，也有人用"挂"来形象地称呼这种配合方法。如图 3-101-3 所示，中锋④背对篮站在罚球线后面，外面队员⑤传球给⑥后，把自己的防守者❺自带到④的左侧，利用④定位掩护，并从④的右侧快速切向篮下接回的传球投篮。如果❹换防⑤，则中锋④可转身下撤，接⑥的传球投篮。

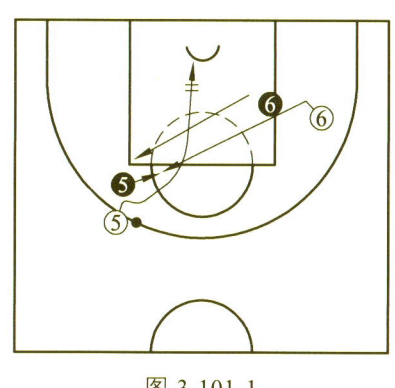

图 3-101-1

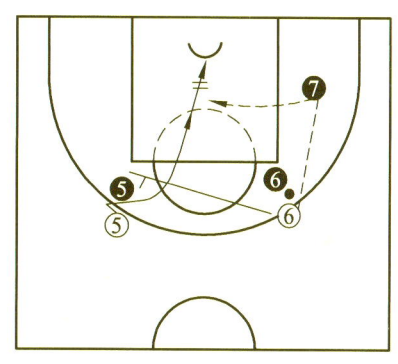

图 3-101-2

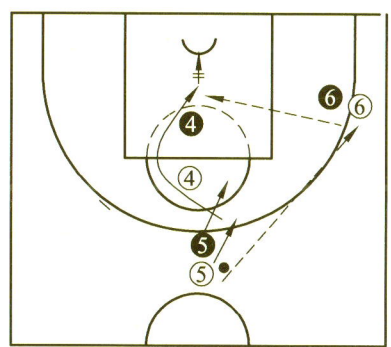

图 3-101-3

1）如何练习掩护配合：

（1）侧掩护动作和位置练习。

全队站一排，如图 3-102-1 所示站好。队员依次跑到教练员 8 的侧后方做侧掩护，动作完成后到排尾。

要求：队员要站在防守队员●的侧后方，大约 70 至 90 厘米的地方，两腿自然开立比肩略宽，两膝微曲，上体稍前倾，保持稳定姿势，做完掩护动作后必须做后转身，然后跑到排尾。如图 3-102-2 所示。

（2）反掩护配合练习。

队员分成三组按图 3-102-2 所示站位。②传球给③后去给①做反掩护，①要做向左下压晃切动作，待②站好掩护位置后，突然从右侧切入接③的球投篮。②在①切入后，做后转身跟进抢篮板球或接③的球投篮。③传球后也要去抢篮板球，三人做完练习按逆时针方向换位站在各自排尾，下一组开始。此练习设一个防守者●。

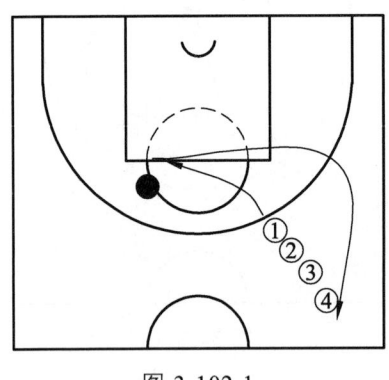
图 3-102-1

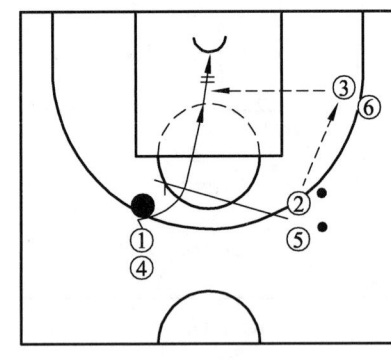
图 3-102-2

要求：掩护的动作和位置正确，掩护时机要准确，即当②去做掩护时，①必须先做下压动作，待②在掩护位置停稳后，①再突然切入篮下。④传球要隐蔽、及时、准确。防守者●消极站立，不破坏配合。

（3）半场三对三练习。

全队分成两组三对三，在两个半场进行练习。进攻组多做无球的反掩护练习，防守组开始消极防守，然后逐渐变为积极防守，练习五分钟后攻、守双方交换。

要求：掩护配合时机准确，传球要隐蔽、及时、到位。

2）怎样运用好掩护配合：

（1）比赛中对方采用人盯人防守战术、特别是盯得很紧的情况下，运用掩护摆脱对方时，一定要沉着、冷静，注意观察场上的情况。这时如果全队配合密切，掩护战术运用得好，往往是很能奏效的。

（2）去给同伴做掩护时，要与防守者保持70至90厘米左右（约一步）的距离，太近容易发生身体接触造成犯规，太远掩护不易成功。做掩护时两脚应自然开立，两腿弯曲，重心下降，上体稍前倾，以扩大掩护面积。

（3）给同伴做完掩护以后，只是完成了一半的任务，还应该根据攻、守情况跟进或拉开，以便连续进行攻击配合。另外，当给同伴掩护时，如防守者过早交换防守，此时，去做掩护的队员可以停止掩护，突然改为向篮下切入，这个配合称为"假掩护"。

（4）进行掩护配合时，掩护者和被掩护者都应该用各种进攻动作吸引住各自的防守者，使对方不能察觉掩护的意图。

4．突分配合

进攻队员利用持球或运球突破，打乱防守部署，传球给插入空当或摆脱防守的同伴的一种进攻配合。

（1）分球给内线篮下进攻，如图3-103-1所示，②突破❷的防守后，防守中锋❶上来补防，进攻中锋趁机下滑篮下，②分球给①投篮。

（2）突破分球给外围队员跳投如图3-103-2所示。②突破❷的防守后，❶补防②，❸补防①，此时进攻队员③下滑底角，②传球给无人防守的③跳投。

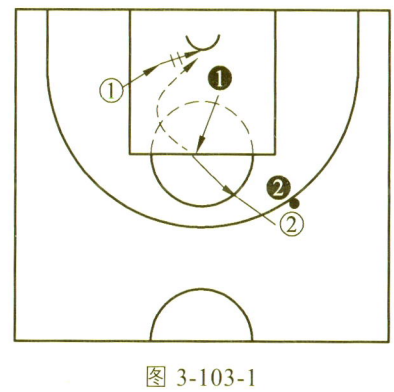

图3-103-1

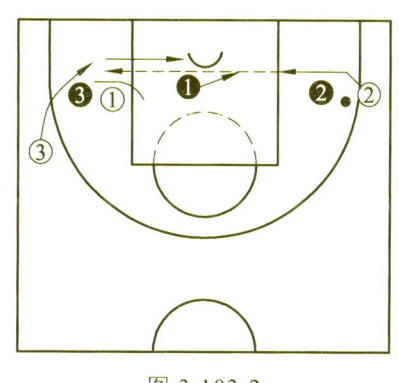

图3-103-2

1）如何练习突分配合：

（1）突破分球练习。

队员如图 3-104-1 所示站好。①持球突破进限制区后传球给教练员●，然后跑到排尾，教练员●接球后再传球给②，②再重复①的练习，依次循环练习。练习一定次数后，●可以向两侧移动，队员在突破的过程中，根据教练员的位置分球。

要求：突破动作要快，突破过程中观察、判断要准确，传球要及时。

（2）加防守的突分练习

队员分成两组，如图 3-104-2 所示站位。②突破❷后，❶防守②，①趁机下滑篮下，②及时分球给无人防守的①投篮。❶❷做完练习站到③④后面，①和②变为防守，③和④变为进攻。依次循环练习，防守开始由消极逐渐变为积极防守。

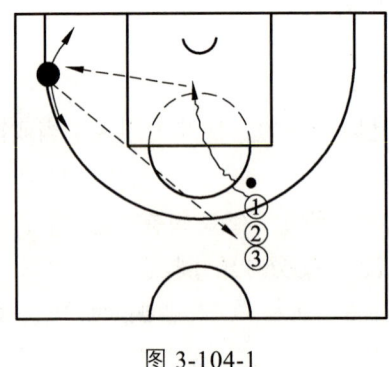

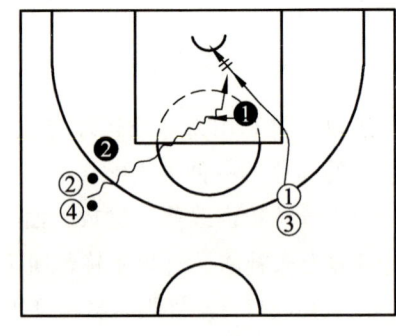

图 3-104-1　　　　　　　　图 3-104-2

要求：突破动作要快，突破过程中要观察、判断，根据补防情况及时、准确地传球给同伴。

2）怎样运用好突分配合：

（1）首先，要练习好突破技术，突破要快。

（2）突破当中应善于观察防守人和同伴的位置，要有两手准备，或传球给同伴投篮，或者个人进攻，能随机应变。

（3）传球要隐蔽、及时、准确、到位，便于同伴接球后立即攻击。

（4）在同伴持球突破过程中，应快速摆脱防守，积极寻找空当，接球进攻。

（二）防守的基础配合

1. 穿过配合

当进攻队员采用掩护配合时，防守者为避开对方的掩护，可以从进攻者和同伴之间穿行过去，继续防住自己的对手，这种防守配合叫穿过。如图 3-105-1、图 3-105-2 所示，⑥跑去给⑤做掩护，❻看到这种情况，跟随对手⑥移动，在接近同伴❺时主动后撤一步，给❺让出通道，使他从⑥和自己（❻）之间穿过去继续防守。

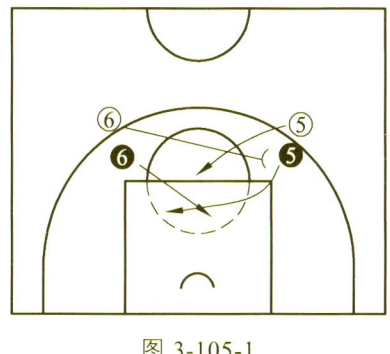
图 3-105-1

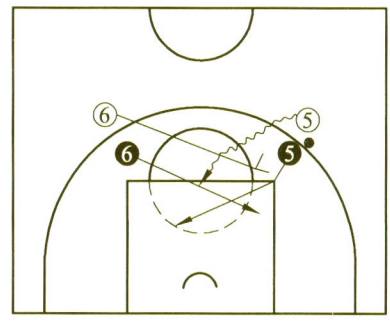
图 3-105-2

1）如何练习穿过配合：

（1）二对二徒手穿过配合练习。

队员分成四人一组，二攻二守，如图 3-106-1 站位。①去给②掩护，❶跟随①移动防守，当②利用①的掩护向篮下切入时，❶主动后撤一步，留出空当，❷快速从①和❶之间穿过继续防守②，做完练习后，再恢复原来的位置，②再给①掩护，❶和❷再重复进行穿过防守。反复做 5 至 6 次以后，攻、守双方交换练习。

要求：① 喊话，当①去给②掩护时，❶必须喊话"掩护了"，通知同伴❷做好"穿过"准备。

② 后撤：当①进入掩护位置后，❶须后撤一步，留出空当，准备让同伴穿过。

③ 快速穿过：当②利用①的掩护向篮下切入时，❷必须快速从①和❶之间穿过，继续防守②。

（2）二对二防运球的穿过练习。

全队分成四人一组，二攻二守，如图 3-106-2 所示站位。②号队员持球。①给持球②掩护，当①进入掩护位置后，❶必须后撤一步，留出空当，②利用①的掩护切入时，❷从①和❶之间快速穿过，堵②的运球路线，继续防守②。做完练习后，再恢复原来的位置，②把球传给①，②再给①去掩护，❶和❷仍继续练习穿过防守。练习 5 至 6 次后，攻、守双方交换练习。

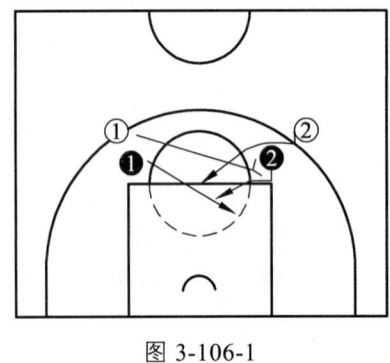　　　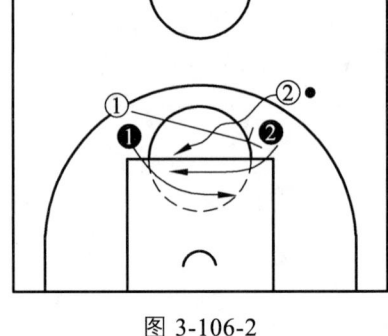

图 3-106-1　　　　　　　　　　图 3-106-2

要求：① 喊话：当①去给②掩护时，❶要喊话，提醒同伴❷做好穿过的准备。

② 当①进入掩护位置后，❶必须后撤一步，准备让同伴穿过。

③ 当②利用①的掩护向篮下切入时，❷必须快速从①和❶之间穿过，继续防守②。

2）怎样运用好穿过配合：

（1）本队采用人盯人防守战术，对方又善于掩护时，可采用穿过配合。如果对方是在离篮较近的位置上进行掩护配合威胁性较大时，就不要采用穿过防守配合，而应采用强行挤过的方法，以防切入队员接球跳投。

（2）穿过配合最主要的一点是防守掩护队员的人，在两个进攻队员位置交错时，要主动向后撤一步，好让同伴从这个通道中穿过。

（3）防守时，既要看住自己的对手，又要用眼睛的余光观察周围的情况，以便当进攻队员跑来掩护时及早的发现，从容地避开他。

2. 挤过配合

挤过配合是防守者为了破坏对方的掩护配合，抢先占据切入者的路线，从两个进攻者中间挤过去的一种防守配合。如图 3-107-1、图 3-107-2 所示，

⑥跑去给⑤做掩护时，❻跟随移动；❺要及早发现⑥的掩护意图。当⑤要向篮下切入时，❺要迅速有力地从两个进攻者⑤、⑥之间插步挤过去继续防守住自己的对手。❻在同伴做上述动作时，要稍向后撤，以便观察⑤和❺的攻、守情况，必要时可协助防守。

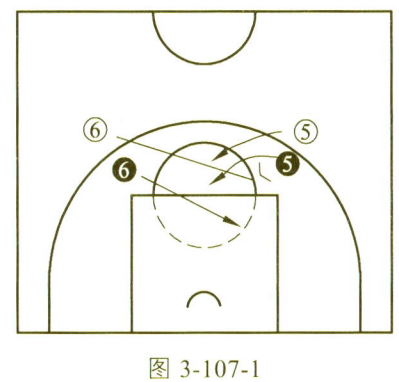

图 3-107-1　　　　　　　　　图 3-107-2

1）如何练习挤过配合：

（1）二对二徒手挤过配合练习。

队员四人一组，二攻二守，如图 3-108-1 所示站位。当①给②掩护时，②从掩护方向切入篮下，防守队员❷主动靠近②，从掩护队员①和切入队员②之间快速挤过，继续防守对手②，同时，防掩护的❶应主动后撤一些。做完练习后，恢复原来位置，②再给①去掩护，❶和❷再继续练习挤过配合。做 5 至 6 次后，攻、守交换练习。

要求：① 喊话"掩护了"，当①去给②掩护时，❶要跟随防守，同时喊话"掩护了"，以提醒同伴❷准备挤过。

② 上步提腰挤过，当②准备利用①的掩护切入时，❷要上步，并有力地从两进攻队员之间挤过去，继续防守对手。

③ 后撤，当①进入掩护位置，①和②交错时，❶应稍后撤一些，以便观察攻、守双方情况，准备协防。

（2）二对二防有球的挤过练习。

队员四人一组，二攻二守，如图 3-108-2 所示站位，②持球。当①给持球队员②掩护时，②从掩护方向运球切入篮下，防守队员❷应主动靠近②，从①和②之间迅速挤过，继续防守②，同时防掩护队员的❶应主动后撤一些。

做完练习后恢复原来位置，②把球传给①，②再给①去掩护，❶和❷继续做挤过配合练习。做 5 至 6 次后，攻、守交换。

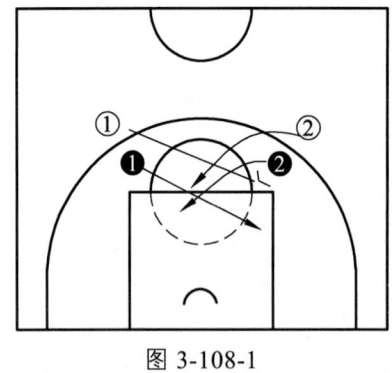

图 3-108-1

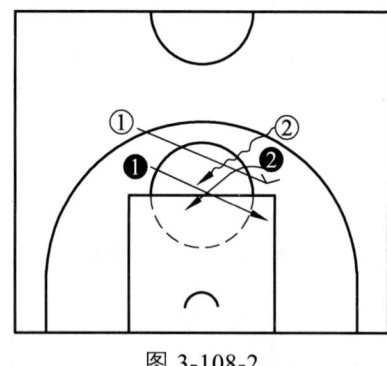

图 3-108-2

要求：① 当①去给②掩护时，❶要跟随防守，同时喊话"掩护了"，以提醒同伴❷准备挤过。

② 当②准备利用①的掩护切入时，❷要上步，用力从两个进攻队员之间挤过去，继续防守对手。

③ 当①进入掩护位置时，❶应后撤一些，以便观察攻、守情况，准备协防。

2）怎样运用好挤过配合：

（1）这种防守配合是积极的、攻击性的，它能打乱对方的进攻，在采用紧逼人盯人防守或对手利用掩护给投篮较准的队员创造投篮机会时，应果断地采用这种防守配合。

（2）当掩护者靠近防守者而防守者的对手又企图切入时，为了从两个进攻队员之间强行抢步挤过去，这时防守者应主动跨出一步，以便挤过时缩小身体横向移动的面积。挤过以后要继续移动，以防住自己的对手。

（3）防守掩护的队员应向被掩护的同伴发出"掩护了"的信号，以便提醒同伴，做好挤过准备。

3. 交换防守配合

交换防守又叫换人防守或换防。当进攻队员采用掩护配合，已经挡住了同伴继续防守其对手的移动路线时，就要和同伴交换防守对象了。如图 3-109-1、图 3-109-2 所示，⑥跑去给⑤做掩护，❻跟随❺移动，并喊"掩护了",把对方的意图通知到。当⑤利用⑥的掩护向篮下切入时,❻见❺已被⑥挡住,应立即喊"换人",并上步抢前防守⑥,此时❺应迅速调整防守位置,绕到⑥与篮之间或人球兼顾的位置上去,以防备掩护者⑥趁机切向篮下。如果⑥掩护后又转身切向篮下,❺应迅速后撤,面向持球者,观察球的动向,防守位置保持在球与⑥之间并紧靠⑥,同时两臂上举,左右挥动,以封锁对方传球的路线。

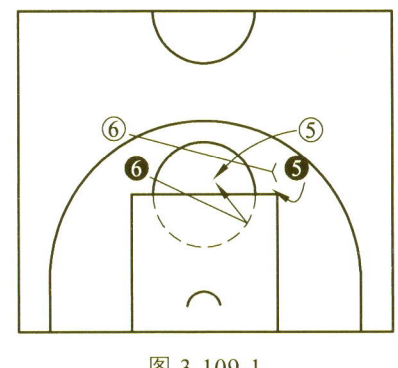
图 3-109-1

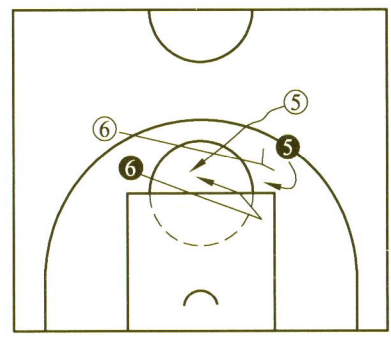
图 3-109-2

1）如何练习交换防守配合：

（1）二对二徒手做交换防守练习。

队员四人一组,二攻二守,如图 3-110-1 所示站位。②去给①做掩护,此时❶和❷做交换防守练习,做完一次后,②到①原来的位置上去,①到原②的位置上去,①再去给②掩护,重复 5 至 6 次以后,攻、守交换。

要求：① 喊话：当②给①掩护时,❷跟随移动,并发出"掩护"的信号。当同伴被掩护住后,再喊"换人"把自己意图告诉同伴。

② 抢前：防守队员❷发出"掩护换人"的信号后,要立即抢前防守①,防他接球或接球后投篮。

③ 后撤：防被掩护的队员❶,当听到换人的信号后要快速后撤,抢占掩护者②和球篮之间的有利位置。

（2）二对二防有球交换防守练习。

队员四人一组,二攻二守,如图 3-110-2 所示站位。①持球,②给①去掩护,①利用②的掩护向篮下切入,此时❷和❶交换防守,❷要抢前一步,堵截①的运球路线,防止①跳投,❶要后撤,迅速调整防守位置,站在②

和球之间,防②转身插入篮下。做完一次后,②到原①的位置上去,①到原②的位置上去,①把球传给②,再给②去掩护,❶和❷仍练习交换防守,做 5 至 6 次后,攻、守双方交换练习。

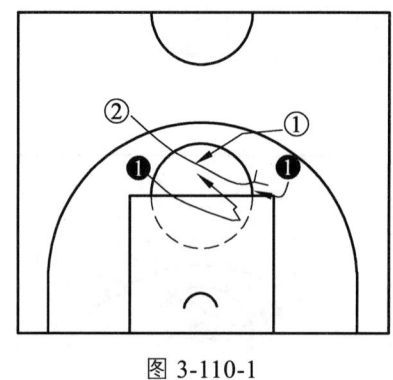
图 3-110-1

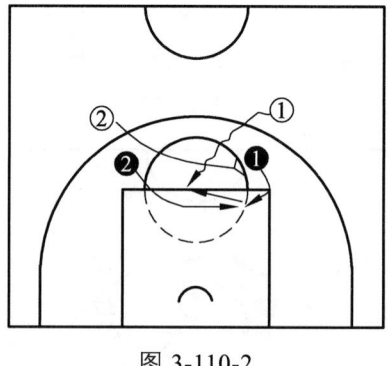
图 3-110-2

要求:① 当②给①掩护时,❷跟随移动,并发出"掩护"的信号提醒同伴注意。当同伴被掩护住后,再喊"换人",并立即抢前防守运球队员,防他切入或投篮。

② 防被掩护队员的❶听到换人的信号后,要快速后撤,抢占掩护者和球篮之间的有利位置。

2)怎样运用好交换防守配合:

(1)在对方进行掩护过程中,防守掩护者的队员应向同伴发出"掩护""换人"的信号,甚至在换人时还要用手去推一下同伴。因为去做掩护的队员一般都是手里没有球,他的防守者可以观察到场上的情况,同时还可以看到对方的掩护是否成功,以便及时地交换防守。而被掩护的队员一般是手里有球,他的防守者要聚精会神地进行防守,这时旁边有人来做掩护,有时是难以察觉的,所以防守掩护者的队员应主动发信号。

(2)当被掩护者突破时,防守者要突然换防,并积极堵截其进攻路线。另一防守队员要迅速后撤,调整自己的防守位置。换防后,为了不出现交接上的漏洞,要在这次进攻结束后或进攻威胁不大的情况下再回防原来各自的对手。

4. 关门配合

当进攻者突破时,防守突破的队员和邻近的同伴通过移动向一处靠拢,好象关闭两扇门似地把突破者堵截在"门"外,这种防守方法叫关门配合。成功的关门配合,往往造成对方违例或传球失误。如图 3-111-1 所示,⑤运球突破,❺向左后方滑步堵截,迫使⑤向❻的方向运球。此时❻也应迅速向进攻者⑤的突破路线滑步,并向❺靠拢,❺、❻就并排堵住⑤的突破路线。

1）如何练习关门配合：

（1）二对二慢速中练习"关门"。

队员四人一组,二攻二守,如图 3-111-2 所示站位。①向②的一侧突破,❶和❷练习关门,然后①传球给②后,②再向①的一侧突破,❷和❶再练习关门,重复 10 次以后,攻、守双方交换。

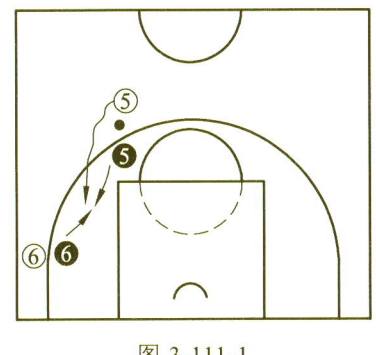

图 3-111-1

图 3-111-2

要求：突破速度开始稍慢一些,关门移动方向要正确,关门要死,不留空隙。

（2）三对三关门练习。

队员六人一组,三攻三守,如图 3-112 所示站位。中间队员②可以向③的一侧突破,❷和❸练习关门,中间队员也可以向①的一侧突破,❶和❷关门。当②传球给两侧③或①时,③或①只能向②的一侧突破。练习做 15 次以后,攻、守双方交换。

要求：突破速度要快。关门移动方向要正确,关门要死,不留空隙。

2）怎样运用好关门配合：

（1）不论是区域联防或是人盯人防守,用关门配合的方法来防守善于突破的进攻者都是比较有效的。

（2）防守突破队员时,要积极防守,堵住他的突破路线,迫使他绕道运球,给协助关门的同伴提供方便。

（3）协助关门的队员选择时机很重要，一般要在进攻者可能突破和超越同伴时及时地向同伴靠拢，进行关门。关门时不能给突破者留有空隙。

（4）关门后，当突破者把球传出时，要迅速回防自己的对手。

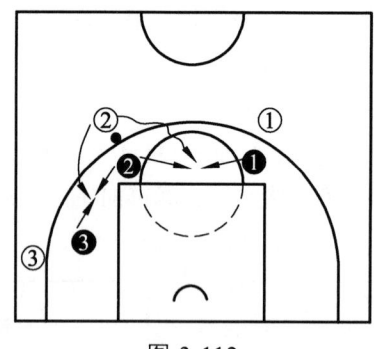

图 3-112

5. 补防配合

当看到同伴被他所防守的对手突破出现漏洞造成很大威胁时，要在这紧急的时刻果断地放弃自己原来防守的对手，去防守那个威胁性最大的进攻者，这叫补防配合，也叫"补人"配合。

两人的补防配合如图 3-113-1 所示，❺被其对手⑤突破后，邻近的❻应果断地放弃自己防守的⑥，迅速地移到⑤的突破路线上防其突破，这时❺迅速撤回去防守⑥。三人的补防配合如图 3-113-2 所示，❹被④运球突破后，❻果断地放弃中锋而去补防④，❺则迅速撤回防守⑥，被突破的防守者❹要向中间移动补防⑤。

图 3-113-1   图 3-113-2

1）如何练习补防配合：

（1）两人补防配合练习。

队员两人一组，如图 3-114-1 所示站位。①突破❶的防线后，❷立即放弃②迅速补防①，堵其突破路线，封其投篮。此时❶要尽快去防守②。做完一次后❶❷交换位置，❷防①，❶防②，①再突破❷的防守，❶再补防①，❷再防②。做 5 至 6 次后，防守者❶和②持球到两队排尾，①和②变成防守，③和④开始进攻，练习循环进行。

要求：防守无球的人要观察判断，有协防的准备，当同伴被突破后，补防要果断、及时。被突破的防守者要快速换防。

（2）三人补防、换人练习。

队员分成三组，如图 3-114-2 所示站立。①突破❶的防守后，❸果断放弃③而去补防①，堵其突破路线，封其投篮，此时❷补防③，❶换防②。做完一次练习后防守组按逆时针方向换位，❸防①，❷防③，❶防②，①仍突破，防守组❷、❶、❸练习补防换人配合。练习做 6 次以后，防守组持球站到排尾，进攻组①、②、③变为防守，下一组④、⑤、⑥进攻，练习循环进行。

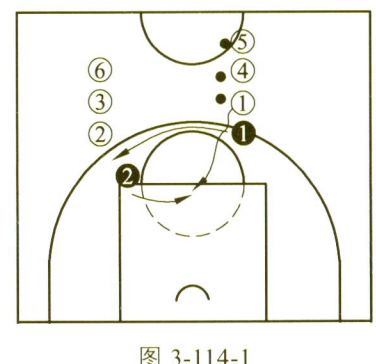
图 3-114-1

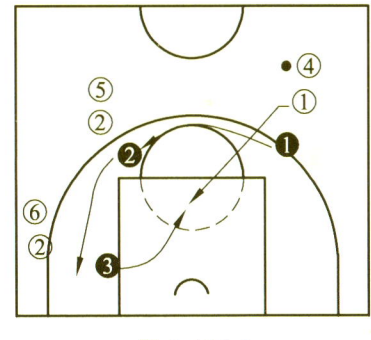
图 3-114-2

要求：对持球人的防守消极一些。防无球的人要有协防准备，一旦同伴被突破后，补防要果断、及时，被突破的防守者要换防。

2）怎样运用好补防配合：

（1）人盯人防守时，虽然分工各自看守住自己的对手，积极控制对手的行动，但分工不能分家，即当邻近的同伴被对手突破时，应果断地放弃自己的对手而去补防。为做到这点，要求防无球的人要有广阔的视野，做到"以人为主，人球兼顾"，了解攻、守情况，要机智而果断地行动。

（2）补防时，除了要快速地移动到进攻者的突破路线上迫使他停球外，还要挥动双臂阻截他分球，并给予压力，但要防止犯规。

（3）被突破的队员在退守时，应控制突破队员的传球路线，时刻准备断球。

二、快攻与防快攻

（一）快攻

快攻即由防守转入进攻时，趁对方来不及退守的机会，以最快的速度，最短的时间，给对方以突然的袭击，争取在人数上造成以多打少的优势。即使在人数上相等甚至少于对方的情况下，也要趁对方阵脚未稳之时，抓住时机，打他一个措手不及。快攻是篮球比赛战术中的一种速决战。"兵贵神速"，快攻是一种体现积极主动，快速灵活的进攻战术，是以小打大，以矮制高的有效手段，也是我国篮球运动的特长战术之一。因此，我们应该积极地继承和发展这种战术。

1. 打快攻要抓住几个环节

（1）首先，要有强烈的快攻意识，这是组织快攻战术的前提。思想是支配行动的，思想上没有想着打快攻，行动上也就快不起来。比赛时得球后，如果场上的五个队员首先都想到快，即快起动、快分散、快传球、快突破，思想统一了，快攻也就好组织了。

（2）一传和接应要及时。"一传"就是由防守转入进攻时的第一次传球。"接应"就是接应第一次传球，两者都要及时。由守转攻时，得球队员要立即观察同伴的位置，如果对方退守慢、封堵快攻不积极，我方快下队员的机会好，首先就要用长传球进行快攻。这种快攻时间短，威力大，速战速快，是最能体现快速的一种方法，应该大力提倡。如果长传快攻条件不具备，那就要当机立断，迅速确定把球传给谁，并及时传出第一传。这一传出手要快，如果对方封堵，不好传，也可以快速运球突破，然后再传球。接应队员看到抢球队员有把握抢到球时，应立即选择对方人少，空当大，以及本方得球队员看得到传球的地方，快速跑过去进行接应。接球后首先争取运用长传快攻，或把球传给插到中路的队员，或自己运球突破，迅速向前推进。每次发动快攻，一般应有两个接应点，一个是在边线附近，另一个是在圈顶（即罚球线处圆圈的顶端）附近。这两个点要一前一后，一边一中，这样一点受阻时，另一点可机动接应，确保快攻发动的速度。怎样去接应可根据本队情况安排，如图3-115-1所示，⑥抢板后，④可以拉到边线接应，⑦插到圈顶一带接应，⑤和⑧分别沿边线快下。⑥可以传给边线的④，也可以传给中间的⑦。位置最好的接应方法是机动接应，即谁处在有利的接球位置谁就充当接应者。这样灵活性大，不易被对方摸着规律，并能大大提高快攻的速度，它是快攻战术的发展方向。但是，这种方法对每个队员来说，必须具备应有的技术，才能较好地完成接应任务。

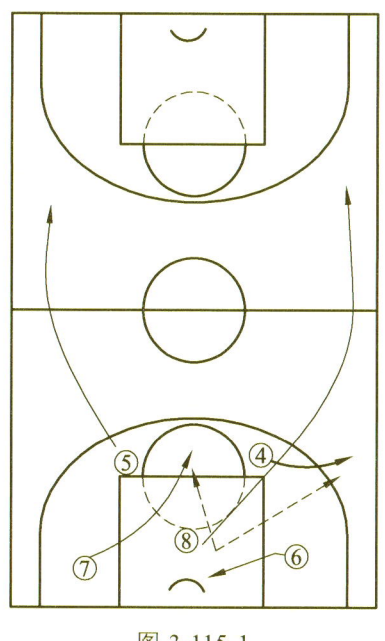

图3-115-1

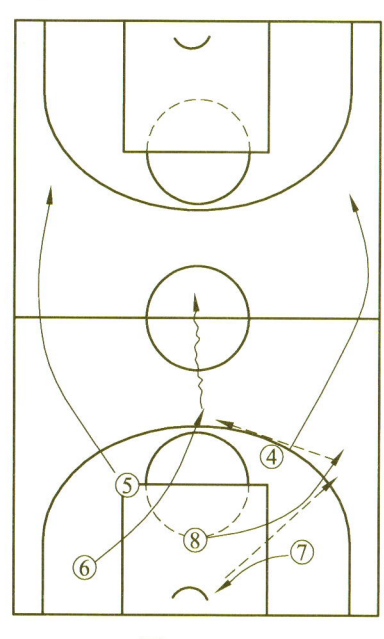

图3-115-2

（3）分散要快，要保持纵深队形。由防守转入进攻时要毫不迟疑地立刻分散。分散必须根据自己所处的位置，该快下的快下，该插中（插到中间）的插中。两边快下的队员在前，插中的队员稍后，三人形成一个三角形，向前推进。其他两名队员跟进，五人之间既要保持一定的距离，又要保持紧密衔接，如图3-115-2所示。假设⑦抢到篮板球，其他同伴可根据各自的位置向前推进：④和⑤分别沿边线全速快下，⑧立即跑到边线接应第一传，并及时将球传给插中的⑥，⑥可通过运球或传球迅速向前推进。⑧在④与⑥的后方跟进，⑦在⑤与⑥的后方跟进。④和⑤在跑动时要侧身看球，随时准备接后面传来的球，同时要凭借场内的各种标志线（如罚球弧线、限制区线等）判断球篮的方向和距离，以便在跑动中接球后立即做出符合情况的动作。如果同伴球传得不合适，应该立即改变自己的跑动路线，主动加速或减速，争取把球接好。然后可运用运球或跨步来调整位置进行投篮或传球。在推进中要避免横传球。

（4）投篮之前注意配合。投篮之前出现以多打少的优势，是最有利的局面。比赛实践证明，这时往往出现二攻一或三攻二的情况，因此应该很好地练习这两种进攻配合。

①二攻一配合。

利用快速传球吸引防守者的二攻一配合。如图3-116-1所示，⑤传球给④后，利用④上前防守❹的时机，突然空切到篮下，接④的传球投篮。

利用无球队员牵制对方的二攻一配合。如图3-116-2所示：球在⑤的手中，④做突然要向左侧篮下切入的动作，吸引❹上来防守，⑤趁❹注意④的机会，快速运球上篮。

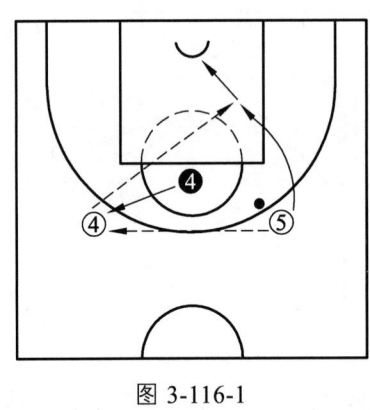

图3-116-1

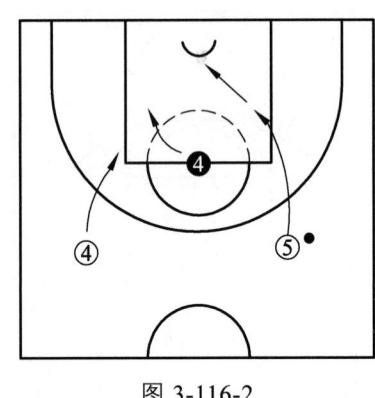

图3-116-2

利用强行突破进行分（传）球的二攻一配合。如图3-117-1所示，⑤利用强行突破❹吸引上来防守。④趁机空切到左侧篮下，接⑤突破中传来的球投篮。

②三攻二配合。

两名防守队员平行站立时的三攻二配合。如图3-117-2所示，中间的⑤

可运球突破，吸引防守者上来防守。如果❹上来堵截，则左侧篮下空出，⑤应立即把球传给切向篮下的④投篮，⑤和⑥冲抢篮板球。如果❺上来堵截，则⑤可把球传给⑥投篮，⑤和④伸抢篮板球。如果❹和❺都不上来堵截，则⑤可果断地突破上篮，④和⑥冲抢篮板球。

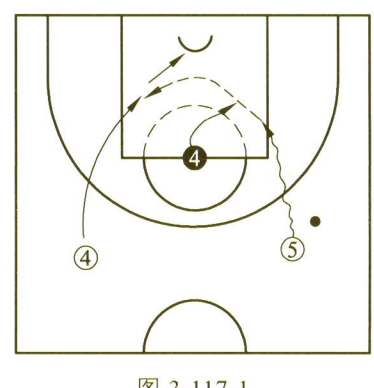
图 3-117-1

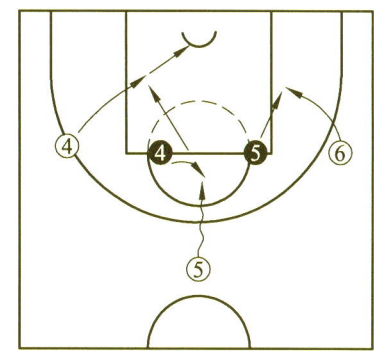
图 3-117-2

　　两名防守队员前后站立时的三攻二配合。如图 3-118 所示，⑤持球，❹上前堵截，⑤可传球给右侧的⑥（或左侧的④），快速运球，如果❺上来堵截，⑥可低手⑤把球传给切向篮下的④投篮，如果❺不上来堵截，⑥就可直接上篮。如果在⑥传球给④之前，❹退回追防④，则⑥可传球给⑤跳投或跑投。总之，在快攻即将结束时，切忌犹豫不决。这时既要勇猛顽强，又要沉着冷静，既要大胆，又要谨慎。二攻一时要适当拉开距离，三攻时要保持三角队形。要避免过多地传球和过早地切入篮下。一人投篮，其他人要伸抢篮板球。

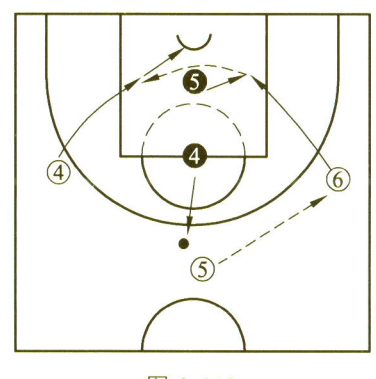
图 3-118

2. 发动快攻的时机

要想打快,必须抓住一切时机,抢到防守篮板球,抢、断到对方的球,掷界外球,以及跳球,这都是发动快攻的时机。比赛中以抢到防守篮板球和抢、断到球发动快攻为最多。

(1)抢到防守篮板球时发动快攻。

抢到防守篮板球的队员,首先要有发动快攻的意识。最好是在空中得球时,就观察好同伴的位置,做出把球传给谁好的判断,尽快完成第一传。如被封堵不好传球,可以运球突破再分(传)球。其他队员应快速起动,摆脱防守,插上接应或分散快下,如图 3-119-1 所示,当⑦抢到篮板球时,④和⑤快下,⑥拉边接应第一传,⑧插中。⑦首先争取长传给④或⑤进行攻击,其次传⑥,⑥再传⑧。⑧、④、⑤三人形成三线进攻,⑥、⑦随后跟进。

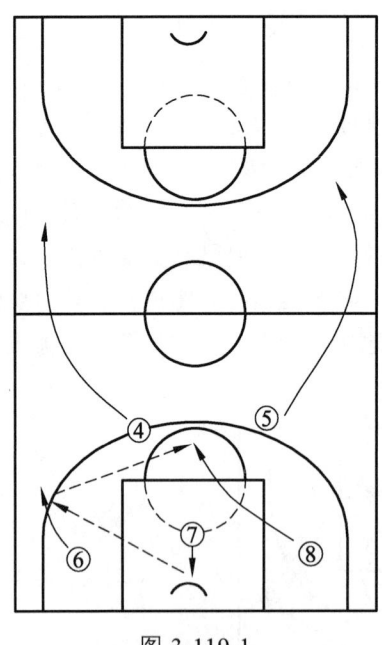
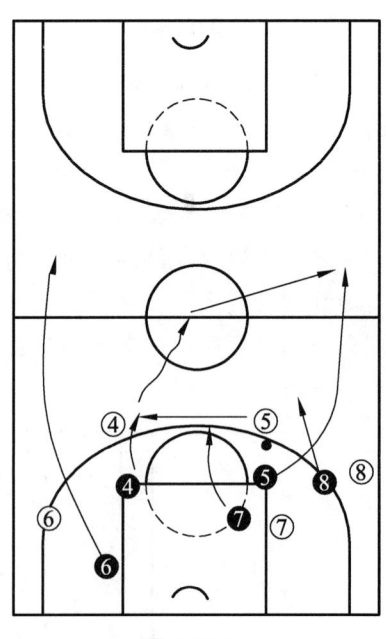

图 3-119-1　　　　　　　　图 3-119-2

(2)抢、断到球时发动快攻。

比赛实践证明,防守中抢、断到球时,发动快攻的成功率是最高的,因为这时对方由进攻突然转入防守,多数队员还处于背向自己球篮的状态,有的甚至还在快速向前奔跑中，丢球后正感到手足无措，所以无论在人数上和位置上他们都处于被动地位。因此，抢、断到球时发动快攻很容易造成以多打少的局面。这时抢、断到球的队员要迅速传球或运球，但头脑要冷静，切忌慌乱。其他队员应快速起动和分散，选择有利的位置进行协同配合。如图 3-119-2 所示，❹抢、断到⑤传给④的球，应立即快速运球攻击，❺沿边线快下，❻沿另一条边线快下，❼和❽快速跟进。

（3）掷界外球时发动快攻。

在当前的篮球比赛中，由于防守积极和进攻速度加快，掷界外球的机会相应增多了，因此，应该紧紧地抓住掷界外球的机会组织快攻战术，并充分发挥其进攻威力。掷界外球快攻一般在后场发动，因为对方投中篮或出现违例后，裁判员在后场宣判时不摸球，所以离球最近的队员可趁对方阵脚未稳之际，毫不迟疑地拿起球来快速跑到界外去掷球。首先，争取用长传把球传给跑向前场进行偷袭的队员进攻。同时，临近的队员应在快速移动中插向有利的位置，准备接应第一传，其他队员也要散开快下。

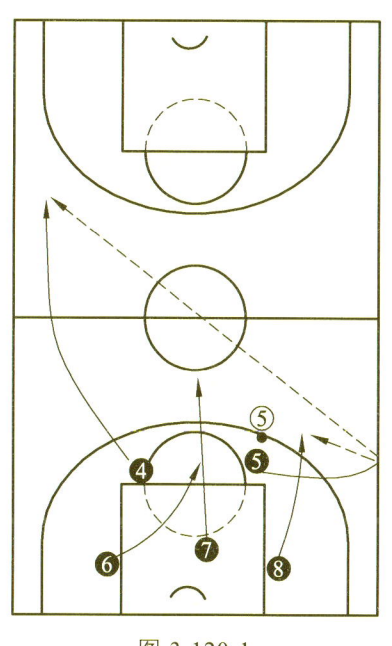
图 3-120-1

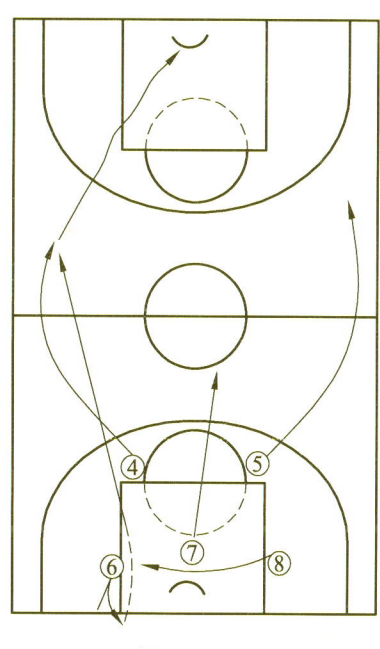
图 3-120-2

如图 3-120-1 所示，在边线外掷界外球时发动快攻的例子，当⑤违例时，离球最近的❺快速掷边线球。❹快下，⑧侧身向前跑，准备接应第一传。❼插中路，❻在后。根据防守情况，❺可以长传给❹或就近传给⑧。这个配合打不成时，❺应把球传给留在后面的❻。

如图 3-120-2 所示，是在端线外掷界外球发动快攻的一例，当对方投中篮后，⑥拿球快速跑到端线外面长传给④，④运球上篮，⑦、⑤分别跟进，准备冲抢篮板球或接④突破后的分球进行投篮，⑧留在后边，准备快攻打不成时接应⑥的传球。

（4）跳球时发动快攻

比赛中，在中场或后场跳球时，如果跳球队员的个子比对方高，而且弹跳好，很有可能把球拨给本方队员时，可按事先规定的配合发动快攻。如图 3-121-1 所示，⑧把球拨给⑤，⑤传给快下的④投篮。也可以如图 3-121-2 所示那样，⑧把球拨给⑦，④和⑤快下，⑦传球给⑤投篮。

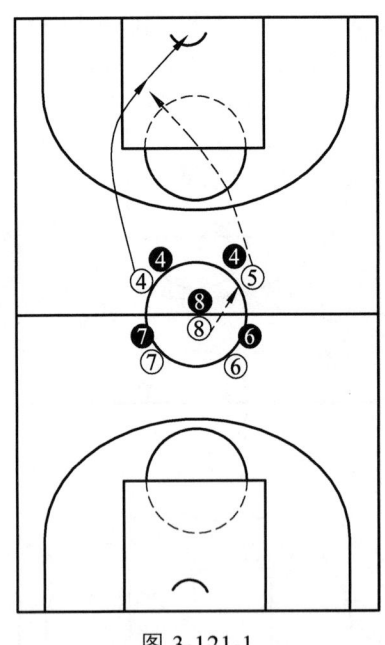
图 3-121-1

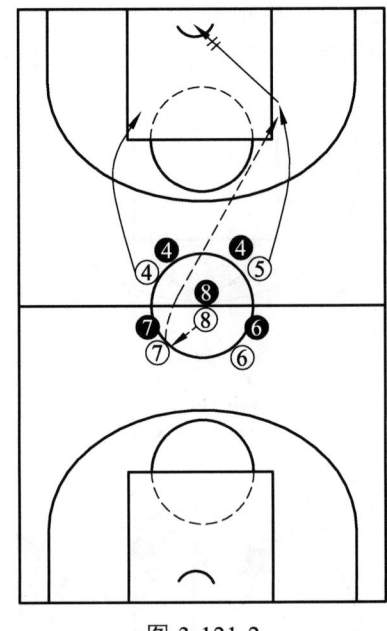
图 3-121-2

3. 怎样练习快攻

（1）两人斜线短传快攻练习。

队员分两人一组，如图 3-122 所示站位。①、②组做练习，③、④组的一名队员③在另半场防守，场外的⑤、⑥组出一名队员⑤抢篮板球。当教师●投篮后，⑤抢篮板球立即传给边上的②，②再传给接应的①，①和②做斜线短传推进，进入前场后，③防守，①和②进攻（二打一）。做完练习后，⑧抢篮板球，③和④到⑦、⑧的后面，①和②其中一人留下防守，⑤和⑥进入场内站在原①和②的位置上做练习，⑦和⑧中出一名去抢篮板球，练习依次循环进行。

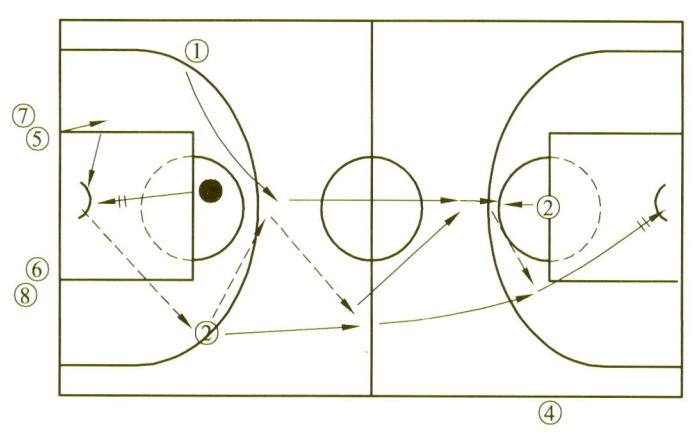

图 3-122

要求：① 抢篮板球后第一传要快，接应要及时。

② 二人短传推进要保持好距离，要时刻观察场上情况。

③ 二打一结束时，情况判断清楚，处理球要合理，对持球者做到防守人扑上来要立即分球，防守人不上来自己上篮或急停跳投。

（2）抢篮板球长传快攻练习。

队员两人一组，如图 3-123-1 所示站位，教练员投篮后，①抢篮板球，②沿边线快下，①长传球给②上篮。如果当①抢篮板球后，教练员上前去堵截，则①可运球突破以后再长传球给②投篮。①传球后并快速跟进抢篮板球，然后同②交换位置分别站到⑤、⑥后面，③、④组继续做练习。

要求：① 长传球要快速、准确、有力。突破时注意保护球。

② 快下的队员要掌握好时机，当同伴抢到球后要立即起动，快速奔跑，过中场后要判断来球的方向，接好球，投中篮。

（3）三人快攻练习。

队员分成三人一组，其中有一组的两个队员在另半场做防守，如图

3-123-2 所示站位，当教练员●投篮后，②抢到篮板球，③接应第一传，①插中路接应第二传，②传球后从①的身后交叉跑向另一侧，①、②、③成倒三角向前推进（中间的①稍落后，两侧的②、③突前），④、⑤防守，进行三攻二。两个防守者可以平行站立，也可以前后站立。三攻二的方法可如图 3-123-2 和图 3-124-1 所示。做完练习后①、②、③组留下两个防守，④、⑤、⑥组拿球跑到⑦、⑧、⑨的后面。⑦、⑧、⑨组做练习，依次循环进行。

如果教练员投篮后，后卫①抢到篮板球，如图 3-124-2 所示，中锋②到边上接应第一传，另一侧后卫③插中接应第二传，抢篮板球的①沿另侧边线快下，这时①、②、③成倒三角形向前推进。如果⑧抢到篮板球，仍是②到同侧边上接应第一传，①插中接应第二传。

要求：① 抢篮板球后队员分散要快，传球准确，接应及时。

② 三人推进时，中间人落后，两侧突前，相互间保持联系。

③ 三攻二结束时，要判断清楚，处理球合理。如果防守者平行站立，先从中间进攻，如果防守者前后站立，则先从两侧进攻。

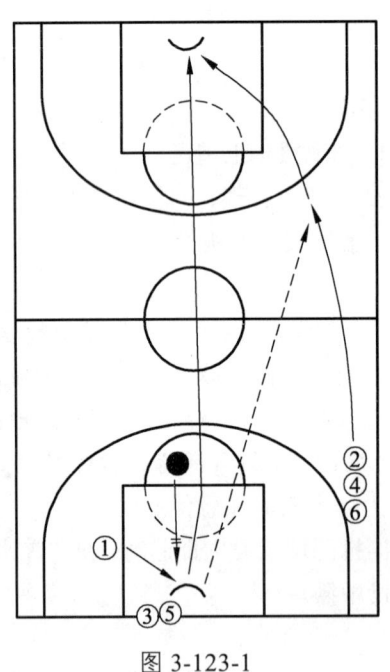

图 3-123-1

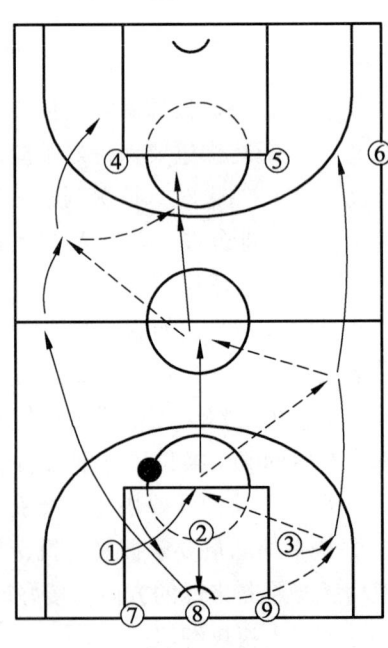

图 3-123-2

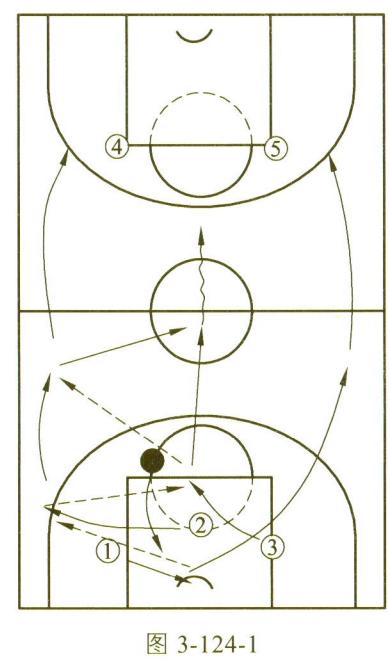

图 3-124-1

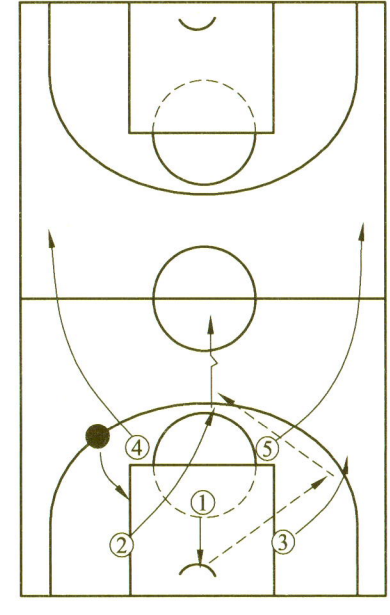

图 3-124-2

（4）固定站位的五人快攻练习。

如图 3-124-2 所示进行。当教练员●投篮后，中锋①抢到篮板球，③接应第一传，②插中接应第二传，④和⑤沿边线快下，②、④、⑤成三线快攻，①和③跟进，其中①可跟进补篮，③多注意保持攻守平衡，保护后场。如果一侧后卫抢到篮板球，中锋①跑向同侧边线接应第一传，另一侧后卫插中接应第二传，④和⑤沿边线快下。

要求：①抢篮板球后分散要快，第一传要快，接应要及时。

②向前推进时要保持纵深队形，前面三人成倒三角形，后面两人跟进，避免前后脱节。

（5）不固定站位的五人快攻练习。

如图 3-125 所示进行。五人一组在篮下沿圆圈慢跑，当教练员投篮后，靠近篮下的三人积极抢篮板球，④抢到篮板球后，⑤接应第一传，③插中接应第二传，①和②快下，⑤和④跟进，有时当④抢到篮板球后，也可直接传给插中路的③，因为在比赛中往往会出现这种情况，当边上接应队员受阻时，中路反而空出来了，这时抢到篮板球的队员可直接传中向前推进。

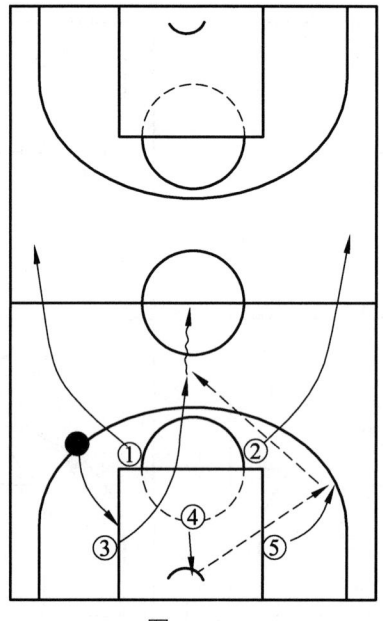

图 3-125

要求：① 抢篮板球后快速分散，第一传快、接应者要及时、到位。

② 五人保持纵深队形向前推进，前面三人成三角形，后面两人跟进，避免前后脱节。

（6）加防守的五人、快攻练习。

开始可加 1 至 2 名防守队员，在不同位置上做消极防守，如在后场布置两名防守队员，如图 3-125 所示封第一传和堵截接应队员。也可以在前场布置两名队员进行二防三，然后逐渐增加防守人数，直至五防五，防守队从消极到积极，不断地加强对抗性。

（二）防快攻

要想防住快攻，首先掌握快攻的规律，最大限度地堵塞对方发动快攻的来源，积极地给对方造成跑动、传球、运球的困难，延误对方进攻的时间，降低对方进攻的速度，从而为本方争取更多的时间。以便退回后场，组织好严密的防守。防守快攻最积极的办法是，进攻时尽量减少失误，积极地与对方争夺篮板球，由攻转守时反应要快，行动要迅速，有的队员在前场封堵第一传，有的队员在后场快速退守，破坏对方的配合路线，同时还要提高以少防多的能力。出现以少防多的局面是比较被动的，尽管这样，也要发挥主观能动性，争取变被动为主动，从而创造有利的局面。防守时，首先要选择有利的防守位置，沉着、冷静地观察对方情况，正确判断对方的主攻方向和薄弱环节，有策略地运用假动作。总之，实践出真知，通过练习，可以创造许多以少防多的方法。下面简单的介绍一防二和二防三的防守方法。

1. 一防二

一防二时注意不要过早地扑向一边，可以有意识地迫使技术较差的队员掌握球，重点防守另一队员。如图 3-126-1 所示，⑤持球，❹假做上前防守⑤的动作，⑤准备传球时，❹突然退到靠近④的一侧，争取断⑤传给④的球，或造成⑤的失误。如果对方运球，也可以用类似的方法防守，如图 3-126-2 所示，④运球，❹假做上前堵截的样子，当④刚一拿球准备传给⑤时，❹立即退至⑤靠近④的一侧，造成④的失误。

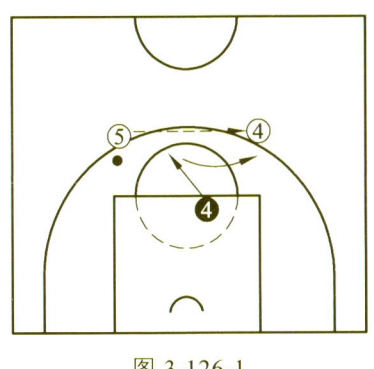
图 3-126-1

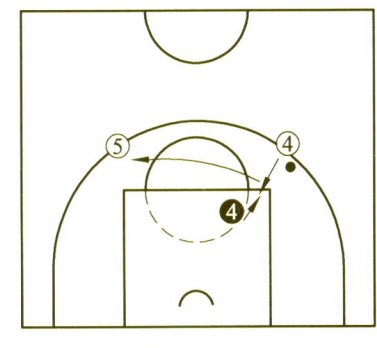
图 3-126-2

2. 二防三

二防三与一防二的要求基本相同，不同的是，二防三时两个防守队员要协同配合。对付两边突破能力强的对手时，可采用两人平行站立的方法防守，对付中路突破能力强的对手时，可采用斜线站立的防守方法，尽量不让对方从中路突破，迫使他把球传给边上的队员，让边上的队员运球。此时，一人专防运球者，一人兼顾另两名进攻队员，如图 3-127-1 所示，❹与❺前后斜线站立，⑤运球时，❹要堵截，迫使⑤把球传给⑥，此时，❺迅速移动过去防守⑥运球，❹退回兼防④和⑤。

怎样练习防守快攻：

1. 堵截快攻的发动与接应的练习

队员分成三人一组，开始两组在场上练习，一组进攻，一组防守，如图 3-127-2 所示，教练员●投篮后，双方争夺篮板球，如进攻组抢到篮板球，可继续进攻，如防守队抢到篮板球，打反击快攻，原进攻队进行堵截，❶抢到篮板球，靠近❶的①立即上去，封的第一传，如❸企图插中接应，靠近❸的③立刻抢占内侧位置，破坏❸的接应。上述练习也可以③和①一同夹击抢篮板的❸，封堵干扰第一传，此时②应立即抢中路破坏❸插中接应。

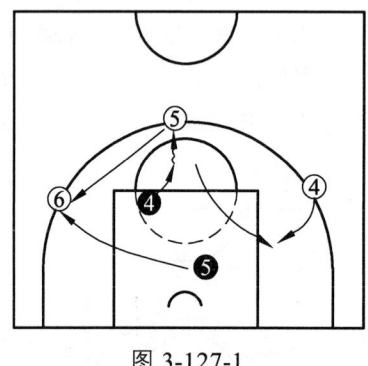

图 3-127-1

图 3-127-2

要求：① 攻转守的意识要强，速度要快，立即封堵第一传和接应。
② 在封堵的同时，要积极抢、断球。

2. 退守卡两边，防止长传偷袭的练习

队员如图 3-128-1 所示站位，教练员●向篮板抛球后自已接球，①和②沿边线快下，❶和❷紧紧跟随，当教练员传球后，❶和❷干扰①和②的接球，并积极断球。如断球成功，❶❷反击回来，如断不到球，①和②接球上篮。练习做完后，攻防交换，分别站在各自排尾，下组重复练习，依次循环进行。

要求：防守队员根据进攻跑动的情况，判断传球方向，抢占有利位置，阻扰进攻队员接球，并伺机断球。

3. 二防三和一防二的综合练习

队员分成三人一组，其中有两人在另半场防守，如图 3-128-2 所示，①、

②、③组成三线推进，①稍落后，进入前场后进行三攻二的练习（对防守来讲是二防三）。结束投篮的队员迅速防守，假如结束投篮的是①，那么①应立即回防，❹和❺抢篮板球后马上反击，进行二打一（对防守来讲是一防二，即①防❹和❺）原①、②、③组的其他两名队员②和③留下防守。二打一结束后，❹、❺和①三名队员出场站在⑦、⑧、⑨后面，④、⑤、⑥组重复练习，以后依次循环进行。

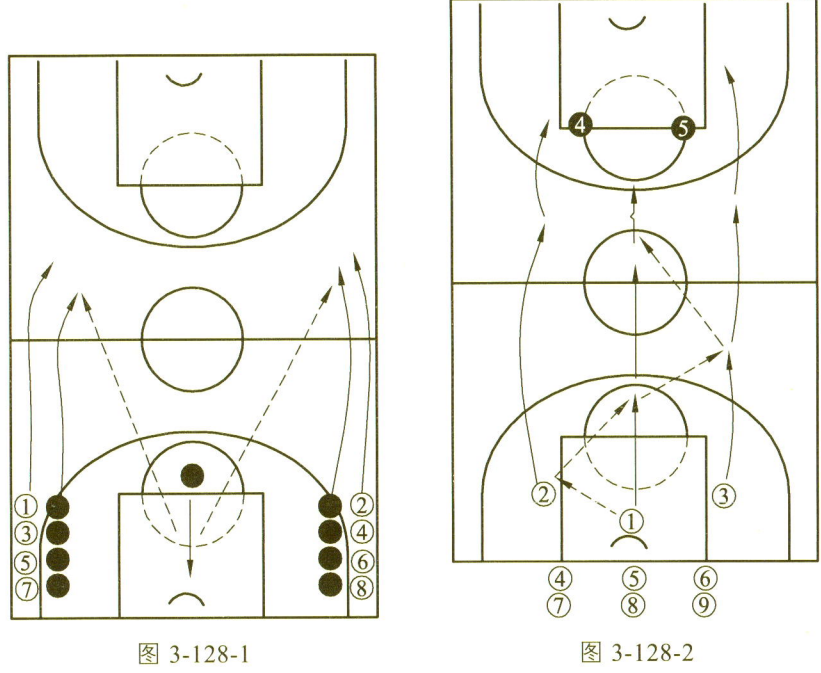

图 3-128-1　　　　　　　　　图 3-128-2

要求：① 一防二或二防三时，选位正确，合理运用假动作，干扰传球，造成对方失误，延误进攻速度，并积极抢、断球。

② 攻、守转换速度要快。

三、半场人盯人防守与进攻

进攻半场人盯人防守、半场人盯人防守战术和进攻半场人盯人防守战术，是篮球比赛中最基本、运用最广泛的战术，因此，必须学会并熟练地掌握它。

（一）半场人盯人防守

半场人盯人防守战术是防守的队在后场一个防一个，不管进攻队员在任何区域，每个防守队员都要防住自己的对手。根据防守区域的大小，可以分为半场紧逼人盯人防守（也叫半场扩大人盯人防守）和半场松动人盯人防守（也叫半场缩小人盯人防守）两种。

（二）半场紧逼人盯人防守战术的配合方法

这种防守方法控制区域比较大，一般是距篮圈下面 8~9 米，因此，这种防守用来对付中、远投较准但突破和控制球能力较差的队是比较有效的。防守的重点任务是阻挠和破坏对方外围的传、运配合，封锁外围的投篮，要紧紧盯住有球的队员和距球近的队员，对距球远的队员则可以稍放远一些，以利于协同防守。一般要做到"三人紧，两人松"或"四人紧，一人松"。

1. 球在正面时的防守方法

如图 3-129-1 所示，当⑥持球时，❻要紧紧地看住他。❼、❺、❹也要紧逼对手，卡断对手接球的路线。❽可适当地缩回，准备协助同伴防守。

图 3-129-1

图 3-129-2

2. 球在 45 度角时的防守方法

如图 3-129-2 所示，当⑥传球给⑤后，❺要紧紧看住⑤，不让他投篮或从容地传球，并严防他从底线突破。❻在紧逼⑥的同时，还应注意，如果⑤从内侧突破，要及时后撤"关门"，❼防离球远的⑦可以稍松一些，但要防止⑦插向篮下。❽可远离⑧，靠近篮下，随时准备截断⑤传给④的高吊球，

❹防守中锋④，为了不让④在篮下接到球，应当果断地绕前防守。

3. 球在边角停止时夹击的防守方法

如图 3-130-1 所示，当球在⑧手中已运过球停止时，应有组织地突然上去夹击、抢断，迫使⑧传球失误或五秒违例。若❼见球在⑧手中已运球停止时，要果断、迅速地向⑧滑动，与❽夹击⑧，❻要及时补防⑦，❺和❹要及时调整位置，伺机断球。

4. 球在边线与中线夹角停止时的夹击方法

如图 3-130-2 所示，当⑦在中线的角上停止运球时，❻应果断地向⑦横移，同❼一起夹击⑦。❺迅速向上移动补防⑥，并截断⑦传给⑥的球。❽紧逼⑧，❹兼防④和⑤。

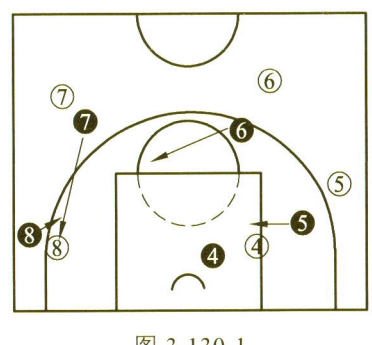
图 3-130-1

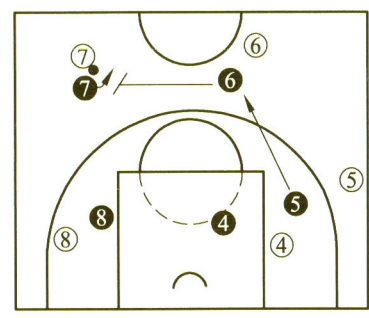
图 3-130-2

5. 球传到限制区时的防守方法

如图 3-131-1 所示，当⑧传球给向限制区横插的④时，❹要紧逼防守④，如果④接到球，则其他防守队员都应当适当后撤。

(三) 半场松动人盯人防守的配合方法

这种防守方法控制的防区比较小，防守队员主要是占据和控制圈顶以内的防区，重点是防对方的篮下进攻。因此，防守中锋的队员要紧紧地盯住对方的中锋，外围队员要协助防守中锋，防距球远的队员时，要离他远一些，这样就可以夹击对方的中锋，或协助外围同伴防住对方的突破。防持球队员要防紧，防住他突破和向篮下的传球。这种防守方法，伸缩性要强，就是防有球时要立即上去，防无球时要立即缩回来，这样才能做到"有球紧，无球松""一人紧，四人松"，让对方有劲使不出来。

1. 球在正面的防守方法

如图 3-131-2 所示，当球在⑥手中时，❻应紧盯住他，不让他投或传球给中锋④，❺要缩回，协助❹防④，❹要在④的左侧防守，卡断⑥的传球路线。❼稍向❻靠扰，以备⑥向中间突破时与❻做关门的防守配合。❽向篮下靠拢，❼和❽此时均应做到"人球兼顾"，堵截对手向限制区切入的路线。

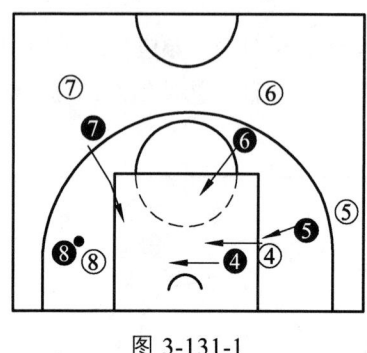
图 3-131-1

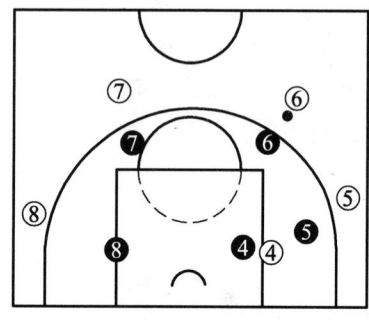
图 3-131-2

2. 球在 45°角时的防守方法

如图 3-132-1 所示，当⑤接球后，❺应上前积极防守，干扰他投、传，尤其要注意不让他沿底线突破。中锋❹应站在靠底线一侧防守④。❻撤回到④的附近，帮助❹防守对方中锋④。❼和❽均向限制区缩回，并注意防住对手的空切。

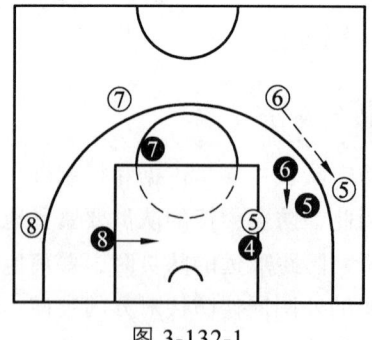
图 3-132-1

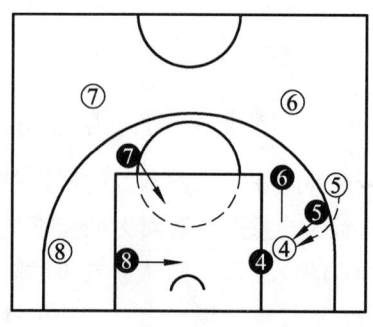
图 3-132-2

3. 中锋接到球时的防守方法

如图 3-132-2 所示，当对方中锋④在限制区腰上得球时，❹要紧紧盯住他，不让他投篮和突破（要保持正确防守位置，正确的防守姿势）。❺和❻应果断迅速地暂时放弃自己的对手、突然后撤。同❹一起夹击④。❼稍向❻的位置靠近，兼防⑥和⑦，❽向篮下靠拢，以便补人和抢篮扳球。

（四）比赛中怎样运用好半场人盯人防守战术配合

1. 从进攻转入防守时，要快速退回后场，尽快地找到自己防守的对手，保持正确的位置的防守姿势，并要招呼同伴，尽快地组织好全队的防守。

2. 每个人防守的对手，应根据双方的身体条件、技术、位置的特点来决定，一般是，高对高，大对大，小对小，快对快，慢对慢，分配防守对象时，即使做不到略高等，起码也应当势均力敌的。

3. 在不同的防守区域内，应有不同策略。如图 3-133 所示，A 区为篮下近距离区域。B 区为中距离区域。C 区是远距离区。防守时，在 A 区内，防守队员要紧紧地看住对手，抢占对手进攻的位置，卡断他的移动路线，尽量地不让他在 A 区内接球。在 B 区内，防持球队员要紧一些，不让他投篮、突破。当对方用掩护配合时，防守要用"挤过"配合，不让他用掩护配合投篮。在 C 区内，防守的距离可以稍远一些。如果采用半场紧逼人盯人战术，则应积极地抢断，破坏对方的进攻配合，并随时准备反击。由于防区扩大，要特别注意对方的"反跑"和突破。由于距篮较远，对方如采用掩护配合，防守者可采用穿过配合。

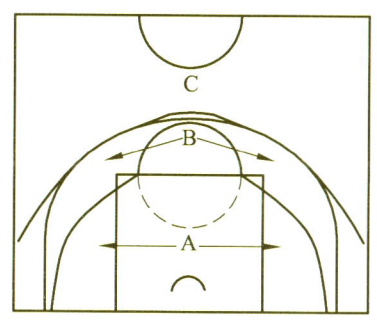

图 3-133

（五）进攻半场人盯人防守

进攻半场人盯人防守战术，是每一个球队必须掌握的最基本的进攻战术。这种战术主要是用个人技术和传切、策应、掩护、突分等进攻配合创造机会投篮。

1. 运用传切、策应配合创造投篮机会

如图 3-134-1 所示，⑦传球给⑧，⑧接球后做投篮或突破的假动作吸引防守者，然后把球传给摆脱防守切向篮下的⑦投篮。如果这个机会不成，把球传给摆脱防守向右横切的④，④接球后，可根据情况投篮或突破。当对方围守④时，④可把球传给跑过来的⑥投篮。⑤、⑦和④冲抢篮板球。如果上面的几个机会都没有实现，⑤向外移动，⑦经底线移到④原来的位置。这样在另一侧又形成原来的队形，然后采用同样的方法，从左侧重新开始进攻。

2. 运用掩护、策应配合创造投篮机会

如图 3-134-2 所示，⑥传球给⑦，⑦传球给摆脱防守横切限制区的④后，立即跑去给⑧做掩护，④得球以后根据防守的情况可投篮或突破。如果对方围守④，④可传球给利用掩护摆脱防守的⑧投篮，如果防守者采取换防的措施，④就传球给掩护后转身的⑦投篮。⑤要冲抢篮板球。如果上面几个机会没有实现，⑤应向外移动，⑦沿底线移到⑤原来的位置，形成与原来相对称的队形，在左侧用同样的方法进攻。上述方法，可以连续进攻。但不管场上队员怎样进攻，都要注意攻守平衡。

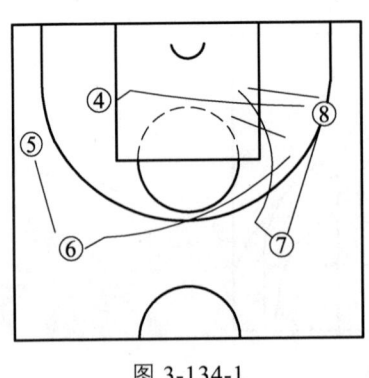

图 3-134-1

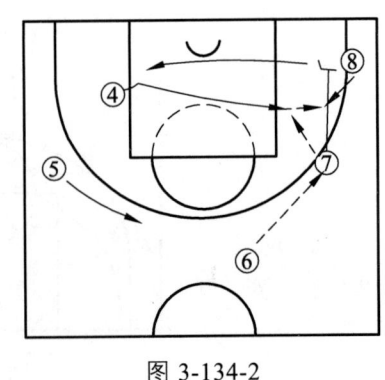

图 3-134-2

3. 两三人用基础配合创造投篮机会

（1）运用后掩护配合创造投篮机会，如图 3-135-1 所示，⑥传球给⑦，⑦接球后做投篮或突破的假动作吸引防守者，⑧及时地跑出来给⑦做后掩护，⑦趁机突破上篮，如果对方采取换防措施，⑦可以分球给掩护后转身的⑧投篮。

（2）运用策应配合创造投篮机会，如图 3-135-2 所示，⑥传球给⑦的同时，④向右侧横切接⑦的球做策应，⑦传球给④后，向④的右侧绕切，与此同时，⑥先下压并利用⑦的行进间掩护向④的左侧绕切，④可将球传给⑥或⑦投篮，④也可以利用⑥和⑦的切入，转身投篮。

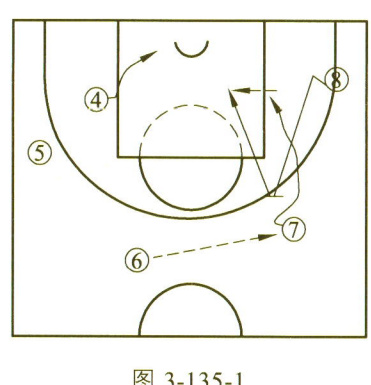

图 3-135-1

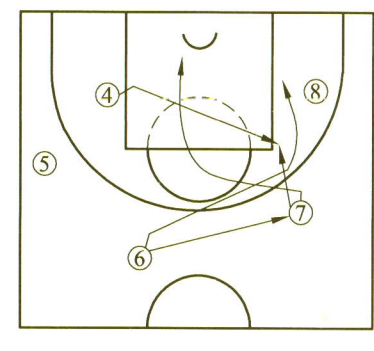

图 3-135-2

4. 进攻半场人盯人防守应注意的问题

（1）要动起来打，传完球以后，不要站在原地不动，要积极地穿插、换位把对方调动起来。但不要盲目乱跑，要注意保持适当距离，要注意攻守平衡。

（2）要抓住对方的弱点，通过各种配合要结合中、远距离投篮。要内外线结合，内外互相牵制。

（3）每次投篮以后，都要积极地冲抢篮板球，争取二次进攻。

（4）要保持冷静的头脑，要有勇有谋，不要盲目蛮干，要敢于运用自己的特长。

四、联防与进攻联防

(一) 联防

1. 什么是联防

由进攻转入防守时,要快速地退回到自己的篮下,每个防守队员不是固定地防守某一个进攻队员,而是每人负责一定的防区,谁进入你的防区,你就防谁。但是防守队员要随着球的转移而积极、快速地滑动,保持合理的防守队形。球在哪一侧,五个人就面向哪一侧,以球为主,人球兼顾。这种集体的防守方法,就是区域联防。区域的划分只是一个基本的分工,决不是分家。因此,防守时不要机械地受区域限制,只固定在自己的区域内移动,应当见机行事,运用"关门""补位""夹击""换人"等配合充分地发挥集体的力量。

2. 联防的形式

随着篮球运动的发展,现在世界强队只用一种固定形式的联防比较少,多半是把各种联防结合运用,根据进攻队形的变化,而改变着自已防守的队形。但不管是什么样的联防,最重要的就是以球为主,人球兼顾。对持球者一定要盯紧,因为有球的人能直接得分,或者把球传给更有利于得分的人。因此,就不能让持球的人轻易投篮或任意传球。五个防守队员都要积极地滑动,扬手挥臂,扩大防守面积,填充五人之间的空隙,使进攻队员感到在联防的防区之内,到处是人,无机可乘。

联防的形式,如图3-136-1所示,前边站两个人,中间站一个人,后边站两个人,这种队形叫"2-1-2"联防(图中椭圆形的虚线表示每个队员防守的区域,各个防区衔接的地方为两个队员共同防守的区域)。采用这种联防形式的较多,其它还有"2-3"联防,如图3-136-2所示,是前面站两个人,后面站三个人,这种形式,篮下防守力量较强。如图3-136-3所示,是"3-2"联防,前面站三个人,后面站两个人,这种形式,对于防外围投篮准的较有效,并能干扰其传球。不论采用哪种形式的联防,都要把身材高弹跳好,善于抢篮板球的队员安排在篮下的位置和中间的位置。要把移动速度快,灵活机警的队员放在前面。在人员的安排上,要充分考虑,发挥每个队员的特长。

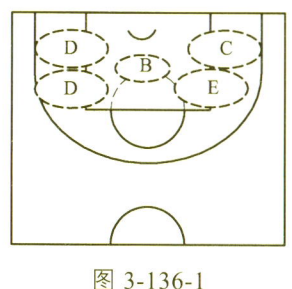　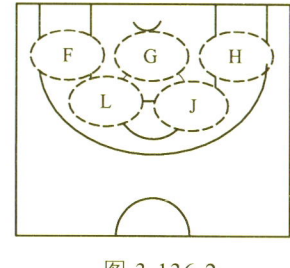　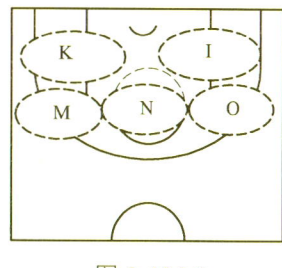

图 3-136-1　　　　图 3-136-2　　　　图 3-136-3

3．联防的特点与应用

1）联防特点

（1）如果你想发挥快攻的作用，想靠快攻多得分，那么，最好用联防防守。这种队形对发动快攻最有利。

（2）因为联防主要是靠集体的防守，所以，这种防守可以弥补本队在个人防守上的缺点和不足。例如，缺少高大中锋，就可以用适当形式的联防。

（3）本队体力不好，或者个人防守技术不好时，使用联防可以节省体力，减少犯规。当然联防还有些缺点，例如，对方中投准的队员较多，就不能用联防；还有对方对进攻联防训练有素，很善于造成某区域负担过重（二吃一，三吃二），这时防守就会陷于被动的局面。

2）在什么情况下使用联防：

（1）对方中远距离投篮不准，但很善于突破。

（2）对方中锋身材较高，很善于在篮下进攻，而我方又无人能防住时。

（3）用人盯人防守，因为我方个人防守技术差，防不住对方时。

（4）犯规较多，后备力量又不足时。

（5）如果是在外场，碰到有大风的天气时。

（6）主动的改变防守战术，争取从联防的形式发动快攻，用以打破僵局时。

4．联防的方法

这里重点介绍"2-1-2"联防。

（1）由攻转守，快速布阵。由攻转守时，要在对方进攻之前，快速退回本队后场，各人按照区域分工，站成"2-1-2"的队形，观察对手的活动，做好防守的准备严阵以待。

（2）明确任务，分工合作。如图 3-137-1 所示，前锋❹和❺重点防守外围队员突破投篮，围守中锋❽，抢罚球线一带的篮板球。因为在防守时，会经常出现二防三的局面，所以两个前锋要不停地滑动。积极地挥动手臂，一人上前，一人保护，互相配合，大造声势。中锋❽要密切监视对方中锋⑧在限制区一带的活动，严防他和其他队员插向中区投篮或突破。并积极争抢篮下中间地带的篮板球。后卫❻和❼坚守篮下两侧，尽力封锁进攻队员在篮下两侧接球投篮，并抢获这一带的篮板球。防守时，要纵观全局，并挡人、卡位。

（3）随球转移，保持队形。有球盯人，无球协助，如图 3-137-2 所示，当球在圈顶外⑤手里时，由于❻和❼都在防守队员的右侧，所以应由❹上前防守⑤，阻挠他投篮或突破。❺稍向左侧移动，协助❽防守⑧，防止⑤传球给⑧。⑧稍上提，注意⑧的行动。❻略向左前方移动，准备上去防④。❼向中区靠拢，并注意⑦的活动，时刻准备采用卡位、挡人、护送的方法，防止⑦从底线溜到篮下接球投篮。❻、❼、❽在篮下站成三角形，控制位置，准备抢篮板球。

如图 3-137-2 所示，假设⑤把球传给⑥，球在侧方 45°角地区时，❺应快速滑步或跑上去防守⑥，不让他投篮或突破。❹滑到⑧的右前方，协助❽防守⑧，防止⑥传球给⑧。❽稍向右侧移动，注意⑧的行动。一旦⑥传球给⑧，则❽要防⑧投篮和突破，同时，❹、❺、❽三人也可围守、夹击⑧。❼可稍向右侧移动，注意⑥可能把球传给⑦，也可能持球突破。⑥若突破时，❼应配合❺进行"关门"防守或补位防守；如果⑥投篮，❼要把⑦挡在外面，抢篮下右侧一带的篮板球。❻稍向前移动，防止④向篮下或中区空切，并抢篮下左侧一带的篮板球。

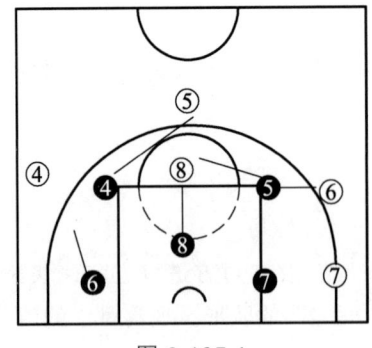

图 3-137-1

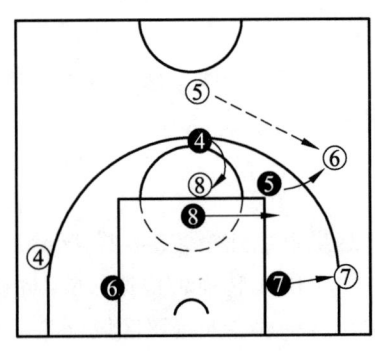

图 3-137-2

如果⑥把球传给④，如图 3-138-1 所示，则⑥要立即跃出去断球。但是不要冒险行事。如事先无准备，判断不准，就不宜断球。应向左前方移动，等④接到球时，上前去防守他，不让他投篮或从底线突破。此时④要尽快地绕过⑧，回去防守自己区内的④。⑥等④回防④时再退回篮下。⑧稍向左侧移动，注意⑧的行动。⑦要向左侧移动保护篮下，防止⑦溜到篮下接球投篮。因为⑦在篮下接球威胁最大，所以，⑦首先要卡断并占据⑦通往篮下的路线，这样即使⑦要强行通过，也必须是绕到篮后才能过去，同时，⑦还要用后背贴近⑦，并用手摸着"护送"他到左侧篮下交给⑥后，再回到原来的防区。如果⑥还没退回来④又把球传给⑦，则⑦要坚决地把⑦跟到底防止他投篮和突破。⑤向后移动，加强篮下的防守，并防止⑥向篮下空切接球。

如图 3-138-2 所示，当球在底角时，假若④把球传给⑦，⑥要上去防⑦投篮和从底线突破。④向下滑动，协助⑥防守。这时如果中锋⑧下滑到左侧腰上（限制区左侧线的中部），⑧应立即向左移动，严防⑧接球。如果⑦把球传给⑧，⑧要防⑧投篮和突破。同时⑥应退下来，④⑥⑧三人围守夹击⑧。⑤向中区靠拢保护篮下，阻止⑤插向中区接球，并抢这一带的篮板球。⑦向篮下移动，阻止⑥向篮下空切，并抢篮下右侧的篮板球。

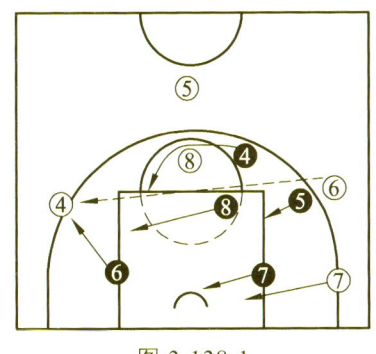
图 3-138-1

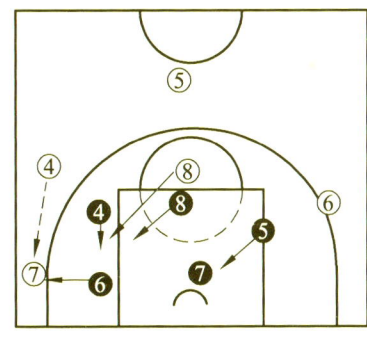
图 3-138-2

（4）"2-1-2"区域联防的优点：

① 便于防守对方侧重进攻篮下的打法，加强了篮下的防守力量。

② 能有效地防守对方中、远距离投篮不准，而善于个人突破的打法。

③ 由于分布的位置比较明确，能很好地组织争夺篮板球，有利于发动快速进攻。

④ 移动距离短而明确，能相对的减少犯规，保存实力。

（5）"2-1-2"区域联防的缺点：

①由于人员的布置都有着一定的区域限制，总难免有空隙之处。

②每人分管一个区，也容易造成一个区内以少防多的现象。

③只见球，不注意人的活动，容易被进攻者制造背插投篮和空插上篮的机会。

④遇进攻者中、远距离投篮准，就难以防守好。

5. 联防的练习方法

虽然联防的形式有所不同，运用时防守的重点也有所不同，但其主要的防守方法都是一样的。下面介绍几个主要的基本练习。

（1）基本步法、手臂动作的练习。

如图 3-139 所示站位，做好防守的准备姿势，根据教练员●的手势，左右、前后的迅速滑步。

图 3-139

要求：屈膝，用脚掌内侧蹬地，快速滑动。身体重心不要上下起伏。两臂要在体侧上下挥动。向前滑动时，哪只脚在前，哪侧手在前。

（2）二对二"保护"与"关门"练习。

如图 3-140-1 所示，①与②相距约 5 米，❶防①，❷防②。练习开始时，①与②来回传球，①与②接到球以后要停一秒钟，当球传向②时，❶要迅速地向❷的侧面并稍后滑动。当球由②传向①时，❶要迅速返回防①，❷要向❶的侧后滑动。这样❶与❷轮流滑动上去防持球的人，同时侧后方又有自己的同伴保护，减少了后顾之忧，这就是"保护"。如图 3-140-2 所示，在保护的基础上再练习"关门"。当①把球传给②时，❷滑下来保护。②接球后，立即突破，❶要与❷"关门"。"关门"以后，②把球传给①，这时❶要立即返回去防守①，❷要在❶的斜后方"保护"❶。这样轮流的练习"保护"和"关门"。

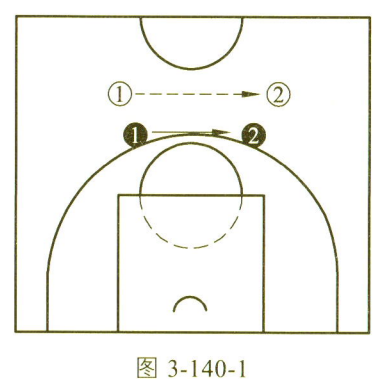
图 3-140-1

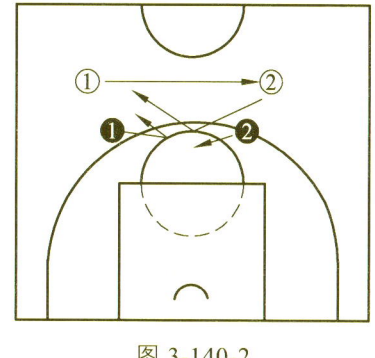
图 3-140-2

要求：要保持正确的防守姿势。"保护""关门"的滑动要快，注意正确的防守位置与距离。

（3）四对四练习补位

如图 3-141-1 所示，这个练习目的是让队员①注意掌握有球紧无球松的防守原则。①、②、③、④在外围慢传球，球到③时，❸要立即上去，防③投、突。❶要向❸靠拢协助❸防守，使得③不能突破。❷要向❸的方向下滑到距②2~8步的位置上。❹缩向篮下，距④要有 8~4 步的距离。根据这个原则，防有球的要上去，以防投为主防突为辅。邻近的同伴要"协助""保护"并准备"关门"。距球远的防守者，要缩回来。要记住，有球"紧"，无球"松"。

要求：每个防守者要积极地尽快地移动。球刚传出手就马上滑动。一定要记住，防有球者要"紧"，防无球者要"松"。

（4）五对五练习。

这个练习，是在四对四练习的基础上，再进一步提高要求，做到会绕前防守中锋。如图 3-141-2 所示，当球从①传向③时，❶要下来协防❸，❷

要缩向罚球线,但又不能忘记②,❺要从中间及时地绕到⑤的前面去防守。❹要缩向篮下,但要人、球兼顾。球可以向其它方向转移,⑤在篮下两侧活动,❺始终要保持绕前防守。

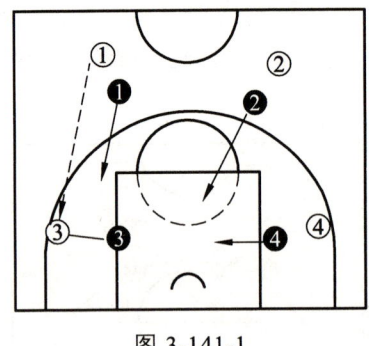

图 3-141-1

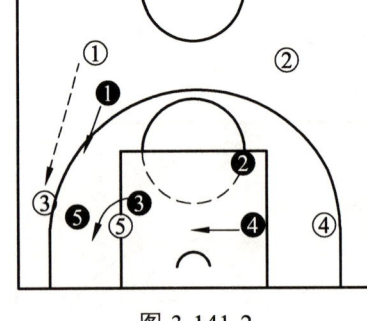

图 3-141-2

要求:⑤要在篮下两侧活动,❺才能练习绕前防守。如果⑤跑到罚球线附近活动,防守者❺就不能用绕前防守。四名外围防守者,在缩回和围守中锋时,不要忘记本区内自己所防守的人,思想上要有围守中锋之后再回防的准备。

(二) 进攻联防

不管进攻哪一种联防,最有效的办法就是利用快攻,趁对方尚未返回防守阵地时,以快攻得分。但是任何一个队,都不会总是让对手打成快攻的,因此,就必须学会进攻各种联防。在进攻联防时,要针对这种防守战术主要是每人防守一定区域的特点,集中优势兵力,在局部地区形成人数上的优势。并进行穿插、迂回、声东击西,调动和打乱对方的联防阵形,创造投篮的机会。

进攻 2-1-2 联防的方法:

1. 站位

进攻队员站位时,要避免与防守者形成一个对一个的局面,应当既要照顾到同伴间联系,有利于组织进攻,又要考虑到一旦进攻失败时便于退守(这就是攻守平衡)。如图 3-142-1 所示,是针对 2-1-2 联防而采用 1-3-1 进攻队形的站位。

2. 配合方法

（1）利用快速传球创造中、远距离投篮的机会。如图3-142-2所示，④、⑤、⑥、⑧之间互相快速传球，调动❹、❺、❽来回滑动，迫使对方三防四，造成进攻者有一人处于暂时无人防守的局面。这时，要抓住时机，果断而大胆地进行中远距离投篮。也可以如图3-143-1所示那样，由④、⑤互相快速传球，假攻右侧，当把❹和❺吸引上来时，⑤或④立即把球转移给⑥进行中投。⑤、⑧、⑦抢篮板球，④、⑥准备防守。

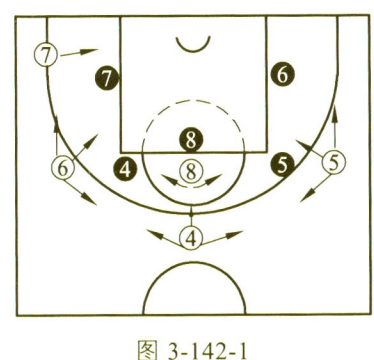

图3-142-1　　　　　　　　　图3-142-2

（2）利用穿插创造篮下或中远距离投篮的机会。如图3-143-1所示，⑥传球给⑦以后，突然向篮下空切。这时如果❼上前防守⑦，则⑦立即传球给切进中的❻投篮；如果❽撤堵截⑥、不让⑥接球，则⑧趁机插向限制区左侧的腰上接⑦的传球投篮。

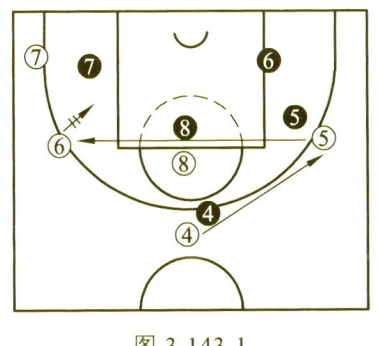 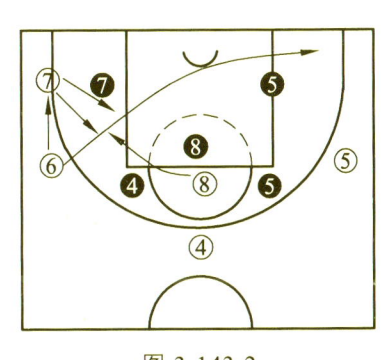

图3-143-1　　　　　　　　　图3-143-2

（3）利用突破分球创造投篮的机会。如图3-144-1、图3-143-2所示，⑦接球以后，也可以从底线突破。如果❽补防，⑧应迅速横插到中间，这时⑦可用低手传球或反弹传球，传给⑧投篮。⑦也可以传给⑤，⑤趁防守者尚未滑过来时，从容投篮。

（4）利用掩护创造的投篮机会。如图 3-144-2 所示，⑤传球给④以后，快速向篮下空切，并跑到左角，④把球传给⑥，⑦给跑到左角的⑤做前掩护，把❼挡住，⑥把球传给⑤，⑤投篮。

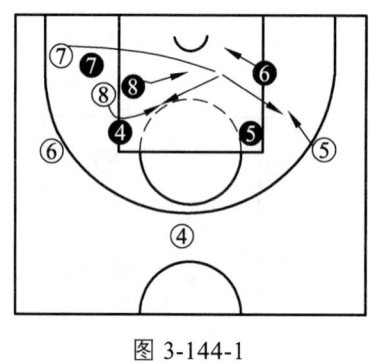

图 3-144-1

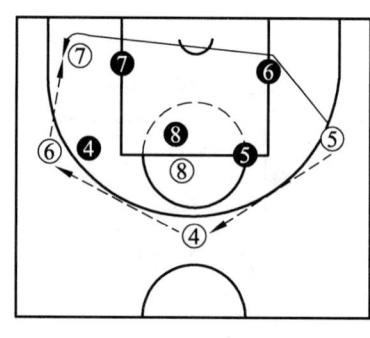

图 3-144-2

（5）五人配合示例。如图 3-145-1 所示，⑥传球给⑦以后，突然向篮下空切。这时如果❼上来防⑦，则篮下较空，⑦可立即把球传给空切的⑥上篮，这是第一个机会。如果⑦没把球传给⑥，则⑥继续跑到右侧，⑦可把球传给过来接应的④，④再传给跑上来的⑤。同时⑧挡下❺，⑤趁机中投，这是第二个机会。应注意，⑤必须跑上来接应，如果⑤原地不动，则④与⑤的距离过远，防守者很容易切断左右之间的联系。

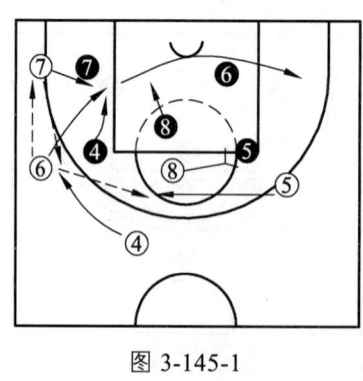

图 3-145-1

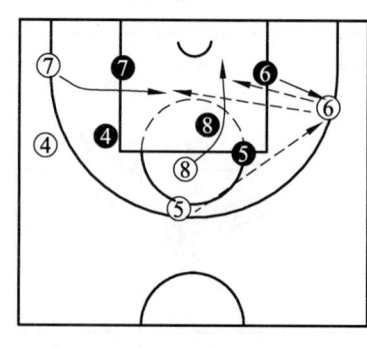

图 3-145-2

如图 3-145-2 所示，如果⑤看到机会不好，则应立即将球传给⑥，❻若不上来防守，则⑥可投篮。❻若上来防守，⑥就有两个机会，一是⑥传给下滑的⑧跳投，若❽也下滑堵⑧，罚球线前则被拉空，⑦可趁机插入，接⑥的传球投篮；二是⑥从底线突破分球，如图3-146-1所示，当⑥突破时，⑧下滑，⑦插中，④向左移，⑥可根据出现的机会将球分给⑧、⑦或④。如果上述配合没有成功，还可以重新组织这个配合。

（6）1-4阵型进攻法。这个方法比较简单，而且可以连续不停地进行。如图3-146-1所示落位。一人在圈顶，其余四人在罚球一字排开。为了便于传接球，①可以在左右移动。进攻开始时，①可以把球传给内线的②或③（图3-146-2），也可以给外线的④或⑤（图3-147-1）。假若先把球传给了②（图3-147-2），③就横切。②有两个传球机会：一是直接给③近投，二是给⑤，⑤可中投，也可以传给插向篮下的②或传给由篮下跑出来的③跳投。如果没有机会，②和③站上来，再重新开始。

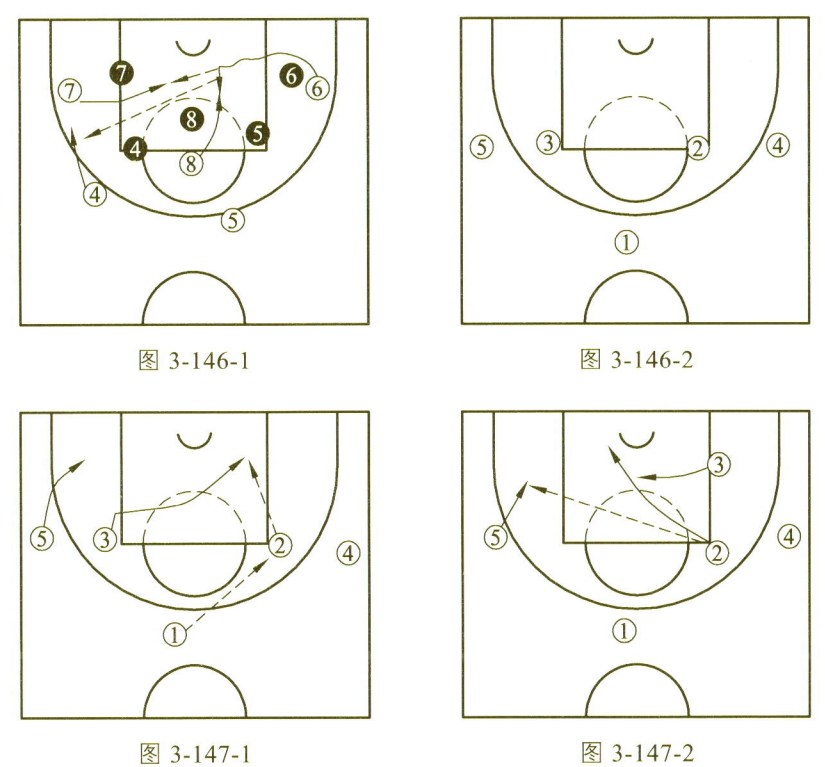

图3-146-1　　　　　　　　　　图3-146-2

图3-147-1　　　　　　　　　　图3-147-2

假若①在一开始把球传给了④时，如图3-148所示，则②滑向篮下，接④的传球投篮。④也可以把球传给横切的③，③接球可以跳投，或传给⑤。

这种"1-4"阵形的进攻，简单易学，有连续性。如果有两个顽强的中锋（不一定是高大的）就更容易打乱对方的阵脚，取得主动。

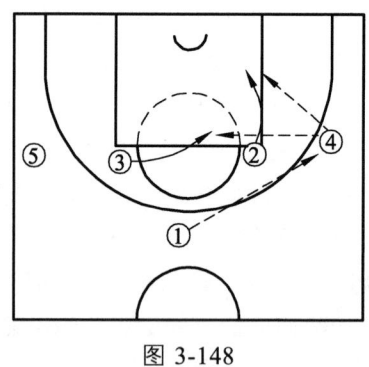

图 3-148

3. 进攻联防要注意的问题

（1）要有目的快速传球，调动防守者移动，造成投篮的机会。接球后，不要停球不传。

（2）在自己有把握的地区内，要大胆、果断地进行中、远距离的投篮。

（3）无球队员要穿插移动，跑向空的地点，这样才能有威胁地调动防守者，从而创造投篮的机会。

（4）要明确每次有三人冲抢篮板球，另两人准备退守。要注意攻守平衡。

（5）要有耐心。急躁、蛮干很容易失误，给对方造成反击得分的机会。有耐心地进攻，即使30秒违例，也还能组织起防守，不让对方快攻得分。

五、全场紧逼人盯人防守与进攻全场紧逼人盯人防守

（一）全场紧逼人盯人防守

全场紧逼人盯人防守是一种积极主动并富有攻击性的防守战术。队员由进入防守后，立即在全场范围内紧紧盯住自己的对手，阻扰他移动，换球运球，传球和投篮，不让对手顺利地进行战术配合，保持自己与同伴之间的密切配合，迫使对方的进攻产生失误或违例，从而为本队的反攻创造条件。全场紧逼对阻挠对方快攻和拖延其进攻的速度都是非常有效的。

由于全场紧逼是与对方在全场范围内展开激烈地争夺，所以，采用这一防守战术时要做到，不仅全队思想统一，行动一致，而且要有勇猛顽强

的战斗作风，坚韧不拔的毅力，旺盛的斗志，以及高度认真负责的精神。同时队员要具有充沛的体力来保证比赛中的激烈争夺和长时间的快速奔跑、滑步以及跳跃等，每个队员还要有全面而熟练的防守技术，并且要有较好的防守配合意识和能力。

（二）全场紧逼人盯人防守的方法

1. 由进攻转入防守时的找人和选位

由进攻转入防守时，要及时而快速地找到自己所防守的对手，这是保证实现全场紧逼人盯人防守战术的关键。只有做到了这点，才能赢得时间，组织好严密的集体防守，从而向对方发动攻势，给对方以防守的压力，造成对方进攻的困难和思想上的紧张，使对方产生掷界外球五秒违例和传、接球失误等被动局面。如图 3-149 所示，当对方掷端线球时，本方五个队员应及时快速地分别找到自己的对手。当⑧掷界外球时，❽应迅速上前，积极挥动两臂，注意观察⑧的传球意图，封堵其传球的角度，影响其传球的准确性并争取断球。❻、❼应分别站在⑥、⑦的侧前方进行防守，阻挠其接球的路线并伺机断对方传来的球。❹、❺在后场分别防守④、⑤，采取松动人盯人的防守方法，与对手保持适当的距离，站在"人球兼顾"的位置上，以便截获⑧的长传球和协助❻、❼进行防守。由进攻转入防守时有两种找人的方法：一种是按条件找人，即按身高、移动速度、灵活、技术水平等条件，去找与自己条件相同的对手，这种方法的优点是防守的针对性强，但找人到位的速度慢；另一种方法是就近找人，这种方法的优点是机动性强，找人快，到位及时，但要求每个防守队员都具有较好的防守技术，同时具有较快的速度，较好的灵活性和较强的防守配合意识。

如图 3-149 所示，最后一道防线的❹、❺队员同进攻的④、⑤队员应保持多远距离和选择什么样的位置要根据球的位置，与球的距离和防守队员脚步移动的速度以及对手的位置来决定。对手距离球远而防守队员起动速度快，则离进攻队员可远一些，反之，则应近一些。防守位置可以选择以对手、球、球篮三点所形成的三角形中，以对手为顶角，角的二等分线的靠球一侧或靠球篮的一侧。原则上以能够控制对手、截获长传球和协助同伴防守为准。

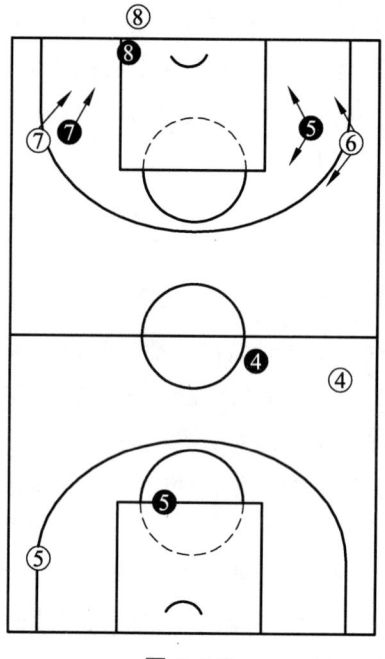

图 3-149

2. 迫使对手运球

当进攻队员已经将球传进场内,对手持球而尚未运球时,防守队员为了限制对手的传球角度,可向侧一步,堵住中路和对手的强手(习惯于运球的手),迫使其用弱手(不习惯运球的手)向边线运球,缩小其传球的角度,增加其传球的困难,为夹击和断球创造条件。其他队员也应及时调整位置和作出相应的协同动作。如图 3-150-1 所示,❻防守持球队员⑥时,封堵他向⑦、⑧传球的角度,并向侧一步,堵住他向中间运球的路线,迫使他用左手向边线运球。❽、❼、❺与❻协同切断各自对手的接球路线。❹防守④的距离可适当远一些,以便于断获远传球和协助同伴进行防守。当⑥向边线运球时,❽、❺伺机进行夹击。

3. 换防和堵截

示例一:如图 3-150-2 所示,⑧掷端线界外球,把球传给⑥后,⑦及时给⑧做掩护,❼应紧跟⑦,并通知❽"换人",当⑧借助⑦的掩护摆脱时,❼迅速换防并向斜前方上步堵住⑧摆脱后接球的路线,⑧为了不被⑦挡在外侧，应迅速利用脚步移动来调整防守位置，抢占球和⑦之间的位置，防止⑦摆脱及其接球。❻防守⑥要封阻他传球的角度和堵住他向中路运球的路线。❺、❹与对手保持适当的距离，控制住对手，并随时准备断球。

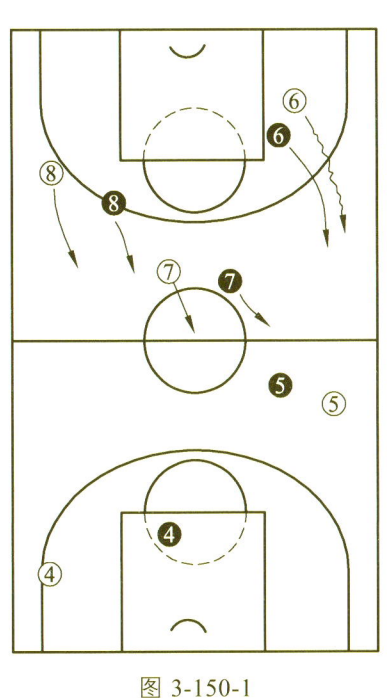

图 3-150-1

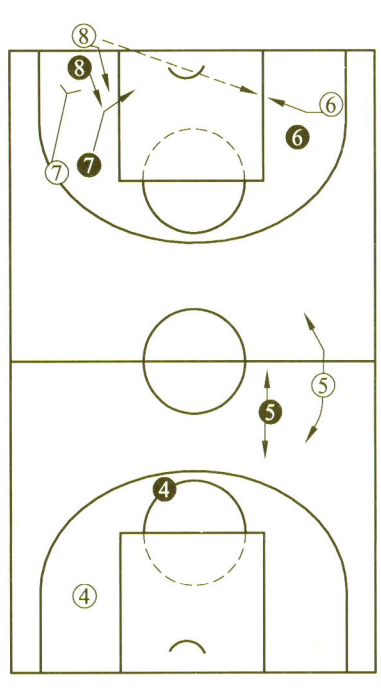

图 3-150-2

示例二：如图 3-151-1 所示，⑧将球传给⑥后，五个防守队员都应及时调整位置和距离，以便控制对手和观察场上情况。如果⑧传球后空切摆脱❽的防守并向前场方向切进要球时，❼应果断地放弃自己原来防守的⑦及时去堵截⑧，不让⑧接球。此时，❽在积极地追防中看到❼补防⑧，便和❼换防而去防守⑦。❻防守⑥时，应积极封堵他的传球和向中路运球突破，并迫使他向边线运球，以便创造夹击的条件。此时，应根据球和人的位置变化而随时调整位置，控制对手，并随时准备夹击和断球。

示例三：如图 3-151-2 所示，当⑥被迫沿边线运球前进时，❽、❼、❺、❹都应对场上情况有所了解，并根据场上情况及时地调整位置。当❺发现⑥运球靠近自己时，就大胆地放弃⑤而去堵截⑥的运球，同时❹应放弃④而去防守⑤并准备断球，❼去防守④，❽去防守⑦，在追防中发现同伴堵截和换防后应迅速地去防守⑧。堵截和换防都要求在很短的时间内完成，有时它是一系列的连锁反应，这就要求队员之间的配合及时而默契，每个人不仅要有断球的准备，而且都要有补防和换人的意识。

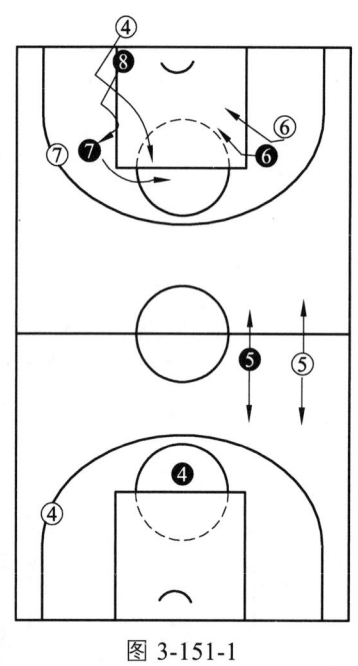

图 3-151-1

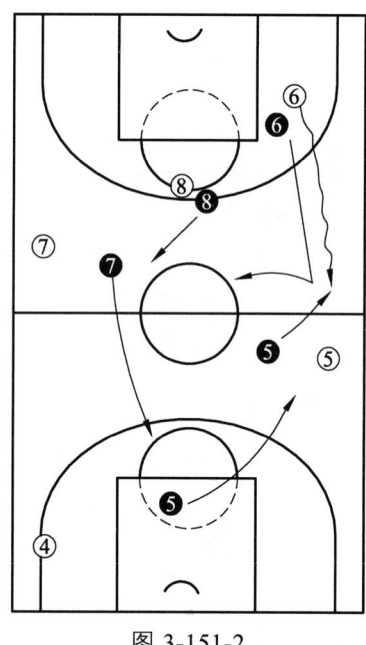

图 3-151-2

4. 夹击

示例一：如图 3-152-1 所示，⑥运球从中路突破时，❻应积极伴随移动，然后，有意地让他超越自己半步，当⑥以为有机可乘而加速运球推进时，❼及时果断地放弃自己的对手，突然上去堵防⑥的运球，迫使⑥停止运球，❻和❼密切合作，积极行动，对⑥进行出其不意的夹击。夹击时，❻和❼要封堵⑥向其他队员传球的角度，使之因慌乱而产生失误和五秒违例。此时❽和❹依图示换防，并准备断截⑥可能传给⑦或⑧的球。❺及时调整位置，兼防④和⑤，并随时准备断⑥的远传球。

示例二：如图 3-152-2 所示，❻防⑥时，诱使⑥向边线运球突破，但⑥在防守移动中仍要紧紧地伴随并保持在⑥侧前方。当⑥企图快速运球超越❻时，❽放弃⑧，突然从后面跑上去抢⑥的运球，或者同❻配合迫使⑥停止运球，造成对他的夹击。此时，❺及时调整位置封断⑤的接球路线，❼准备

补防⑧并准备断⑥传给⑧的球，❹准备断⑥传给⑦或④的球。

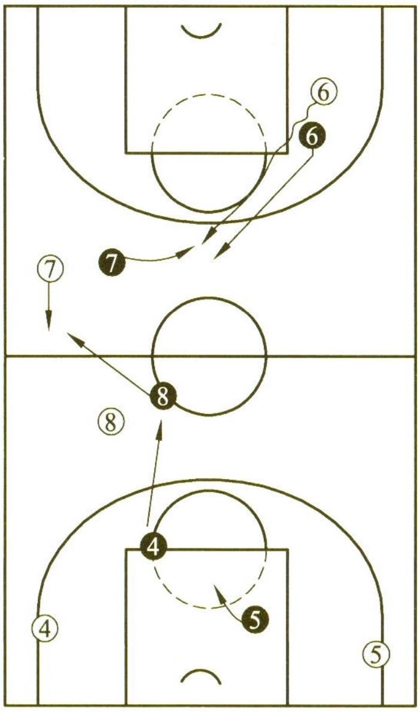

图 3-152-1 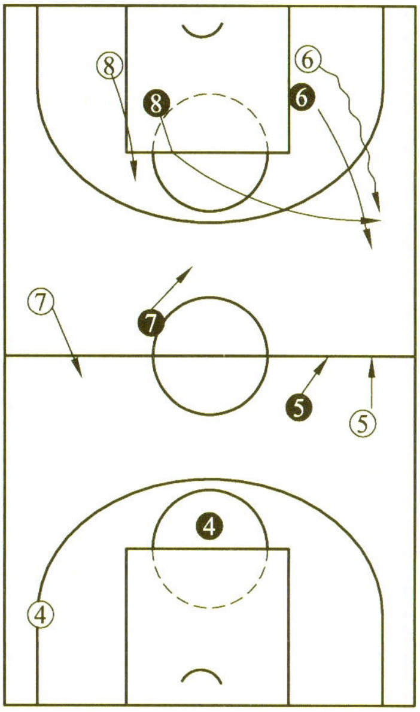　　　　　　　图 3-152-2

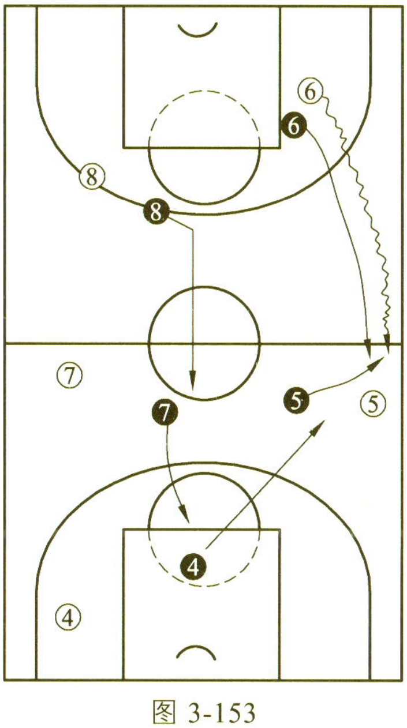

图 3-153

示例三：如图 3-153 所示，❻有意让⑥沿边线运球突破，但要保持在⑥

的右侧方紧紧跟随其前进。❺待⑥运球加速将越过中线时，突然上前堵截，迫使⑥运球停止，同❻夹击⑥。夹击时，❺和❻要面对持球的⑥，❺和❻两个人的脚步位置约成九十度，二人之间的距离应缩小到使持球的⑥无法运球通过的程度。夹击时手臂要上举（手臂随着对方手中球的移动而挥动，但身体不要接触⑥，以免造成犯规），以防⑥将球传给暂时没有人防守的⑤。与此同时，❹应迅速调整防守位置，补防⑤并准备断球，❼补防④，❽撤回兼防⑧和⑦。

（三）全场紧逼人盯人防守战术的运用

1. 由进攻转入防守时，找人落位要快，要及时。对持球队员和离球近的队员的防守要逼紧，给持球队员以威胁并尽量不让无球队员接到球。对离球远的队员的防守可适当松一些，以能控制对手接球为原则，选好位置和距离，随时准备抢、断长传球。

2. 每个防守队员以看住自己所防守的对手为主，并做到"人球兼顾"。在近球一侧防守时，警惕对方企图摆脱，当对手进行掩护配合时尽量不交换防守。在远离球一侧防守时，要眼观全局，根据场上的具体情况，必要时大胆放弃自己防守的对手，以便及时地进行补防、堵截、夹击和抢断球。

3. 防守还没有运过球的持球队员时，要堵中路放边线，堵强手（习惯运球的手）放弱手（不习惯运球的手），迫使他用弱手向边线运球，以便创造夹击、断球的机会。

4. 要积极主动地创造夹击的机会。夹击时，行动要果断，配合要默契。其他队员要及时调整位置，伺机断球反击。

5. 运用全场紧逼人盯人防守战术的时机要得当。一般在下列几种情况下运用较合适：

（1）两队相比本队在速度、灵活性方面优于对方时。

（2）对外围控制球的能力差，突破欠佳而中、远距离投篮比较准的队时。

（3）对方体力不足或不支，为了更加消耗对方体力时。

（4）对方缺乏比赛经验或缺乏进攻全场紧逼训练时。

（5）突然变换战术，出其不意，攻其不备时运用。

6. 比赛中，以全场紧逼人盯人防守战术为主时，在防守的节奏上应有所变化，要等待时机，骤然而上制造对方的混乱，扩大比赛的战果。

（四）全场紧逼人盯人防守战术的练习方法

1. 全场一对一防无球队员或防运球队员的练习

防无球队员的练习，主要使防守队员掌握和提高脚步动作及其综合运用的能力。防运球练习，是使队员掌握在移动中利用脚步动作抢占有利的位置，迫使对手向边线运球的方法，并提高对运球队员的防守能力。

2. 全场二防二的练习，进攻队员只能用传切配合，不准运球

防守队员利用积极地脚步移动抢占有利的位置，封阻对手的接、传球路线，并争取断球。

3. 全场三防三的练习

如图 3-154-1 所示，④掷界外球，❹封阻④的传球，❺防止⑥接球，❻选择好位置和距离，控制⑥插中接球。④传球进场后，❹和❺可以利用传切，掩护等配合将球推进到前场。❹和❺紧逼各自的对手破坏其配合，并争取断球。而❻在控制⑥接球的同时，注意补防和断球。

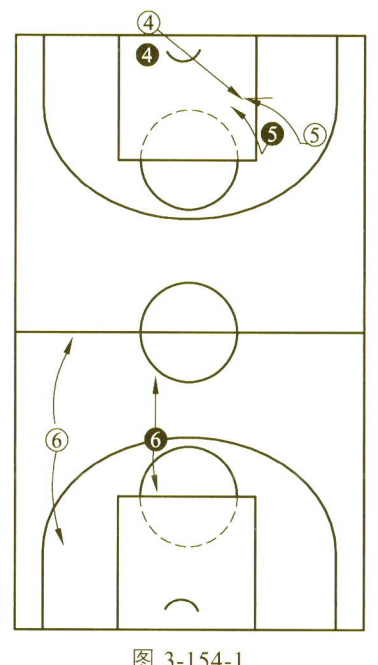

图 3-154-1

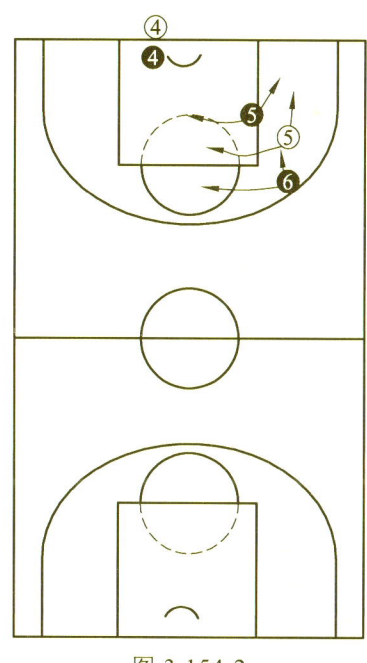

图 3-154-2

4. 全场以多防少的方法练习夹击配合，提高夹击能力

（1）全场三防二：如图 3-154-2 所示，❹防守④时应积极挥臂封阻④的发球角度。❺防守⑤时不让其接球。❻为练习夹击的队员，❻与❺协同配合分别站在⑤的侧前和侧后，形成对⑤的夹击。如果⑤接到④的传球并运球时，则❺和❻迫使其停球并对其夹击。夹击时防守队员要利用身体和挥臂的动作封阻其传球路线，造成其传球失误或五秒违例。❹此时要紧紧盯住④，并随时准备断球。

（2）全场四防三：如图 3-155-1 所示，❹封阻④的传球。❺和❻站在对手的侧前方防守，不让对手接球，并随时准备断球。❼担任游击，伺机与❺或❻夹击对方，不让对手接球或造成五秒违例。如果⑥接到球后运球时，❻和❼应迫使对手停球并进行夹击。❹和❺紧紧盯住自己的对手，造成对方进攻的失误或违例。

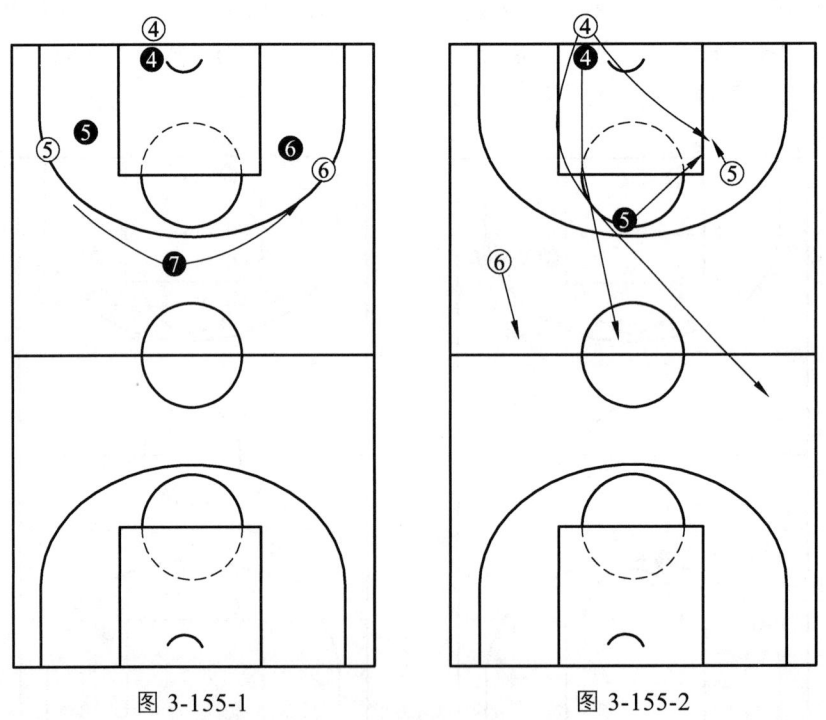

图 3-155-1　　　　　　　　图 3-155-2

以上两个练习，对防守队员总的要求是：以球为中心，不分时间和地点，出现机会，就进行夹击。在夹击的过程中不断改进配合的方法，提高

夹击的意识和能力。

5. 全场以少防多的方法练习

补防和断球：如图3-155-2，❹紧逼并侧重左（右）侧封阻④的传球；⑤和⑥只允许在原地上一步接球。❺防守⑤和⑥，❺按❹的重点防守方向，决定自己应侧重防守⑤或⑥，并做好断球准备。如果④把球传给⑤，⑤接到球后不准运球而只允许传球，❺应及时紧逼⑤并封阻其向⑥的传球。❹在④传球的同时，快速跑去补防⑥，并做好断球的准备。如果④传球后跑到如图所示的位置，此时，❹应侧重防守④，如果⑤将球传给⑥，应防守⑥，而❺则防守④和⑤。依次类推，攻方投篮或守方断得球则结束。此练习的要求是，防守队员不允许落在球的后面，一旦落在后面，必须全速跑向球的前面，并进行补防，同时做好断球的准备。

6. 由进攻转入防守的全场紧逼人盯人的练习

二对二、三对三、四对四的任一种形式均可。从半场开始练习攻守。进攻组，投中或失球应立即转入防守，尽快找人并到位。由守转入进攻时，速度要快，先得10分者为胜。

（五）进攻全场紧逼人盯人

为了有效地进攻全场紧逼人盯人防守，队员应对这种战术的方法和特点有充分的了解，并能根据进攻全场紧逼人盯人防守的基本要求，有针对性地结合本队的具体情况去组织进攻配合。

1. 进攻全场紧逼人盯人防守的方法

进攻全场紧逼人盯人防守的方法是多种多样的，主要的是要结合本队的具体情况，如身体条件、技术特点等，组织适合本队特点的进攻战术。下面介绍利用边线一侧传球切入造成以多打少的进攻方法。

如图3-156-1所示，当对方投中或罚中后，⑧快速地拿球跑到场外准备掷端线界外球，其他四个队员也按预定阵型快速站好进攻位置。⑥和⑦落在后场罚球线沿长线的两侧位置上，⑤落在后场左侧接近中线的位置上，④落在前场右侧接近中线的位置上。每个位置上的队员都有预先规定好的职责，依次互相联系，密切配合，从而取得行动上的一致。如图3-156-2

所示，⑧拿球跑向端线时即为发动进攻配合的信号，当⑧在端线掷界外球时，⑥向罚球线方向横切，并做积极要球假动作以吸引❻的防守注意力。在⑥做上述动作的同时，④先向前场跑，然后突然反跑到⑥原来的位置附近接⑧的传球。⑦在⑥、④做上述动作的同时，快速跑到与球同侧的中线附近接④的传球，并及时准确地将球传给跑向前场左侧的⑥。⑧掷界外球后应快速从中路切进，并准备接⑥的传球。⑤在⑥、④、⑦做上述动作的同时也假做回后场要球的动作，随即快速反跑向前场，同⑧和⑥造成以多打少的有利局面。上面列举的进攻方法是由一连串的空切和传、接球动作组成的，避免了运球，而且队员之间保持了一定的距离，因此，对方难以组织夹击。进攻全场紧逼人盯人的方法，也可选用掩护、策应配合或由两者综合组成的战术。

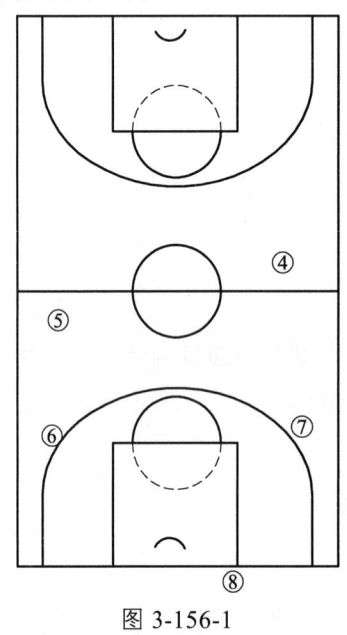

图 3-156-1

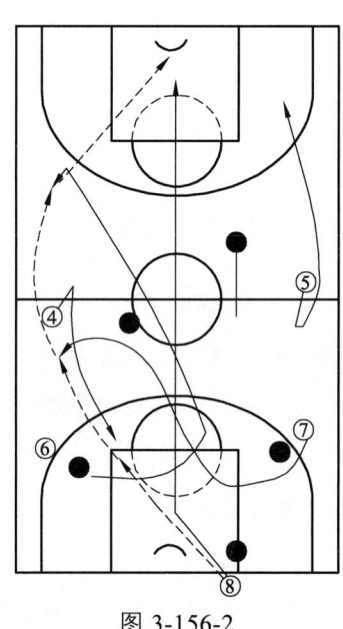

图 3-156-2

2. 进攻全场紧逼人盯人防守时应注意的问题

（1）遇到对方采用全场紧逼人盯人防守时，场上的五个队员思想要统一，行动要协调一致。思想上要沉着、冷静，千万不可慌乱。

（2）进攻队员在场上的位置要分布得合理，彼此间要注意保持一定的距离，拉开对方的防区，增加防守者相互协助的困难，以利于重点攻击和

个人突破。

（3）利用有组织地快速移动和及时准确的传球，加快进攻速度，趁其阵脚未稳，争取以多打少，或利用简单配合攻击对方的薄弱环节取得进攻上的主动，动摇对方的信心，瓦解其士气。

（4）无球队员不要给持球的同伴去做掩护，更不要急着靠近持球的同伴和向他要球，以免把防守自己的对手带过去，使其便于协助防守，给持球的同伴增加困难。

（5）不要盲目地运球，更不要热衷于个人运球，否则，既减缓了本队进攻的速度，又容易被对方夹击，使自己陷于被动。要争取多用快速的短距离传球，尽量少用高吊球和长传球。

（6）确实处在非常不利的局面时，宁可造成跳球也不要勉强地传球或盲目地处理球。

六、区域紧逼防守和进攻

区域紧逼防守，就是由进攻转入防守时，每一个防守队员都要按照战术要求，迅速落位，对进攻队员加以逼、堵、追、抢、夹、断，不让对方自由行动，积极地破坏对方战术配合的一种攻击性的防守战术。这种防守战术，是把区域联防和紧逼人盯人防守二者的优点，兼收并蓄地融合在一起而发展起来的。因为紧逼人盯人防守由攻转守时，常会由于看不到自己的防守对象而造成漏防。区域紧逼是每一个防守队员都有相对固定的防区，分工明确，快而不乱，不易漏防。而且像区域联防一样，把快速、灵活、机警的队员放在前面，进行逼、堵、追、夹，把高大队员放在后面，断、抢、封、盖，更有利于充分发挥每个队员的特长。

（一）区域紧逼的形式

区域紧逼有全场区域紧逼、3/4场区域紧逼和半场区域紧逼。全场区域紧逼，从对方发界外球开始，就竭力不让对方顺利掷球入界，进行全场的争夺，这是最积极的一种。3/4场区域紧逼，是从前场罚球线附近开始（即最前面的防守队员是在罚球线附近）与对方争夺。这种区域紧逼，有较从容的时间去观察、准备，因而比较稳妥，但不如全场的积极。

半场区域紧逼，是在半场中使用，既像紧逼盯人，又像扩大了的区域联防。有些队就不能适应这种防守而陷于被动。区域紧逼的形式不同，作用也就不同。运用时主要是根据双方的特点酌情掌握。最常用的区域紧逼是全场的 1-2-1-1，2-2-1，1-3-1，和 1-2-2 等几种阵型。如图 3-157-1 所示，是 1-2-1-1 全场区域紧逼。这种阵型的防守重点是在前场，用三名快速、灵活而机警的队员，从一开始就不让对方顺利地发界外球入界。当球进场时，积极地逼、堵、追、夹、断。这种阵型，前场人多，但后场比较空虚，是其弱点。如图 3-157-2 所示是全场 2-2-1 区域紧逼。这种阵型，对付控制球能力差，长传不准的队，很有效。但其缺点是后场防守比 1-2-1-1 更加空虚。如图 3-158-1 所示是全场 1-3-1 区域紧逼，防守的重点是在中场附近，旨在左中场附近形成夹击。因此，这种阵型的防守，就不能在对方刚一发球时，形成气势汹汹的压力，但前场冒险性较小，漏人时较易补防。对手速度不够快的队可采用。如图 3-158-2 所示是全场 1-2-2 区域紧逼。这种阵型后场人多，对方不易长传，也不易漏人，但不能在对方一开始发球时就施加强大的压力。全场区域紧逼，从一开始就要积极封堵对方发界外球，或是放弃封堵对方发球的队员而对接应一传的队员进行二夹，即对最近的接应队员两个防一个，不让接应队员接球，造成对方五秒违例。3/4 场区域紧逼，是最前面的防守队员一开始站在罚球线附近，等对方发球入界以后再伺机进行攻击。

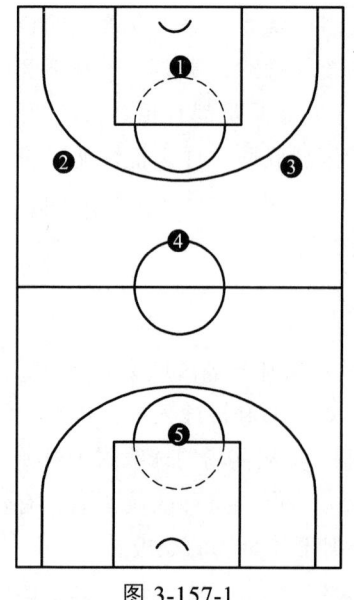

图 3-157-1

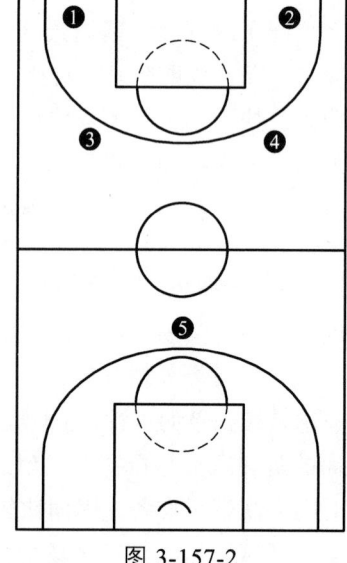

图 3-157-2

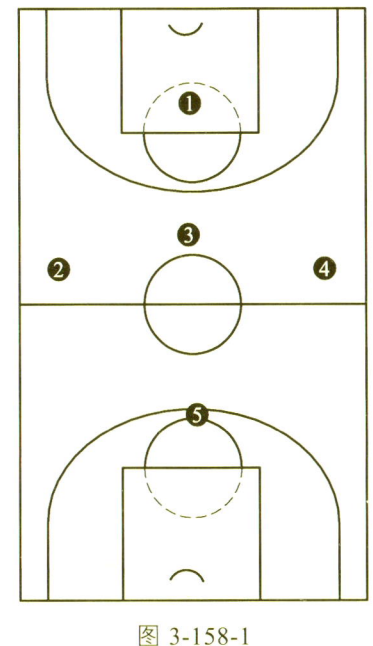
图 3-158-1

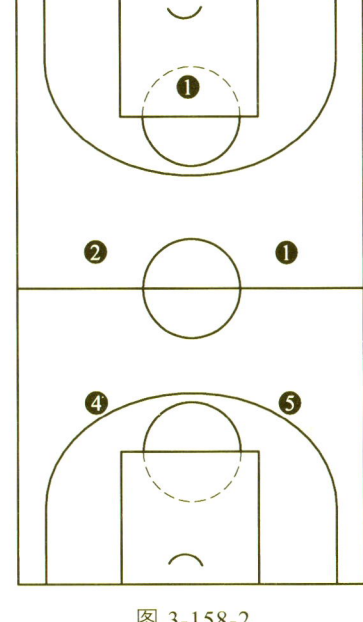
图 3-158-2

1. 对三条防线队员的具体要求，全场区域紧逼，通常是把球场分为三等分，前场为第一线，中场前后为第二线，后场为第三线。

2. 第一线和第二线的队员应当是机警、反应快、判断好、速度快、顽强的队员。因为对方控制球的核心队员，都是技术全面，脚步灵活而快速，意识强的队员。如果让这名队员轻易突破，就会引起全线防守混乱。

3. 突前队员的主要任务：

（1）封堵界外发球队员的传球，或封堵进行夹击，接应一传的队员，竭力不让他接球，迫使对方五秒违例。

（2）对方掷球入界，要迫使持球队员向边线运球，有利于造成夹击，决不能让对手从中间运球突破。

（3）在前场两侧与同伴夹击有球队员。

（4）当球从两侧已经攻入守方的后场时，要及时地撤到中间地带，协防补漏。

4. 二线队员的主要任务：

（1）不让自己防区内的队员接应界外球。

（2）当突前队员追防运球队员时，要及时、果断地选位，堵截并夹击运球队员。

（3）当另一侧将要形成夹击时，要判断好断球的方向和时机。

（4）当球从另一侧传入后场时，要迅速从中间后撤，补防。自己漏人时要全力追防，并和同伴交换防守。

5. 第三线队员的条件应当是身材高大，弹跳好，善于断高球，善于封盖和抢篮板球。他们的主要任务是：

（1）当对方发界外球时，要迅速退回后场，并要严防对方用高吊球长传偷袭。

（2）要喊话，指挥前面的同伴，调整防守位置。

（3）前面有人漏防时，要迅速补防。

（4）球在场角时，要上去和同伴协同防守持球的进攻队员。

（5）进攻队员投篮时，要控制篮下的位置，准备抢篮板球，反击。

（二）全场区域紧逼防守示例（1-2-1-1）

如图 3-159-1 所示。当本方投中以后，❶要迅速迎前干扰①传球。如果①把球传给了②，❶要立即奔向②并❷与夹击②。如果②接球以后突破，❷要紧追不舍，争取和❶在中线死角的地方夹击②。当❶和❷夹击②时，❸要准备断②横传给①的球。❹要准备断传给③的高吊球。❺要准备断传给④的球，并要兼顾⑤。如图 3-159-2 所示。在上述阶段中的防守要注意：① 在对方发界外球时，❹和❺要防止对方的长传偷袭。② 对方掷球入界时，要尽量迫使对手把球传向或运向边线，绝不能让对方从中路突破。③ 追堵和迎前夹击时，不要冲撞对方，要保持一定的距离。挥舞手臂，封堵传球，不要随便伸手打球，要避免犯规。

如图 3-159-3 所示，当②突破时，❷要紧追，❹要迎前夹击②。这时❺要准备断传给④的球❶要从中间后退，既防①又防③，❸要补防❺。

当对方从边线突破时，这段时间内最重要的是轮换补位，并准备断球。如果对方是逆时针方向突破，就顺时针方向轮转补位。如果是顺时针方向突破，那就要逆时针方向补位。在轮转补位时，要从中间走近路，先收回来，再补位。

第三章 篮球技、战术基础与技术对抗练习

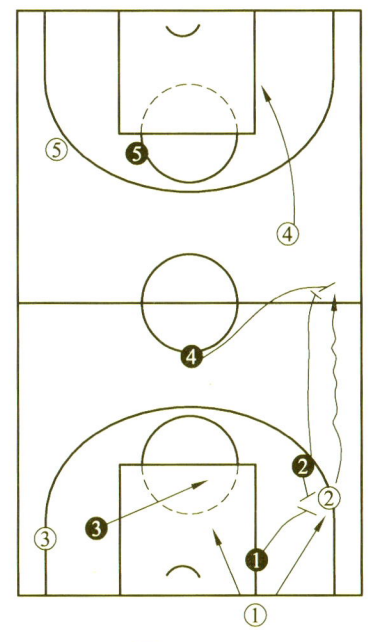

图 3-159-1　　　　　　　　图 3-159-2

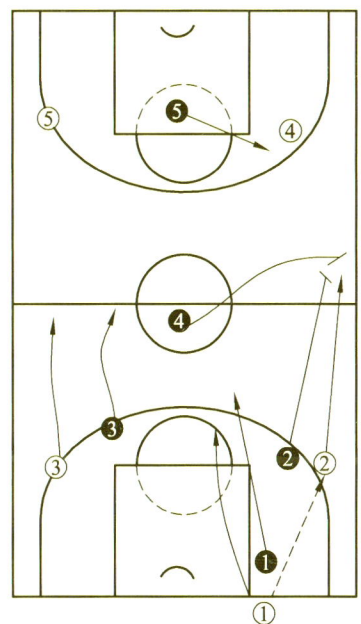

图 3-159-3

如图 3-160-1 所示，当球由②传到④时，❷要随球上去与❹夹击④。❺要竭力抢在⑤的前面防守。❸要准备协防，防止④用高吊球传给⑤，同时还要小心④远吊球给③。❶要准备断④回传给②的球。在这一阶段中，防守队员一定要随球迅速而及时地调整防守位置。特别是防中锋的队员要尽力争取绕前防守。距球最远的队员❸，他有三重任务：外线要兼顾两名进攻队员、准备断球，内线又要防止对方用高吊球传给中锋。这个位置的队员是处于以少防多的情况，要加倍警惕，千万不能掉以轻心。

如图 3-160-2 所示，当⑤一旦得球，❷要回身从下面掏抢⑤的球。❶后撤堵住底线，❺要准备封盖⑤的跳投。❷、❺、❹三人围守⑤，使⑤不能自由行动，迫使他向外传球。❷、❹通要警惕②和④伺机溜掉。❶准备断传给②的球，❸要准备断传给①和③的球。

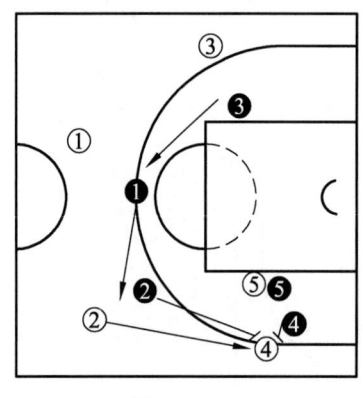
图 3-160-1

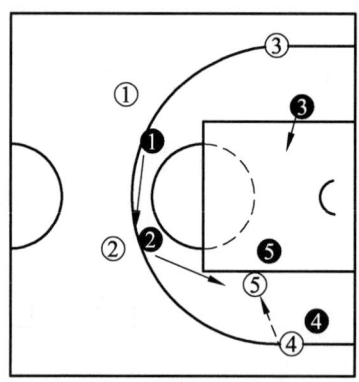
图 3-160-2

（三）区域紧逼的练习方法

1. 防接球和防运球练习

如图 3-161-1 所示，❶严密防守①，不让①接球。当①接到球以后，守者要迫使他向边线运球。防守者的左脚约与球平行，相距一步。防守者的右肩对着运球者的右肩，这样做的目的是使进攻队员不能向右运球，迫使他运向边线（这就是堵一边，放另一边）。

要求：防守者正确选位，重心要降低，要快速全力地滑步，左手在下防其变向运球，右手在侧威胁他的运球。

2. 迎前迫使运球者停球的练习

如图 3-161-2，当进攻者开始运球时，防守者要迅速迎上前去，用灵活的步伐，控制运球方向，不让对手突破。然后紧追，迫使对手停球，并随即上前靠近，分腿挥臂，防止对手传球。

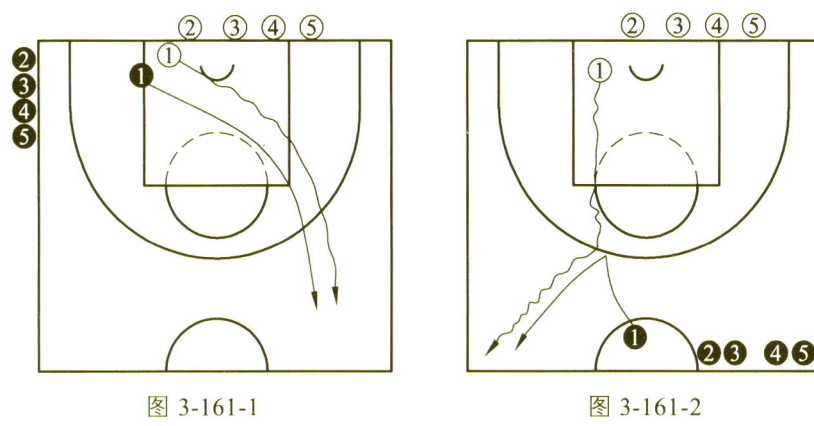

图 3-161-1　　　　　　　　图 3-161-2

要求：防守者迎前时，要先偏一侧控制其运球方向，并要全力紧追迫使其在③边线停球。对手停球时，要立即上去靠近，分腿挥臂，但不要打球，以免犯规。

（1）夹击断球练习：四对四如图 3-162 所示。当②把球传给①时，❷和❶两人夹击①。此时，❸和❹要迅速调整自己的位置，要移到两个进攻者之间，准备断球。

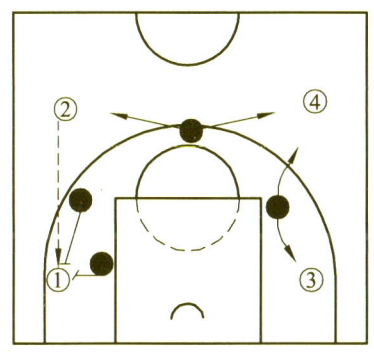

图 3-162

要求：进攻者只准传球，不准运球，也不准移动位置。传球被防守者断到时，攻、防交换位置。夹击者要积极移动，但不许撞人。

（2）四对四夹击补位练习：如图 3-163 所示，①开始运球时，❶要追防，并迫使①沿边线运球，在中线附近❶与❷夹击①。当❷迎前夹击时，❹和❸要按顺时针方向依次补，并随时准备断球。❶夹击以后，要迅速撤向中间，补防③。

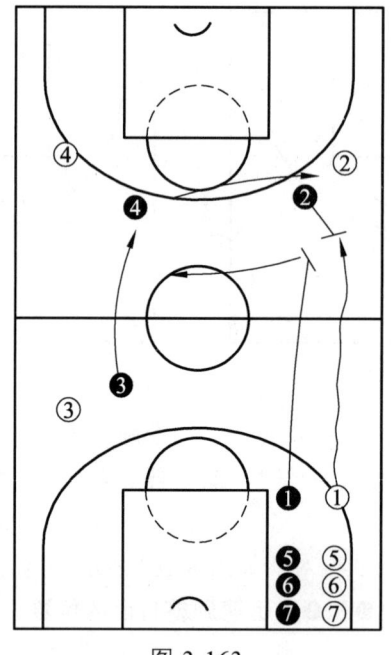

图 3-163

要求：❷迎前夹击的起动，是其它队员准备断球的信号，不要过早地移动补位。夹击的两名队员，要腿靠腿，不能让运球队员从两人之间漏掉或传球。

（3）五对五全场练习区域紧逼：先做投中以后，对方发端线界外球开始紧逼，然后再练习发后场边线界外球开始的紧逼。最后再练习从争夺篮板球开始的紧逼。

要求：由攻转守时，落位要快，找人要快。特别是从争夺篮板球开始紧逼时，距球最近的人要上去封堵，其它人更要尽快落位。

进攻区域紧逼进攻全场区域紧逼应注意的问题：

① 每个队员头脑要冷静，不要慌乱，要按照战术要求行动，不要蛮干。

队形要拉开，要保持适当的距离，不要挤在一起。

② 接球以后，不要先运球后找人。应当先观察全场，要保持屈膝，准备突破的姿态，使对手不敢逼近，然后根据情况，决定运球突破或传球。

③ 一旦开始运球，要从中路突破、不要向死角（陷阱）运球，也不要随便停止运球。

④ 无球队员不要给运球的队员去做掩护，因为这样就带过去一个防守队员，使运球者易遭夹击。

（四）进攻全场区域紧逼战术示例

1. 如图 3-164-1 所示，利用运球突破

发界外球时，②要正对①，这样❷就难能防住②接球。❷如果偏左站，①就向右传球。如果偏右站，①就向②的左侧传球。如果❸和❷两人夹击②，①就把球传给③。②一旦接到球，就向①切进的方向做一个前转身，面对全场，然后运球从中路突破到前场。这个方法适用于进攻队有一名善运球的队员，其它人拉开，用一对一的方法进入前场。

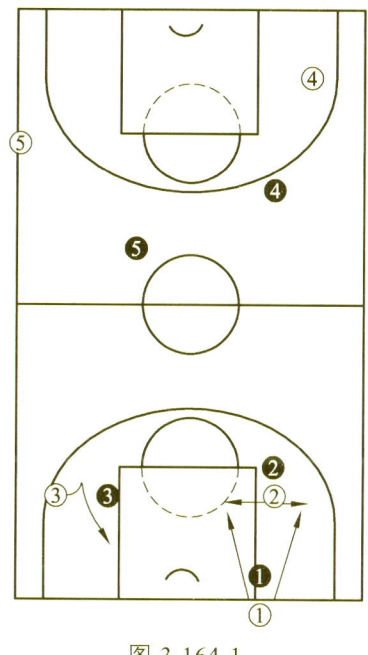

图 3-164-1

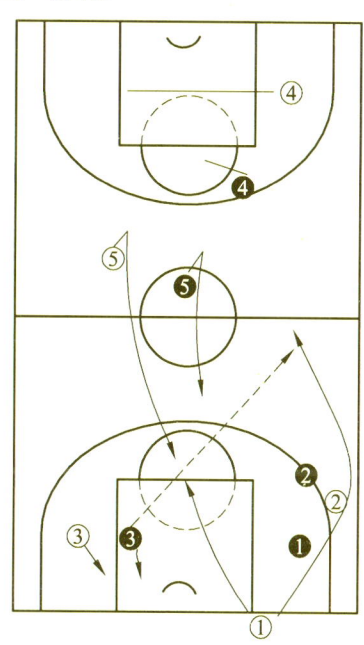

图 3-164-2

2. 利用传切进攻

如图 3-164-2 所示，当②和③接不到球时，⑤先向篮下移动，然后突然折回后场插向中间接球。接球后前转身面向全场，将球传给奔向前场的①，或传给横切的④。⑤传球后跟进，接回传球或抢篮板球。

3. 利用后掩护摆脱，接球突破

如图 3-164-3 所示，①传球给摆脱防守的③，然后利用②的后掩护绕向③的一侧，接③的球，运球直奔篮下。遇到堵截时，可酌情分给④或⑤。此方法在开始时，要拉开一边。

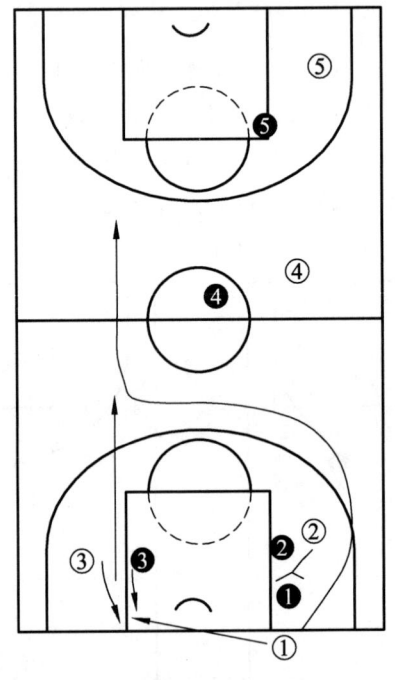

图 3-164-3

（五）进攻区域紧逼的练习

1. 一对一全场运球突破

运球突破是进攻各种紧逼的重要手段。一对一运球突破时，要用急停、急起的变速甩掉防守者。或者用体前变向、背后变向、横滑步运球，逐步运到前场。

要求：练习一对一运球时，要眼观全场，不要只低头看球，要会保护球，球要保持在距防守者远的一侧，要左右手都会运球。

2. 摆脱防守接球的练习

被紧逼时，能较顺利地发进界外球，可以减少五秒违例和失误。如图3-165所示，②和③要用突然地起动和变方向跑，摆脱防守接球。

要求：②和③起动时要突然，要全力以赴，特别要注重在第一步时就要全力蹬地。①掷界外球时，要突然、有力、及时、到位。

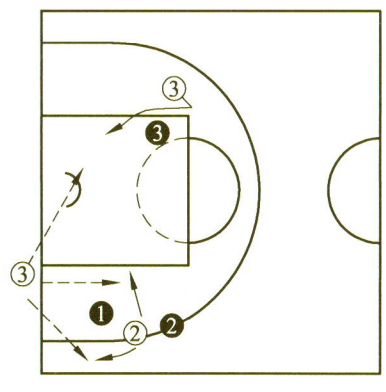

图 3-165

3. 传切配合练习

用一传一切的配合进攻紧逼，不仅在速度上比运球突破快，而且对方很难夹击，也很难补防。如图 3-166-1 所示，②要先向前场跑出一两步，然后突然折回接①的传球。①传出球以后，要迅速向前接②的回传球。当①接到球时，③也要先向篮下移动，然后折回接①的传球，再回传给①上篮。做完三组练习以后，按顺时针方向换位。

要求：起动要突然，快速奔跑，传球要迅速有力。

4. 五对五练习

图 3-166-2 所示，②和③平行站立，③先迎球，然后绕向边线并向前场快下，②趁机横切接①的传球。④先做迎前接球的假动作，然后摆脱❸的防守接②的传球。④接球以后，传给篮下横切的⑤，⑤可自己进行攻击，也

可传给切向篮下的④或③上篮。

要求：先在消极防守情况下练习，防守者要保持正确的防守位置，不要故意堵截。然后在积极防守情况下练习。

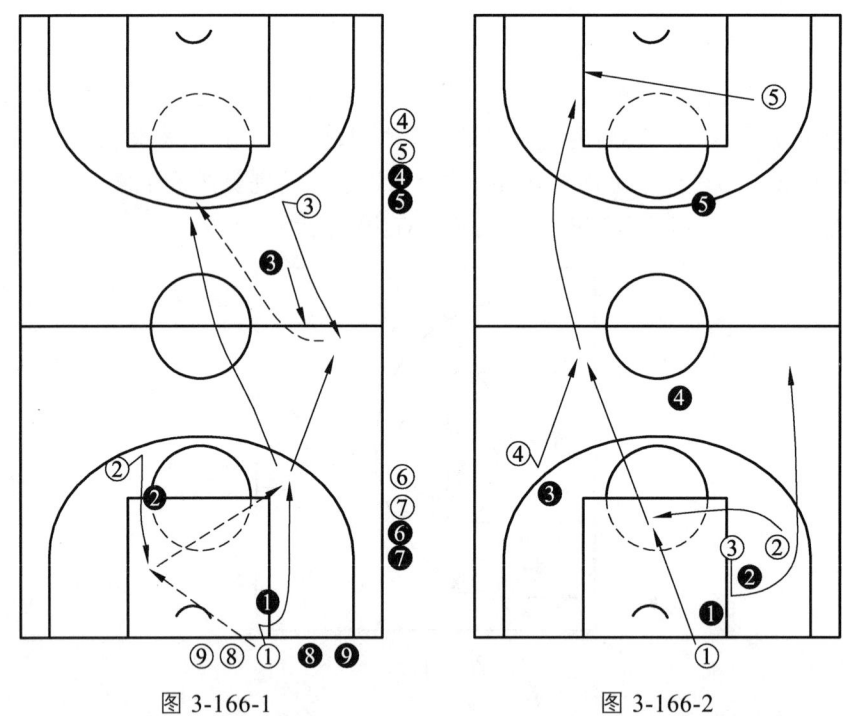

图 3-166-1　　　　　　　　　图 3-166-2

（六）在教学比赛中练习进攻区域紧逼

教练员可规定在每次投中以后立即进行区域紧逼。或在半场人盯人防守、联防中，利用暂停，教练员布置某一方改为区域紧逼，考验另一方应付突然出现区域紧逼的应变能力。

七、混合防守和进攻混合防守

（一）混合防守

我们在观看篮球比赛时，常常看到，某队中有一名投篮很准或组织能力很强的队员，防守队为了减少他得分或破坏进攻队组织配合，常常用一名队员死死地缠着这个投篮准的队员或组织队员，而其它人站成联防的阵式，这就叫混合防守，上面说的是一人盯人，四人联防的混合防守，它是专门对付进攻队员中有一名突出队员时采用的一种防守方法。

1. 一人盯人，四人联防的防守方法

如图 3-167 所示，假如③是投篮很准的队员，防守队员❸采用紧逼盯人死死缠住③，其他四名防守队员站成 2-2 联防形式。第一线的❹和❺防守圈顶和罚球线两侧地区，并协助防守③，第二线的❶与❷防守中区，控制限制区和篮下两侧。当进攻队员③利用同伴掩护时，其他防守队员要让路并协防。

图 3-167

2. 一人盯人，四人联防的防守要求

（1）负责盯人的队员，要大胆紧逼对手，尽量不让他接球，如果进攻队员来掩护，尽量不换人。如果被盯的队员空切、反跑，负责联防的人要协助防守。

（2）防守联防的四名队员，基本上按联防原则去防守，并要积极移动，控制防守面积，当被盯的队员穿插、空切时，要采用补防、夹击来协助防守。

（二）进攻混合防守

当遇到混合防守时，首先应该判断是什么样的混合防守，然后再采用相应的进攻方法。如果是一人盯人，四人联防，进攻队应该沉着、冷静，特别是被盯住的队员，不要惊慌失措，乱跑、乱窜、急于个人摆脱，应充分利用同伴的掩护摆脱防守或给同伴掩护，使同伴摆脱防守获得良好的投篮机会。

1. 进攻一人盯人，四人联防的几个示例

（1）被盯的人利用同伴的掩护摆脱防守的进攻方法，如图 3-168-1 所示，假如③是被❸盯住的队员，③可以和中锋①站在一起，利用①的掩护摆脱防守，如果防守❸站在③的内侧，①在外侧掩护，③摆脱❸接⑤传来的球投篮。如果❸在③的外侧防守，如图 3-168-2 所示，则①在❸的内侧掩护，③可以插入限制区内，接⑨或④传来的球进攻。

（2）被盯的人给同伴掩护，使同伴摆脱防守的进攻方法，如图 3-168-3 所示，假设③是被盯的队员，他仍和中锋①站在一起，此时③给①掩护，使中锋①摆脱❶的防守接⑤传来的球进攻。

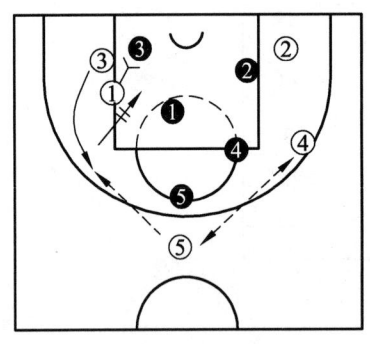

图 3-168-1

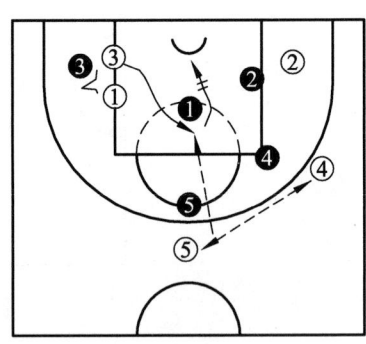

图 3-168-2

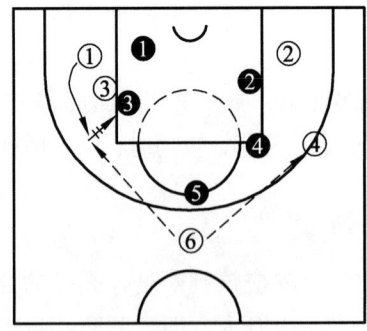

图 3-168-3

2. 进攻混合防守的要求

（1）进攻队应沉着、冷静，看清楚是什么样的混合防守，根据防守的形式和特点，及时调整进攻队形，充分利用混合防守的弱点，有目的快速传球，制造防守漏洞，攻其薄弱环节。

（2）根据防守人的位置，利用定位掩护和行进间掩护，造成防守队员交换不及来解脱被盯住的队员，被盯住的队员也可以给同伴掩护，使同伴摆脱防守创造良好的进行机会。

第四章　篮球选项实践教学内容选编

由于篮球比赛中的技术结构表现为不确定性、非程序性、非机械性、非周期性的特征。它是一连串相对整体化的技术动作组合，在形式上体现对抗的本质，在对抗中存在和包含原有技术动作动力定型与临场创新动作技术相结合运用的、真与伪的随机应变以及即兴表演的成份等。因此，篮球比赛提出了对思维的高要求、高标准、高强度。其主体的思维模式是面对问题的出现—提出解决问题的方案—执行实施方案的过程。[11]篮球规则用带球走和非法运球去限制持球队员的运动速度与运动形式是篮球运动的特色。与非球类运动如田径短跑中依次出现的四过程有本质上的不同。它是赛前训练所获得的动作经验在临场的稳定再现，有相当的主观性因素。技术水平表现为动作的确定性，他是一个程序化动作逐个出现的流程。篮球比赛的过程是一个不断解决问题的过程。所以，篮球运动教学不仅有技术动作技术方面的内容，还有心智能力方面的教育教学内容，就比赛过程而言，心智能力将成为篮球比赛中关键的因素。因此，篮球运动教学内容多而杂，在篮球选项学时有限的情况下，选编了一些从理论层面的教育教学内容，供实践教学参考。

第一节　中圈跳球

一个爱好篮球运动的初学者，怎样才能懂得打前锋、中锋和后卫的一些门路呢？下面就假设你要参加一场篮球比赛，我们试做向导，提供一些参考意见。为了便于记忆和叙述，这里根据比赛的一般情况，按照中圈跳球、怎样防住对手、从防守转入进攻、阵地进攻、核心队员的作用、比赛中假动作的运用作概要的介绍。这样你上场后心中有数，到时候就不会在场上盲目乱跑了。比赛前二十分钟，你要做好下面三件事：

第一，做好充分的准备活动。这样不仅可以避免受伤，而且在比赛一开始，你就能适应紧张而激烈的比赛，发挥出自己的水平。不然的话，打一会儿你就要上气不接下气，四肢无力，心有余而力不足。

第二，在准备活动的同时，如果对方也在场上活动，你要注意了解对方的特点，做到心中有数。

第三，在记录台宣布离比赛开始"还有三分钟"时，要冷静地听取指导的意见和要求，要明确自己的任务，然后就准备上场比赛了。

图 4-1

当比赛开始在中圈跳球时，一般两队是由中锋跳球。应当指出跳球时要派本队弹跳力好的队员去跳，球跳在自己队员手里，马上发动进攻就可能得两分，应当每球必争。开局有利，对本队的队员很有鼓舞作用。站位如图 4-1。后卫要站在便于防守对方快攻的位置，也就是站在离本方篮较近的位置，前锋站在便于接球的位置。跳球时，可能出现如下三种情况：

（1）本方中锋跳不过对方的中锋时。跳球时，如果事先看出本方处于劣势，那么，场上五个队员都要准备防住对方的快攻。为了不让对方在跳球时就打成一次快攻，在开始站位时，后卫一边可以多站上一个人。而且每一个人都要注意对方得球以后，不要让对方有人快下，偷袭上篮。

（2）对方中锋跳不过本方中锋时。跳球时，如果本方处于优势，就要利用这个有利条件，组织快攻配合。怎样配合、中锋将球拨给谁、谁快下上篮，都要按事前计划进行，争取利用跳球打成一次快攻。

（3）双方的中锋势均力敌，跳球时。如果估计不出哪方占优势，那么每一个队员都要积极争抢中锋拨出来的球。如图 4-1 所示，在一般情况下黑队（图 4-1 中黑色脚印）的跳球队员右手拨球时，是不容易把球拨到自己的右后方（即 3 区的黑色队员）。因此 3 区的白队（白色脚印）队员，应当注意本区内对方队员的快下，并应做好争抢拨到其它区的球的准备，抢不到时，就快速退守。跳球时，跳球的队员不要用力打球，这样做不但打不准，同伴不易接到，而且影响起跳高度。正确的动作应当是用手指的第一关节和手腕的力量将球点拨给同伴。其他队员的站立姿势应是两脚平行开立，重心放在脚掌上，屈膝，两臂在体侧微屈，眼睛注视着跳球队员的动作，以便及时、迅速地向任何方向移动或起跳。

第二节　怎样防守对手

跳球以后，球被对方控制时，就必须尽快按照事先规定的战术进行防守。如果是人盯人防守，就要迅速地找到自己防守的人。如果是联防，就要迅速地进入自己的防区。无论是采用哪种防守战术，每一位队员都要保持好正确的防守姿势和步伐，这是防住对手最基本的、也是最重要的要求。这些防守的基本步伐、位置、距离以及怎样调整位置在前面第二章第六节中"防守技术部分"已经讲过，这里只讲在比赛时还要注意些什么。

一、要了解对手的特点

只有充分的了解对手，才能合理地支配自己的行动，争取主动。例如：

对手是一个善于突破的队员，跳投并不很准。要防这样的对手，就距他远一些，重心要低一些，做好能迅速向斜后方滑步堵截的准备。如果你发觉对手只善于从一边突破，这就更好防了。如果你防的队员跳投较准，而且在某一区域某一点更准，那么，你在防守时，就可以距他近一些，而且需要特别注意，不让他在他投得最准的地方接球。不让接球，就要贴近他，侧面防守，掐断他的接球路线。同时要防他反跑。因此，为了要防住自己的对手，不管你是在哪一个位置都要了解对手，上场比赛以后仍然要了解对手，这才能针对对方的特点，对症下药地防住他。

二、对手投篮时一定要封盖、阻扰

任何情况下，不管在什么位置，只要对手投篮，一定要加以封盖，以影响其命中率。不管够得到或够不到，一定要跳起封盖。由于封盖的刺激，会影响全队队员的神经，破坏他原来的技术定型，也就影响了他的命中率。这是有生理学根据的，这里暂不细讲。应当提出的是，在近距离和篮下防守时，我们常常可以看到有的防守队员高举双手，站着不动，这样做能起到什么作用呢，难道你举起双手，对方就不敢投篮了吗？高举双手实际上和"缴枪投降"一样。这是一种最傻的自欺欺人的防守方法。应当在对方接球以后，用灵活的脚步移动占据合理的位置，堵住他突破。要屈膝（是重要的），当对方起跳投篮时，也随之起跳。单手上举，封堵其出手的路线，只有这样才能干扰或阻碍对方的投篮。要做到这一点并不容易，因为你要在不犯规的情况下，挡住对手的突破，同时又要及时而有力地起跳去封盖。这就要求防守队员，既有全面的技术、正确的判断，还要有良好的力量素质。

三、要注意协助同伴

一个好的防守队员，不但要防住自己的对手，而且还要能及时、有效地协助同伴。要做到这一点，就必须要有强烈的战术意识。简单说就是对篮球运动懂得多。在比赛中，你一看对方的动作，就能知道对方正在干什么和将要干什么，你有了预见性，这样你就事先有了准备。就是说，你在防人的同时，也能观察全场的情况，及时分析和判断对方要干什么。这样当同伴需要支援时,你就可以及时给予支持和帮助。能做到这一点,那么,在防守上你就可以一人当两人用。如果五名场上队员都能如此,无形中防守的力量就增加了许多。在协助同伴时的那些防守配合,只提醒一点,就是在防守时可以说话,提醒自己的同伴应当注意什么。例如,退守时,呼叫同伴快退守;防守位置不正确时,叫他往前一些,向左一点;防守中锋时,让某某保护……呼叫同伴是非常必要的,既能鼓舞士气,又可以提醒同伴,不应哑口无语;要彼此鼓励,不要埋怨;要讲积极的话,不讲消极的话,以免影响士气。

四、防守时以脚步积极移动为主、手为辅

在防守时,不管是防无球队员或防有球队员,主要是靠快速,灵活的步伐和顽强的意志。要紧防不舍,抢占有利的位置,切忌用手去捞一把,打一下。脚懒手"勤",是很容易犯规的。手臂的动作,在防守时应当只限于封盖、抢断、阻扰传接球的路线。防守时主要是靠脚的积极移动才能抢位、堵位、挡人……有的队员在防突破时,脚步只滑动了一两下,然后就停下来,伸手去捅一下、打一下,这样很容易犯规。应当用快速的灵活步伐,抢占有利的防守位置。

第三节　攻防转换

篮球比赛的过程,是一个进攻与防守相互交替转换的过程。它是连接攻守两大方面的纽带,攻守之间不存在过渡阶段,更没有"真空"地带。进攻结束的瞬间即是防守的开始,防守获得球的瞬间即是进攻的开始。谁在攻守转换中能做到积极、适度、快速、行动果断和灵活,谁就会取得比赛的主动权,继而争取比赛的胜利。比赛实践证明,攻守对抗与攻守转换之间是相互影响、互为条件的两个方面。攻防对抗激烈与否,表现之一是攻守转换速度的快慢,而攻守越来越快,又在很大程度上要求攻守对抗越来越激烈。因此,比赛中攻守对抗的激烈程度是攻守转换速度能否加快的关键因素。反过来说,攻守转换速度的快慢直接影响比赛中攻守对抗激烈

程度的高低。

从防守转入进攻是从下列三种情况开始的，抢到篮板球，抢、断到球和掷界外球，在这些情况下，你应当做些什么呢？

一、抢篮板球时

当对方投篮一出手时，不管你是前锋、中锋，还是后卫，首先要做的是挡住自己的对手，不让他冲向篮下。离篮下较远的外围防守者也不要忘记这一点。投篮时，球离手后，防守队员要立即注意进攻队员，判断他企图从哪一侧冲向篮下。要及时用前转身或后转身挡住他奔向篮下的最近的路线。转身时要张开两臂，以扩大控制的面积，这样依靠身体的接触和手臂的触觉，就可以感到对手的位置，把他挡在身后，眼睛要注视球的反弹方向、高度和前面人员分布情况，准备抢球。在篮下抢篮板球时，以距篮圈的垂直点两米左右为宜。太靠近篮下，容易被对方"拔帽"（在你身后从头上把球抢走）。抢到篮板球落地时，重心要稳，球要抱紧，随即转身。球在上，眼向前看，观察是否有长传快攻的机会，有谁在附近设接应，要根据情况迅速将球传出。如果无人接应，就要快速运球突破。如果发现有人堵截，在突破前先做一个传球的假动作，然后再传球或运球突破。切不可盲目低头运球，停球后再找人。这样不但要耽误快攻机会，而且很容易让对方上来夹击，造成失误。

二、抢、断球时

在一场篮球比赛中，一般来说，有不少抢断球的机会。防守时，如果防守队员是按照"人球兼顾"的要求，随时保持正确的防守位置，观察和了解进攻队员的动向，并有断球的意识和准备，就必然会有球可断。断球前，不要暴露自己的意图，要故作不知。但要机警地窥伺时机，一旦时机到来，就要迅速、果断地行动。如图 4-3-1 所示传球给⑤时，你防守意图可以稍松一些，让⑤觉得可以把球传给④。当⑤接到⑥传球以后，你就有所准备，主要是脚和腿要有所准备，重心要低一些，但不要露出要断球的意图。当球将从⑤手中传出时，你就用右脚用力蹬地，同时左脚前跨，伸出左手把球捅掉，并顺势冲向前去抢球快攻，也可以先用右脚蹬地，随即左脚蹬地，右脚跨向前，侧身跃出断球快攻。关键在于你的判断准确，起动迅速及时。当球即将离开⑤时，你的右脚已经开始蹬地，因此，断球前掌握身体重心的移动是非常重要的。两只脚站得很死，起动就慢，不易断球。重心要在两脚之间，起动时，重心要落在右脚上。

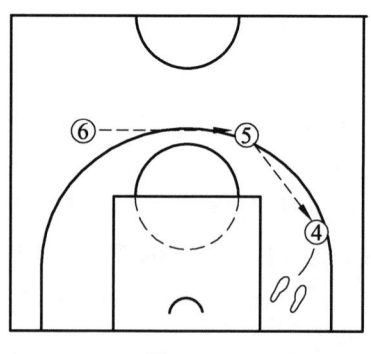

图 4-3-1

其他情况的断球要领一样，不再赘述。抢球有两种情况，一种是偶然出现的，另一种是在防守时主动去争抢的。偶然出现的是指对方接球未稳，落在附近。这时，你就要果断迅速起动，勇敢地去抢，要像短跑运动员一样，上体疾速前倾，两脚蹬地，冲上前去。抢到球不要停住，立即反击。如果你和对手同时握住一个球，就要用蹬地转身的力量，两手和前臂加上拧转的动作，把球争夺过来。这种抢球动作，在篮下抢对方刚接到的球或抢刚拿到的篮板球，大同小异，也不多讲了。

三、掷界外球时

对方失误、违例（如带球跑、两次运球、三秒、球出界）以及投中，场上出现了由本队在边线或端线外掷界外球的机会时，你应当做些什么呢？无论本队掷哪一种界外球，不管你是中锋、前锋或后卫，都要根据当时所处的位置来分担快发球、快接应、快下，决不能在场上观望徘徊。谁离球最近，而且距掷界外球的地方最近，就由谁来发界外球。如果球稍远一些，则可以把球传给掷球入界的队员，不要拿着球走过去，耽误快攻的发动。要争取时间，趁对方尚未做好准备就打成快攻。掷界外球者，首先要先向前看，是否有长传的机会，然后再看近处的接应。不参加快下的队员，应该在中间或其它适当的位置上，接应掷出的界外球。接球之前，对前后左右场上人员分布的情况要有所了解，这样才能及时地把球传到有利的位置上去。在比赛过程中，每当听到裁判员笛声和看到有的手势时，就要把它当做发动快攻的信号。看到掷球入界发动快攻的机会时，就要抓住一切可能发动快攻的机会。比赛中掷界外球的机会很多，不要马虎放过去。

四、攻守转换的练习

1. 练习一：追防

方法1：上篮后的追防练习。如图4-3-2、4-3-3所示，队员四人一组，④、⑤两人位于前场，❹、❺两人从后场起动，发动长传快攻，上篮后立即转为防守。

要求：上篮队员要把球投中，否则跟进队员补中，快下队员在同伴抢到篮板球后方可投篮。

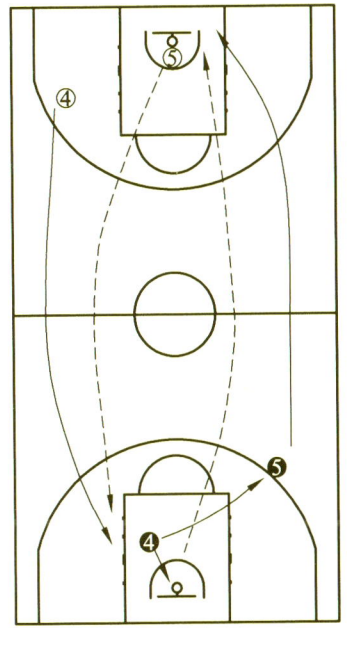

图 4-3-2

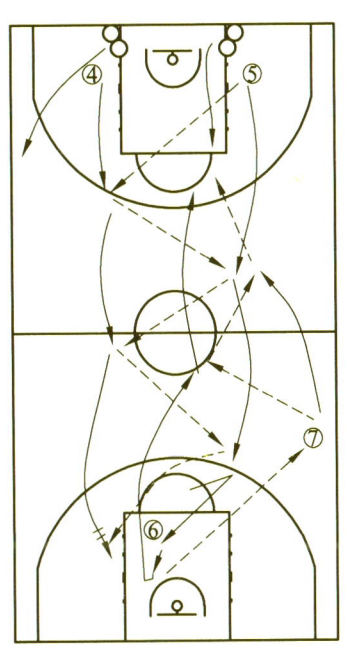

图 4-3-3

方法2：快攻一防二和全场向前推进，与在前场的另一人形成二打一。若进攻队员投中篮，防守队员抢到篮板球后与站在同侧边线外的同伴成两人推进到前场形成二打一继续同样的练习。否则防守队员从端线外掷界外球给站立于边线外的同伴形成长传快攻，全队依次进行。

要求：一防二时，防守队员要主动运用假动作；在未获得球前，位于边线外的同伴不得起动；原进攻组投篮后抢回篮板球时，应立即由攻转守追防对方，"送"过中场即可返回。

2. 练习二：半场攻守互转练习

方法：队员两人一组，从中场开始，进攻队员摆脱接教师传来的球后快速突破上篮。如果此球没有中，进攻队员可抢篮板球再次进攻，防守队员抢篮板球后快速向教师传出一传后，再接回传球向前场突破，原进攻队员由攻转防，快速跟进防守。如此往返进行。如果此球投中，把球交给教师重新进行一打一。

要求：进攻队员投篮后，双方要拼抢篮板球，攻守转换快，动作衔接连贯，可从往返一个来回逐步增加到三四个来回。

3. 练习三：全场攻守互转练习

方法1：全场一对一攻防互换。以两球篮的假想连线为假设线，把球场分为左右两侧，队员两人一组，一攻一防，进攻队员运球向前场快速突破，防守队员紧紧跟随防守。进攻队员在前场上篮投中后，防守队员掷界外球转换为进攻队员，从球场左侧突破返回。如此循环进行，要求同上。

方法2：全场二对二攻防互转。方法同本例方法1，不同的是由教师在球场右侧边线外掷界外球开始二打二。返回时也由一名队员发界外球。要求同上。

4. 练习四：全场四对四、五对五的综合攻防互转练习

方法：把全队分为四人（可以后增至五人）一组，分列球场两侧篮下，第一组与第二组首先在半场内进行四对四比赛，若进攻队投篮成功，则重新开始四对四的比赛，直至防守队抢到篮板球为止；若进攻队投篮不中，双方拼抢篮板球，进攻队抢到球后重新组织进攻，防守队抢到球后则向前

场推进,与已在篮下的第三组进行同样方法的半场四对四。在适当时候,可增加一个中锋,形成五打五。

要求:进攻队要充分、合理运用各种个人进攻技术和进攻配合,十分注意快速的因素,在对抗中培养快速意识。防守队员把防守个人的传、运、投、突与防配合有机结合成攻击性防守,变被动为主动。十分重视攻守转换的意识训练,在积极的攻守对抗中,抓住战机,把由攻转守和由守转攻结合起来,以增强对抗的攻击性、连续性。

第四节 阵地进攻

从防守转入进攻时,首先是发动快攻。但如果快攻不成要转入阵地进攻时,你应当做些什么?

一、活动区域

打篮球时间不长,比赛经验不多的人,常会有这种体会,在场上跑了半天,没摸几下球,或是接到球以后,周围全是人,投篮投不了,想过又过不去,不知怎么办才好。为啥会出现这种情况?主要原因是大家都向有球的地方跑,跑过去两个进攻的人,随着也带过去两个防守的人,结果连持球队员及其防守者在内,在球的附近就有六个人了。人挤在一起,投篮和过人就都无法进行,也无法配合。为避免出现这种现象,场上的前锋、中锋和后卫,都应根据战术的需要,有一个基本活动区域,全队保持一定的进攻队型,为个人进攻和配合创造条件。现代篮球运动要求队员技术全面,能里能外,但不应把它理解为没有基本的分工,不考虑每个人的特点。例如,身体高的应当在距篮近的区域内活动,便于抢篮板球;能投善突的在外围,则更能发挥作用。如果反过来,就不能发挥个人的特点。如图4-4-1所示,1区主要是后卫活动区,2、3区是前锋的主要活动区,4区是中锋的主要活动区。为什么说是主要活动区呢?就是每一个队员并不是划地为牢死呆在某一地区之内不许出来。如图4-4-2所示,④和⑤做传切配合以后,④切入篮下并没有接到球,后卫的位置上就缺了一个人。这时⑥可以跑出来，到后卫④原来的位置上接球进攻，④跑到左角给⑦掩护，⑦横切过来，准备接⑤或⑧的传球，这样④、⑧和⑦三个人就换了位置。最理想的是外围的队员，在任何位置上都能进攻。但在实践中，不管是世界强队，还是基层队，都做不到这一点。因为队员的条件总是有差异的，一般来说，中锋应选一名身高，有力量，或弹跳好的队员来担任，以加强篮的进攻力量，也便于抢篮板，虽然要求中锋加大活动范围，但也不宜与外围队员长时间换位，以免减弱篮下攻击和争抢篮板球的力量。

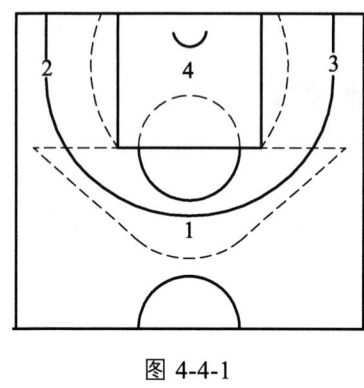

图 4-4-1

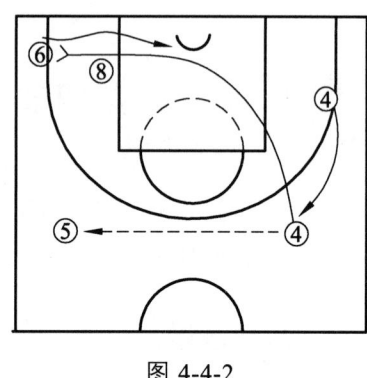

图 4-4-2

二、前锋、后卫和中锋应具备哪些条件

一般来说，前锋要跑得快，善于传、接各种球，能快攻上篮。后卫要善于长传和运球突破，观察力好，这样才能保证在快攻中快传、快下。中锋应当也能参加快攻，也应具有前锋、后卫的技术。在阵地进攻时，前锋、后卫都必须掌握突破的技术，要学会突破急停跳投，要善于运用假动作和各种灵活的脚步动作，要会向内线传球，特别是结合假动作的向内线传球，当然更要会中远距离的跳投，中锋一般是在内线活动，经常处于被围、被夹的地位，因此要身强力壮。技术上要会利用脚步动作和假动作摆脱防守。因为中锋经常是背对篮圈接球，所以中锋要熟练地掌握转身，特别是持球转身的各种攻击技术。对中锋也要求他拉出来会跳投、会突破，在篮下会挤扛，能里能外，使对方防不胜防。因为中锋常处于中间受围的区域之内，因此，中锋一定要冷静、沉着、有耐心、机警而又顽强，只有这样才可以做到既能发挥个人作用又能与同伴合作。

三、阵地进攻时,持球的队员和不持球的队员应当怎样进攻

(一)持球队员

1. 当自己在有把握、投的准的地方得到球时,有机会就果断地投篮。
2. 投篮以后,不论是自己投篮,还是同伴投篮,都要立即跟进冲抢篮板球。或者跑到后卫的位置(如果后卫的位置无人)准备防快攻,切不可站在原地观望。
3. 接球前要看一下全场的情况,这样就可以不耽误时间地衔接下一步行动。或投、或传、或突,不致贻误战机。
4. 传球时,不要想传给谁就盯着谁。防守者会根据你的视线,判断出你的传球意图而把球突然断走。
5. 传球前要看到三条线:自己投篮或突破的一条线、自己和限制区之内的中锋(或其他队员)之间的一条线、自己与外围其他同伴之间的一条线,如果你能看到全场,就更好了。
6. 如果自己有"绝招",就是自己比较熟练掌握的技术,例如:假动作以后投篮,勾手投篮、或突破……你要大胆的使用。
7. 不要养成随便运球,特别是运一两下就停的习惯。这样做,一是耽误了时间,二是运一两下就停,对方可能马上来夹击,对进攻非常不利。
8. 除非有上篮机会,否则不要盲目地往场角运球或传球,因为此处也容易遭夹击。

(二)不持球队员

1. 要用突然地起动、变方向跑、假动作、急起、急停来甩掉防守者。不停地摆脱、移动,使对方处于被动地位,也使防守者不能去协防。
2. 要根据情况,多跑到自己有办法、能进攻的地点去接球进攻。
3. 除了做掩护以外,不要和同伴挤在一起,更不要奔向有球的队员,这样会妨碍同伴的进攻。
4. 如果对方防得很紧,为了不让你接球而偏向有球,那你就突然地向相反的方向跑或弃篮下。
5. 眼睛不要总是盯着球,要做了既能看见球,又能看到全场情况。这

样才能知道在什么时间，向什么地方跑，去做什么，做到既有利于自己的个人进攻，又不妨碍同伴的行动。

6. 一旦本方由进攻转入防守时，不要为了退回半场防中就头也不回地跑。应当首先看清场上的情况尽快做出决定，该上去截对方的第一传呢，还是该快速退守篮下，还是该去补位。

第五节　核心队员的作用与培养

在比赛中我们总能看到每队有一名后卫，在阵地进攻时，多半是在圈顶附近，把球传来传去，或是自己投篮、突破。这个队员就是核心队员。也就是场上的领导者、指挥者。要贯彻、执行全队的作战计划。要了解场外指导的信号，把新的指示传达给场上的队员，同时要根据场上的情况，指挥其他队员，团结战斗。

1. 核心队员的条件

要技术全面，能投、能突、能传。战术意识很强，作风顽强，身体素质好，有威信。

2. 具体工作

快攻时，他是接应者，能及时接应抢到篮板球的队员，使他顺利地把球传出来。接球以后，迅速地向前场传球或运球突破，组织和发动快攻。在阵地进攻时，他要按照比赛的计划，在场上起到穿针引线的作用，把球能及时无误地传到有利的地点上去。自己有投篮的机会时也要果断地投篮。防守时，要指挥全队。也要根据场上的情况灵活地指挥作战。例如某队员防不住对手时，可以让另一同伴和他换一换。

3. 核心队员要多下苦功夫

核心队员既然是场上的组织者和指挥者，就必须懂得在各种不同情况下如何指挥。因此就要加强理论学习，懂得多、还要能做得出。例如：在阵地进攻时，对方缩小防区，对其他四人防得较紧，对自己防得松，有投

篮机会。如果你投篮准，才能给对方造成很大威胁，否则你这个核心队员给对方的威胁就不大。再如传球，如果你不会在快速奔跑中，根据瞬息万变的情况及时而准确地传球，本方的快攻就组织不起来。在阵地进攻时，你不会多种隐蔽传球，即使本队有好中锋，你传不进球去，中锋也发挥不了应有的作用。因此，一名称职的核心队员，应是意识强，技术全，作风好。要多看书，多看比赛，多练基本功。一句话，就是多下功夫，才能名符其实地起到核心作用。

4. 核心队员进攻基本练习与运用方法

（1）练习目的（以下练习采用多球练习法）。

① 熟练已掌握的基本技术动作，掌握其运用方法和要求。

② 培养队员的判断、反应、起动、控制身体平衡能力、脚步动作的灵活性、身体的协调性、技术、战术在对抗中的应变能力及各项身体素质。

③ 提高核心队员在有球无球抢篮板球时两手都能运传投抢、两侧都能突的技能，并使其日趋熟练合理自如。

（2）练习要求

① 技术动作的规范性是对抗技术的运用的前提，在任何情况下，必须强调技术规格，高标准，高质量地完成运用，做到动作速率快，相互间衔接快速、连贯协调。

② 基础配合的精确度与基本技术，以及对抗技术掌握和运用的质量关系重大，基本技术掌握熟练，基本配合的精确越高。因此，以各种练习形式，使队员致力于提高由传球、移动、切入、投篮所组成的简单配合的质量是十分重要的。

③ 从生到熟，从主手到弱手，从熟悉一个位置到多个位置，达到多方位置的再熟练，使核心队员在这样的反复循环中得到提高，是运用以下练习的最终目的。所以，在练习中还须致力于提高队员的对抗运用能力，应变能力，进而提高核心队员的作用。

（3）练习方法。

一人多球多点练习，方法一：弧线、折线移动连续传接球练习，如图4-5-1、图4-5-2、图4-5-3所示的移动和传球路线进行。

练习要求：① 弧线、折线移动的速度要快，动作要有质量。② 如图4-5-2、

图 4-5-3 所示的练习还可进行连续多点移动投篮。③ 跑动与传球要衔接快速、连贯、协调。

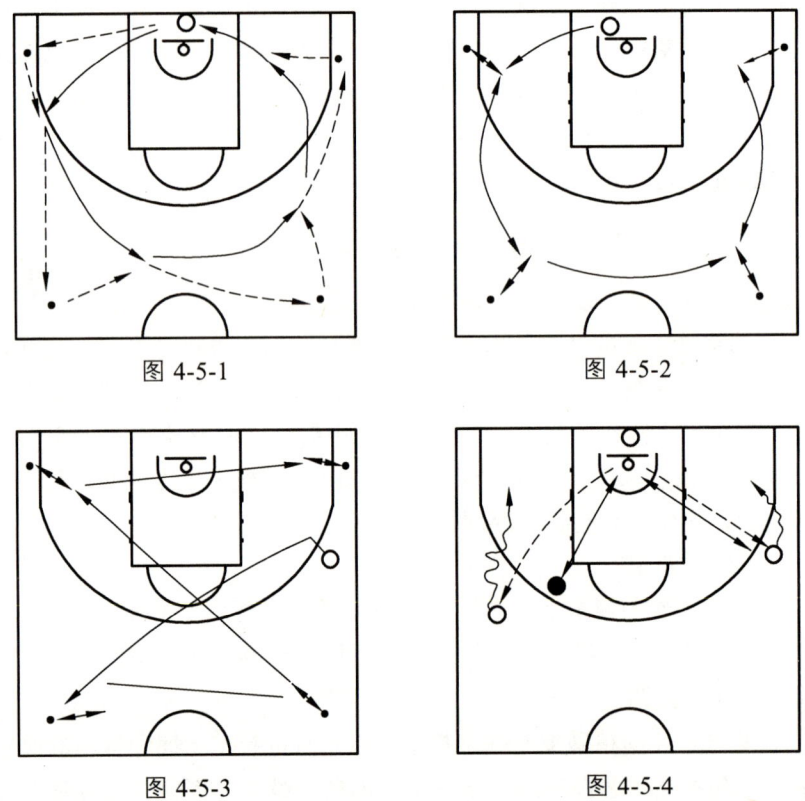

图 4-5-1　　　　　　　图 4-5-2

图 4-5-3　　　　　　　图 4-5-4

一人多球多点练习，方法二：连续冲抢篮板球结合一传一切练习。如图 4-5-4 所示，队员两人一球，当持球队员把球投向球篮时，未投篮的另一名队员根据球的反弹方向、速度、高度断球的落点，并快速起动去抢篮板球。

当抢篮板球队员在空中抢到球后，应在空中或落地后把球传回给队员，或按规定要求传给距球篮更远的、位置不同的队员，或自己补篮二次进攻。在球传出后移动到投篮队员身前，面向球篮站立。此时持球队员再次投篮出手，抢球队员又再次助攻、起跳、抢球，做一传或二次投篮进，反复进行数次后，两人互换角色，继续反复进行练习。

要求：① 抢篮板球队员要先冲后抢，抢球后对球的处理要果断，迅速，衔接协调，连贯。

②注意提高判断能力,准确做出在不同位置起跳的决定。
③要有连续多次起跳的能力,在空中把球抢到手。
(4)定量练习:

定量强化练习是指在篮球对抗技术训练中,利用合理适宜的量化指标,对单个技术,局部或整体综合的技术战术进行限量练习的方法。它是篮球练习目测管理中,在实施阶段不可缺少的手段,也是目较为先进的练习方法。

练习目的:

①通过定量强化练习,有效控制练习过程,缩短时间,增强练习强度,提高练习效果,使练习节奏接近或超过考核水平或比赛节奏,强化对抗练习质量。

②以定量强化为手段,有针对性、有重点地制定练习计划,检查练习意图,创造性地完成练习任务。

(5)练习要求:

①定量指标要科学;②定量指标要有渐进性;③定量内容要有技术性;④定量指标要有实战性;⑤数量和质量都 要有针对性;⑥方法要有趣味性;⑦时间性与创造性相结合。[12]

数量定量练习方法:两人一组,核心队员投篮,另外队员传球,两点或多点投篮。

要求:每组出手50次,命中率达到60%或90%,完成若干组(男生:3~5;女生2~4组),否则酌情加量加倍。

定时投篮练习方法:一分钟个人全场或半场运球(可加传球)上篮。从端线开始,全场往返进行,在规定时间内完成投篮次数。

要求:全场上篮要投中8~10个,否则酌情加量加倍。

定时跳投练习方法:核心队员在南段定 X 分钟内,上篮或跳投 Y 个,投中 Z 个。

要求:①移动距离至少4 m,②自投自抢,获球后快速调整重心和位置,③动作快速、连贯、协调,不允许有多余动作。

距离定量练习方法:定点移动投篮,如图 4-5-5、图 4-5-6 所示,队员三人两球,两人传核心队员投篮,投篮时,在规定位置上来回接球投篮。

要求:①选择投篮位置时要突出核心队员的特点,还要注意核心队员能里能外(含三分)的全面性;②通过定点定距练习,确定投篮的点位;

③移动、传球、投篮出手都要在快速情况下完成。

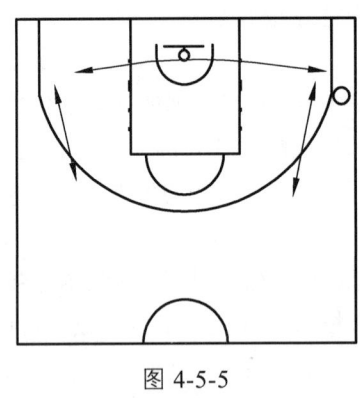

图 4-5-5

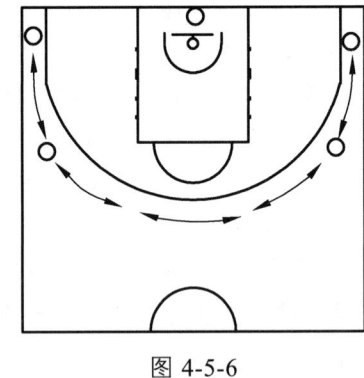

图 4-5-6

还有以核心队员为中心的配合练习等（略）。

第六节 比赛中假动作的运用

在篮球比赛中，无论在快攻或阵地进攻时，传球时都有注视着接球人，应当是看着甲实际上是传给乙，这就是最基本的声东击西的面部、眼神的假动作。再譬如在中近距离之内，你要想取得一跳投的机会，是很不容易的。如果你要想投篮，可先向左右面做一个传球的假动作，然后当这个动作还没做完时，就突然跳投，防守队员由于开始以为你要传球，所以他就会有跳起封、盖的准备。当你已开始跳投，他才发觉你投了，要想阻挠，已经晚了。你投篮前的传球假动作，就为跳投争取了那么一点很宝贵的时间。在现代的篮球比赛中，没有灵活的脚步动作和假动作为你创造投篮的机会就很难得分。特别是小个队员，一定要在身体素质上和扰、技巧上下功夫，才能弥补自己身高的不足。假动作的种类方法很多，各项基本技术都可以结合假动作，这里不能细讲，只把假动作的关键之处做一些介绍，还要靠学员自己动脑筋多练习去掌握。

一、假动作要神态逼真

你所做的假动作，要和真的一样，对防守队员才能起作用，才能使他信以为真，从而做出错误的判断。就像前面所讲的投篮前做一个传球的假动作，如假动作不像真传球一样，就起不到使对手注意力集中到防传球上去，他就会较早做防投的准备，他起跳封盖的时间，就会早一些，这样投篮人就很难出手了。

二、假动作不要做完，就立即衔接真动作

做假动作时，如果你把整个动作做完了，再接下一个动作，防守者判断的时间就很充裕，他就能采取相应的措施了。如果你的双手传球一般情况需要 0.8 秒完成，那么你在做胸前传球的假动作时，就要用 0.4 秒或 0.3 秒，然后突然衔接另一个动作（投篮或突破）。对方防守的反应，就比你慢了些，他就被动了。

三、假动作可根据实战中的情况，自己设计创造

在技术问题上，一方面要向其他人学，这样少费时间，少走弯路，另一方面要自己创造。只跟别人学，总在别人后面，永远不会有新的突破。

四、掌握了假动作，比赛中就应大胆使用

有些队员，掌握了技术（不管什么技术），在比赛中不敢用。我们应当分析一下，在比赛中，你要干什么，对方怎么能知道呢？特别是在持球进攻时，你一拿到球，对方能知道你要干什么，他最怕你突破他，过了他，防守的人很紧张。尤其是在中近距离，防守队员更是紧张。这种情况，防守队员很容易受假动作的骗。因此，当你在场上比赛时，要主动大胆地运用自己的技术。当然，要运用自己平时已经掌握的动作，决不能不管三七二十一地乱来。

第七节　篮球比赛的指导工作

一、指导工作的要求和内容

一场篮球比赛的胜负、主要是决定于两队的技术、战术、身体素质、

战术意识、意志品质的训练水平。同时也要受双方教练员指挥能力的影响。因为在比赛时,双方队员都要根据各自教练员的意图和指挥行事,所以教练员的指挥能力对一场比赛的胜负,也起到重要作用。有时一个实力较弱的队反而战胜了实力较强的队,这往往是因为策略对头,指挥得当,充分发挥了本队的特长,使对方受到了制约。尤其是当两队的实力相差不多,势均力敌的情况下,教练员的部署和指挥是否正确,会起到决定性的作用。当然,教练员的作用,只能在一定程度上说明教练员在比赛中所起的作用,还远不是教练员指挥工作的全貌。教练员指挥一场比赛时,绝不像人们常见的那样简单,暂停一叫,站在场外,说上几句,就万事大吉了。指挥一场比赛,从赛前准备到比赛结束,由始至终地不仅是双方教练员专业技能的比试,也是运筹能力的较量。实事求是地说,这是一项综合性的工作,应当是一个"多面手",才能胜任这种看起来简单,实际上相当繁杂细致的工作。因此,教练员是球队训练和比赛的组织者,他又是比赛的指挥员。教练员水平的高低直接影响着球队的水平和比赛成绩。为此,教练员必须做到以下几个方面:

第一,热爱自己的工作,有强烈的事业心和忘我的工作精神,一心一意扑在教学训练上。

第二,了解篮球运动发展的趋势,掌握技术动作和配合方法,不但熟悉本专业的理论知识,而且也要学习其它学科的知识,如运动生理学、运动解剖学、教育学和心理学等,学会把其它学科知识运用到专业训练中去。

第三,应具备组织训练的能力,会制定训练计划、训练进度、编写教案。特别要学会根据队员条件、比赛任务、训练时间、器材设备等具体情况,落实训练计划。掌握技术、战术的教学训练方法。

第四,处处以身作则,严格要求自己,遵守各项规章制度,凡要求队员做到的,自己首先要做好,教练员应做精神文明的模范。

第五,奖惩分明,一视同仁。

二、业务工作包括如下几个方面

(一)要积极地提高篮球运动专业水平

随着篮球运动的发展,教练员要不断地提高个人的专业水平。精通业务，必须认识专业特点与规律，在训练和比赛中，才能有解决问题的办法。例如：当对手用一人盯人、四人联防的混合防守战术时，应该怎样进攻？教练员不懂，就不能组织练习。没练习过，在比赛中，猝然相遇，就会不知所措。教练员的业务水平，直接影响队员的提高。教练员要通过各种学习渠道，积极丰富自己的专业知识。懂得多、办法也会多。不应一知半解就自以为是，更不应蜻蜓点水，浅尝辄止。

（二）既要掌握队员的思想和心理活动，又要有解决问题的办法

教练员无论在训练时，或在比赛中，能掌握队员的思想和心理活动，才能深刻地了解每一个队员。才能对症下药做好工作。例如，在一场比赛中，教练员准备要换人。这时，要上场的替补队员没问自己的任务是什么，而是问教练员还有几分钟，当他得知时间不多了时就说"下半时我再打吧"。当时比赛进行了十四分钟，这名替补队员很可能是觉得这时候上场不好看，因为主力队员都是先上场的。这种想法，实质上是个人主义作祟，而且对篮球运动的集体性和现代打法也缺乏全面的认识，他认为只有先上场的五个人，才是光彩的。教练员当时没有批评这名替补队员。事后，教练员指出他的思想根源并分析了当时的心理状态。告诉他在比赛中，教练员绝不是一时心血来潮随意换人，而是根据比赛的需要换人。比赛中服从教练的指挥，是这项运动的纪律，如果只从个人角度考虑，就不可能发挥全队的力量。在篮球比赛和训练中，队员会有各种各样的思想和心理活动，教练员应当明察秋毫，对于消极的因素，一定要立足于防微杜渐，不能任其传染、扩散。《篮球》杂志 1983 年 1-4 期介绍了苏联国家队教练戈麦尔斯基在这方面的多年工作经验，可以学习、参考。

（三）运筹帷幄，用人之长，组织力量

先借用《史记·孙子吴起列传》的一段历史故事，来说明一个指挥员的组织才能的重要作用。公元前 350 年前后，战国时代，齐威王常和他的兄弟们赛马赌钱，齐威王的弟弟田忌（当时任首相）总输给他。曾遭过别人陷害的孙膑看过比赛以后对田忌说"君弟重射、臣能令君胜"（下次再赌，你多下注，我有办法让你赢）。临比赛时，孙膑对田忌说"今以君之下驷与

彼之上驷（用你的下等马和他的上等马比赛），取君上驷与彼中驷，取君中驷与彼下驷。"既驰三辈毕（赛完了三对），田忌一不胜而再胜（一负两胜）卒得王千金。当然，篮球比赛的因果条件和变化，要比这个故事中的情况复杂得多，但是这个故事说明了一个道理：有时候，虽然条件相同，但因人员的才能不同，其胜负结局，也因之而异。一个篮球队，队员之间在身体条件、技术、经验各方面绝不会是完全相同的。做为教练员，应当深刻地了解每一个队员，了解他们各自的短长，了解他们在不同情况下的使用价值。根据不同的情况，酌情调配力量，发扬长处，避开短处，最大限度地调动队员积极因素，缩小消极因素，才能取得主动。有少数教练员，只倚重自己的几名主力队员，不管遇什么对手，只让五六个人打，打到不能再打时，才算终止。如果队员之间的实力相差并不悬殊，教练员就应当根据不同情况合理使用自己队员。有句俗话，"一物降一物，卤水点豆腐"（当然，现在做豆腐是用石膏点豆腐）。这个道理是说明事物之间，有的是促进转化，有的相互制约。比赛中要取得主动，策略对头，用人得当，是必不可少的先决条件。

（四）要会辩证的分析问题，抓住主要矛盾，因势利导，随机应变

每个篮球队，都有自己最擅长的打法，最主要的得分队员，最拿手的防守战术，这就是王牌，是主要矛盾。在比赛中，这张王牌不灵，可能又打出另一张王牌，即变换了打法，变换了队员。做为教练员，在比赛中，必须要及时的抓住主要矛盾，并有解决的办法。当矛盾转化时，教练员又必须随机应变。

比赛中，有时主要矛盾并不像上述战例这样明显，但总有征兆可察，有端倪可寻，注意观察和分析场上情况。做为指挥员，在艰难、关键时刻，最重要的是保持冷静和镇定。

以上讲了教练员应当具备的某些条件。为了打好一场比赛，教练员还有一系列的细致工作要做，其步骤和方法，介绍如下：

1. 全面细致地了解对手，这是打好一场比赛最重要的先决条件

"知己知彼，百战不殆"，因为你不了解对手的特点，不了解对方的主要打法，不了解对手身体情况、速度快慢、技术好坏、有何特长、有何弱点、就不能合理地组织力量、分配任务，就不可能有的放矢地制定出对策。

了解对手，最好是教练员和运动员都能亲眼看到对手和其他队的比赛。这样，对手的特点可以一览无余。教练员应有相关数据记录，借以全面地了解整个队的情况，找出症结，分清主次，作为制定对策的参考依据。不能直接了解对手时，可以派一两人去了解情况，并要做好比赛的统计、记录其主要打法、主要得分队员。要在场地图上记清得分地点、配合方法和投篮的技术动作，根据这个详尽的调查材料，研究和制定对付他们的防守配合方法。也要记清对方的主要防守方法，每个防守队员的特点。哪个位置防守力量强，哪个地方防守力量弱，移动是快是慢，是不是容易急躁、爱犯规，弹跳力好的队员是不是常爱冒失地跳起盖帽，手脚慢的是不是总距进攻队员较远等。每个队员的防守能力和特点也要摸清。这是制定全队和个人进攻策略的依据。总之，不管是直接了解，还是间接了解，把对方的情况摸清，才能有的放矢，心中有数，有信心地做好赛前的准备。

2. 制定对策，开好准备会

这有两步工作，第一步是教练员在准备会前，要拟定初步方案。第二步是开好准备会，明确任务，统一思想，统一行动。

教练员拟定初步方案时，既要进行两队实力的全面对比，又要有队员的逐个对比。对于身高、体力技术、战术意志品质等各方面的因素都要考虑周全。例如：对方技术较好，善于阵地战，但体力不很强，而且替补力量弱，主要队员有些傲气。这时，可以考虑采用几分钟的全场紧逼。一是心理战，打他骄傲无准备。同时，消耗对方的体力，着眼于最后反败为胜。在基层队之间的比赛，也是适用的。如果对手在技术和体力上都比本队强，那就应当考虑稳扎稳打的策略。防守时，要注意彼此协助，互相保护。注重于依靠集体防守力量，有取舍，有重点，不应奢求面面俱到。进攻时，不要急于求成，严禁盲目单干，以最熟练、最擅长的打法，提高进攻的成功率。减少失误，减少对方进攻的机会。教练员制定比赛计划时，要有多种准备，至少要有两手准备。譬如，根据对方的特点，准备先用人盯人防守，同时也要有改为联防的准备。因为比赛时，突然的变化，对方一时不能适应，就能趁机多得几分。虽然只是几分，有时却能决定全局。相反，从进攻来说，也要有多种准备，既要准备攻盯人，也要准备对方突然改为联防或紧逼，或混合防守。准备会上要明确最主要的一两种打法。其余的，教练员要心中有数。不要在准备会上提出过多的任务。讲得过多，反而会冲淡了最主要的内容，分散了精力。

3. 要开好准备会

准备会的目的是使全队统一思想、明确任务、明确职责、统一行动。会上首先要详尽地介绍对方的情况，全队和队员的特点，主要进攻、防守战术，最熟练的配合是什么，最有威胁的队员特长是什么，以及身体情况、意志品质等，都应一一讲清。然后，教练员可以提出自己的比赛计划。根据对方的情况，应有实力对比，然后提出怎样进攻，怎样防守，每一个位置上的进攻任务、防守任务，都要具体明确。例如，对手主要是从进攻左锋供给中锋球得分，左锋不仅能供给中锋球，也能中投，中锋比较高大能挤投。这时教练就应讲清楚，怎样防对方这种配合，防左锋是用不让接球的方法，还是可以让他接球，然后利用协防。防中锋，用绕前防守时，由谁来协防，手应当怎样，脚步应当怎样，球到什么地方，应当随球移动到什么地方，都要很具体很明确。而且要让替换的队员清楚。因为一场比赛，不能仅仅依靠五个人。讲完防守的任务，讲进攻的方法时，也应当这样明确具体。教练员讲完以后或在讲解的过程中，可以让队员发表意见，加以补充或修改。最后有一个统一的计划，这个统一的计划应当用沙盘或棋子，边讲边摆，这样更直观、更能加深印象。这种直观的方法，有条件可以改为在球场上按实战的情况摆一摆，可以模拟地去体会一下，而且要边做边纠正不完善或不正确的地方。开准备会时，教练讲话要精练。即便是很重要的比赛，有领导动员，也应力求简明扼要。有一次某球队为了准备一场国际比赛，各级领导动员就讲了三个多小时，还没讲到具体怎样打，可想而知，队员还会有多少精力能用于准备会。语言的"疲劳轰炸"对神经起抑制作用。准备会的时间不宜过长。如果晚上比赛，下午开会为宜。

4. 教练员要掌握队员的心理状态，要个别做好工作

在队员中，可能有人骄傲轻敌，有人胆小怯战。骄傲轻敌的队员，多半是以自己的某一长处来代替一切。觉得自己比对方强，不把对方放在眼里，不认真地考虑和研究具体问题。例如弹跳好的队员，不全力防守，总觉得我跳得高对方投篮我盖他帽，篮板球我全包，没他们的份。投篮准的队员，根本不考虑同伴的机会，以自己为主，只考虑自己得分。腿快善突

的队员，也只想过人上篮得分。这样的队员，考虑自己多，注意配合少。比赛时，常不注意同伴的好机会，既贻误战机，也影响同伴的积极性。对这样的队员，一方面要鼓励他们进一步发挥自己的特长，同时也要结合实例，指出他们的不足。告诉他们应当注意发挥集体的力量，特别是在个人不顺利的情况下，更要注意通过配合，创造机会，变被动为主动，打开局面。有的队员，由于比赛经验不足，胆小怯阵。教练员应当用对比的方法，使他们既看到自己的长处，又要看到对手的弱点，同时还要具体讲解、示范怎样得分，怎样防住对手，鼓舞斗志，建立信心。例如，对方弹跳好、善盖帽，这样的人容易上假动作的当。防善投的队员，主要是不让他在善得分的地区接球。对付善突的队员，要了解他的动作习惯，善于哪一侧突破，防守时并适当地离远一点。防一个既能投又能突的队员，要根据全队防守战术，个人防守要有所侧重。如全队防守是联防，个人防守应以防投为主，距离对手可稍近些。全队防守是盯人，个人防守就应以防突为主，要以灵活的步伐并结合假动作，骚扰对手，使其意乱心烦，因而急躁蛮干或一时难知所从。要解除队员的各种顾虑，不能只说空话，要教给队员解决实际问题的具体方法，这样才会真有效果。比赛之前，队员的思想和心理活动是多种多样的。教练员应当做到仔细分析、认真对待、具体帮助。

三、临场指挥

比赛之前，要让队员充分做好准备活动，这样，不仅可以避免受伤，而且可以在一开始就能适应紧张而激烈的比赛，发挥出正常的水平。不然的话，比赛开始不久，上气不接下气，四肢无力，心有余而力不足。准备活动要有二十分钟，内容应包括：体操、柔韧性、从跑步和各种传、运、投的练习。不要老一套，十几个人一个球，分为两边跑篮。这样做队员活动不开。应当使队员的生理负担接近比赛的状态。距比赛还有三分钟时，要召集队员重新提示下全队的任务。如有新情况，例如发现对方先上场的阵容有变化，本方的个人和全队的任务是否需要相应的调整，都应及时讲明，使队员做好准备。

（一）比赛开始以后，教练员应当观察、思考什么

比赛一开始，教练员要观察对方是什么防守战术，我们的进攻是否攻

在对方的弱处，对方的进攻是什么，重点在什么地方，我们的防守是否能顶得住。教练员先要从整体上观察本队原来的比赛计划是否正确，如果不对或是有些问题，就要尽快地改变或调整。例如，原计划是人盯人防守，但比赛开始后，对方的中锋频频得分，防不胜防。这时，教练员要分析、考虑，是因为防守中锋的队员在防守上的错误，还是水平太差根本招架不住。如果是防守上的错误，譬如没有及时地随球调整位置，使对方较顺利地接球；或是尚未发觉对手主要得分手段，因而防守时没有侧重，只是被动地防，而没有抓住要害积极主动的加以干扰、破坏；那么教练员可以通过喊话，提示自己的队员主要防什么和怎样防。如果是防守队员水平太差可以用换人的方法解决，也可以根据情况强调其他队员的协防。要不然就改为联防，用集体的力量控制对方的中锋。再如我方原计划是打联防，但比赛开始以后，对方外围的中、远投连连得分。这时要找出是个别人准还是外围队员都准。如果是个别人准，可以强调该地区的队员要距他稍近些，要快滑动，全力封盖、干扰，不让他从容、顺利地出手。对方有一个特别准的队员，防守时也可以改为一个人盯人、四人联防的防守方法。当然，本队必须练习过这种防守才可以运用。如果对方外围队员个个都准，就及早改为盯人防守，免得被动挨打。如果对方只有两三名投得准的队员，防守时可以放掉投不准的队员，而去协防投得准的，这样也可以不必改为盯人防守。

教练员既要观察防守，也要观察进攻。例如，原计划本队是以中锋进攻为主，但中锋根本接不到球进攻不顺利。这就要找出原因，中锋接球次数少，是由于对方二夹一协防造成的，还是由于传不进球造成的。如果是因为协防接不到球，就要迅速地转移球，把球传到无人防守的地区进攻。如果因为不敢传或传球的位置、方法有问题，就要提醒队员，改变传球的位置、角度或传球方式。譬如：中锋、外围供球队员和篮圈，三者不应在一条直线上，中锋应当错开位置，或横向移动抢位、要球。外围向内传球的队员，也应当用体侧反弹或在移动中传球，使防守队员难以阻截。又如阵地进攻时，对方身材高大，防守严密，这时可以考虑不和对方在不利的情况下站着打，而应改为全场紧逼防守，逼迫对方和我队比速度，在快速移动中，发挥本队的长处，避开和缩小不利的一面，争取主动。

作为教练员，在指挥一场比赛时，从比赛一开始直到比赛终了，总是处在与对方斗智的状态。要敏锐地观察场上情况，全面地分析问题和迅速

而正确地解决问题。观察、分析、解决,这三个环节贯穿于整个比赛之中,不管是全局的或是局部的,哪一方的教练能做到观察全面,分析正确,方法得当,解决及时,哪一方就会取得主动,取得优势。教练员要冷静、镇定、控制自己。作为教练员在比赛时,一定要时时告诫自己不要受外界影响而产生急躁、发怒的消极情绪。临场指挥时,情绪激动,就无法指挥比赛。首先不要受裁判的影响。比赛中,裁判员的错判、漏判,是很难避免的,如果因此而影响自己的情绪,就无法冷静地考虑问题。也不要因为自己的队员打得不好,而着急发火。队员在场上比赛时,他自己也不愿出错误,即使是优秀的职业队员,比赛时也会有失误。如果因为队员的失误就斥责队员或是一言不发,这不仅不是解决问题的办法,而且会影响队员的情绪,更加打不好比赛。比赛中,比分落后,情况不利,教练员要沉着、镇静地提出具体的办法,鼓舞士气,并要安抚失误的队员,激发斗志,以利再战。顺利时,尤当谨慎,不要自骄,并要告诫队员,再接再厉不要麻痹。总之,教练员应当切记,不要因自己的举止神态,给队员带来不利的影响。

(二) 教练员在观察、分析、解决问题时,要抓住主要矛盾

指挥一场比赛时,要先找到并解决主要矛盾、主要问题。有时情况稍复杂,主要矛盾和次要矛盾交织在一起,甚至主次有些变化,不辩证地加以分析、考虑,不易做出正确的判断。例如:某州的比赛,某县队对某市队,后者实力稍强,因市队有三名技术较好、中投较准的队员,所以县队用半场人盯人防守。比赛开始以后,市队三名队员,又投又突,四五分钟,就领先十二分,其中以突破得分较多。因为县队慑于市队的中投准,防守过近,过于紧张,因而为市队提供了突破的机会。这时有人建议县队的防守应当改为联防。县队教练认为改为联防,对方的中投机会不就更多了吗,还是应当盯人。县队教练没有认识到,比分落后,主要是对方突破造成的,矛盾的焦点不是防中投,而是防突破。如果改为联防,一可堵住对方的突破,二可利用快速滑动重点防两名最准的中投手,而且联防可以提供更好的快攻反击的机会,提士气。县队暂停以后,仍然强调盯人防守,到离第二节结束还有五分钟时,已经落后23分。当时士气不振,不得已再次暂停,改为联防。再赛,市队几投不中,被县队打成长传快攻,第二节结束时,追回12分,尚负11分。后两节,县队继续用联防。市队屡投不中,连遭反击。还有四

分钟时，比分只相差三分，市队队员也缩手缩脚。双方相持一段，由于县队求胜心切，四次快攻机会，两次长传出界，一次短传失误，一次运球失误，功败垂成，最后负九分。这个战例，虽然不是著名球队参加的大赛，但也能说明问题。即在指挥一场比赛时，教练员要在诸多矛盾之中，找出主要矛盾。不要面面俱到，结果是只拣了芝麻，反而丢掉了西瓜，因小失大。

（三）要抓住战机出其不意，攻其不备，打出小高潮

教练员在整个比赛过程中，不要被波澜起伏的场面束缚自己的思维活动，应当积极地搜寻对方的弱点和破绽，打他措手不及。阶段的优势，有时可以影响全局。做为教练员，应当善于捕捉战机，出其不意，攻其不备，小的优势，也对全局有利。

（四）掌握心理规律，用其一技之长

在任何一个球队中，队员之间都会由于他们各自所受家庭教育、学校教育、社会教育不同，因而对同一事物的认识，有时相同，有时不同。而且由于队员之间，在技术、身体、经验方面的差异，在不同的情况下，对比赛也会有不同的心理反应，作为教练员应当掌握心理规律，并根据队员的特点和比赛的情况，恰当的用其一技之长。下面举例说明：

1. 对技术较差的队员，给以力所能及的重任，能提高他的兴奋性，加强责任感。某次比赛，甲队有一名队员，身高1.86米，身强力壮，弹跳好，能扣篮，而且能投能突，特别善于冲抢篮板二次进攻。一般情况，得分能占全队的一半，但有时爱急躁。乙队教练考虑，防住他是关键问题，如果以强对强，时间长了，会两败俱伤，影响自己的实力。因此，乙队教练选定另一名技术较差，但身体强壮，中投尚准的队员去防他。乙队教练给该防守队员的任务是，在外围防守时，以防突为主，距对手要稍远一些，防他中投，可适当加以干扰。最重要的是，在任何情况下，都不让他冲抢篮板球。自己可以不抢，始终要面对面地挡住对手的冲抢路线。只要挡住他，自己全场一分不得，也是出色地完成任务。乙队队员明确了自己的任务以后，感到这是自己力所能及的，而且是事关全局的重任，他很乐意接受并有决心和信心去完成它。比赛中，他兢兢业业，全力以赴，防守出色。一向骁勇善战的甲队队员，由于不像往日那样顺手随心，施展不开，由急躁而导致

犯规，建树不多，终于被罚下场。这个战例，有条经验可做参考，就是根据不同队员的特点，给他一项经过努力即可完成的重任，他会尽力而圆满地完成，从而提高他的积极性，加强责任心。精神力量能引发出更大的物质力量。

2. 困难时刻鼓舞士气、激发斗志，常可反败为胜。中国古代的有识之士，很早就懂得了"气可鼓而不可泄"的心理规律，而且把它用于军事理论和实践之中。大家都知道，人的情绪可以影响肾上腺素的分泌，肾上腺素分泌的多少，又可以提高或降低人的某些工作能力。而人的语言，有时又能影响人的情绪。基于这个连锁反应的生理规律，在关键时刻用简练而感人的语言，鼓舞士气，激发斗志，常可反败为胜。反之，也可以涣散人心，瓦解士气。在篮球比赛中，对于队员的缺点和错误，不宜面带愠色，更不应训斥、指责，这种措施只能刺激队员的神经，产生抑制，使其更加不知如何是好，缩手缩脚错误更多。例如：某联赛，两队争夺决赛权的一场比赛。后两节，某队落后四分，此时距终场还有三分钟。一队员平时中投准，但在这场的后两节投不中。虽然在场拼搏，但已不敢投篮了。暂停时，教练让他投篮，队员说："他今天再不准就输定了。"教练说："你平时很准，刚才一段时间只是弧度偏低，球都撞在篮圈前沿上了，稍高点就有了。大胆投，投不中输了算我的。现在不投，什么时候投？"重新开始比赛，该队员连中四球，命中率是百分之百。打完比赛，该队员自己也笑了，说："不知道怎么会事，愈怕投不进，偏偏不进。不怕了，它倒进了。"

3. 对技术好而骄傲自满的队员，不要姑息、迁就。某队员，在前一场比赛中，不尊重裁判，不尊重对方队员，教练员赛后批评了他。下一场比赛之前，他推脱说有伤病不想打。教练员明知他是对上一批评不满，佯做不知，准了假。出该队员的意料，这场他认为没他就要输的比赛，由于全队的努力，反而比较顺利地赢了下来。再下一场教练让他打，又赢了。事实教育了他，没他上场一样取胜。此后他变得谦虚一些了，在比赛中作风也好转了，更好地发挥了他独特的作用。

（五）暂停与换人

教练员对场上队员的指挥，一方面是当队员靠近边线时，直接告诉他。另一方面，就是通过换人、暂停，把自己的意图告诉场上的队员。常用的主要是后者。

1. 暂停

规则规定，每队每节只有两次暂停。只有在解决关键性问题时，如改变战术、在具体问题上队员有分歧、或失分过多、场上队员不知如何是好等可以叫暂停，统一思想，统一行动。如果能用换人或喊话、暗号等方式解决问题，就应节约相应暂停，以备急需时使用。一般规律是在比赛开始以后，经过教练的观察，发现问题，需要重新部署，重点调整，可叫第一次暂停。第一次暂停通常是在比赛开始四、五分钟时，但要根据需要，灵活使用。第二次暂停应在第二节的后一段时间内使用，用于布置任务，提出要求。领先者应进一步扩大战果，落后者应奋起直追，缩小比分差距，并争取领先。后两节暂停的用法，要慎重，不可滥用。特别是在两队实力相当时，情况难以预料，应尽量把暂停留到决战的关键时刻使用。教练员在使用暂停时，事先要有准备，先布置主要的，再提次要的。讲话时要口齿清晰，语言要简练、具体。不要激动，要善于鼓舞士气，在暂停时，还应当根据情况，适当地留下一点时间，使队员之间，也能交换意见。暂停时，决不允许争论。一定要根据教练员的布置，统一思想，统一行动。比赛中，场上可以灵活机动，但不能和全队的战略、战术背道而驰。

2. 换人

比赛中，教练员是通过换人来组织和调配力量。换人是否得当，对于比赛的胜负变化和形势发展起着重要的作用。换人时，应当是有目的地主动换人，换人之前，要对上场的队员，讲清任务，不能盲目乱换人。换人前，教练员应考虑使用队员长处，不要顾虑重重。每个队员都有各自的特点，要考虑用谁来对付某人最合适，和谁配合最有利，身材高矮、速度快慢、技术强弱、意识如何等各方面的条件是否能胜任所要担负的任务，都要加以比较、斟酌，不要草率。小的不利或一时的局部的不利有时影响到全局。换人时，一般是在下述情况：

（1）主要队员犯规过多，把他换下来，留在决战阶段使用。

（2）改变战术时，根据需要换人，改为全场紧逼时，要用速度快、积极、顽强的队员，身高不是主要的。

（3）对个别队员交待任务，可用换人。换下来告诉他，再换上去。也可以用换人，把教练的意图带到场上去。

（4）为了调整局部地区的进攻或防守力量，可以换上更适当的队员。

（5）对方换人时，我方换上能调动这个对手的人。

（6）为了保持比赛的高速度、大强度，应当有计划地轮番换人。

应当指出，为了适应现代篮球运动的发展，每队先发队员与后发队员的攻防能力差距正在不断缩小，那种五名队员一打到底，非到不得已的时候才决定换人的现象，已成为篮球比赛的历史了。

第八节　身体素质与篮球意识的关系与培养

一、大学生身体素质水平的练习内容和方法

飞人迈克尔·乔丹的篮球时代已成为历史，但是飞人迈克尔·乔丹的身体素质则不断被提出来进行研究。他身体肌肉中的脂肪比重只占 3%，通常脂肪占 5%就被誉为运动天才。他也是极少数年过三十，表现并未明显衰退的奇迹运动员。经过测验，相关指标如表 8-1 所示。[2]也就是说，篮球运动需要出众的身体素质。而且，现代篮球运动愈加向身体对抗的方向发展。要学好或打好篮球，身体素质比篮球发展的任何时期都显得更加重要和更加实用。用加强身体训练、提高身体素质的方法来弥补自己的不足，也成为一种练习的方法。教练员、运动员不仅要认识身体训练的重要作用，而且要懂得身体训练的内容和方法。

乔丹身体素质测验指标（表 8-1）

身高	1.98 米/6 英尺 6 英寸
体重	98 公斤/216 磅
脂肪含量	3.0%
百米速度	10.7 秒
垂直弹跳	0.98 米
绝对弹跳	1.09 米

续表

最大摸高	3.78 米
跳高	2.21 米
跳远	7.78 米
跟腱长度	28.5 厘米

1. 力量是基础

没有力量就没有速度和弹跳力。蹬地的力量不强，怎么会跑得快、跳得高呢？经过测验，举重运动员的双脚纵跳的成绩最好，因为他们的腿部力量强。短跑名将很少有瘦长的，因为跑得快，需要全身的肌肉协同参加工作，做出最大的功效，因此，短跑家大都是肌肉发达的壮汉。要长力量，可做负重深蹲、半蹲、负重提踵、卧推、抓举。用最大负荷量的 80%×8～12 次，做四组。每日练习或隔日练习，坚持 2～3 个月，一定大有成效。

2. 速度和速度耐力

篮球场上的速度和跑 100 米不一样，用不着跑那么长。篮球场上的起动是最重要的，谁起动快，谁就主动，谁能抢先一步，谁就占据有利的位置。练习起动时，要特别重视从起动一开始的刹那间，就要全力以赴。要注意掌握正确的起动技术动作，上体要急速地向移动方向前倾，两臂迅速有力地摆动，脚掌用力蹬地，而且踝、膝、髋三个关节都要充分蹬直。打完一场篮球比赛，约等于跑完 4000-5000 米的距离。因此，你就要提高心、肺的工作能力，要有耐力训练。篮球比赛中的跑，多半都是忽停、忽跑，而且是急起，快跑多，慢跑少。所以不能只用跑长距离来提高耐力，而应当多重复短距离的快跑，并配合以快跑为主慢跑为辅、快慢相间的变速跑。这比单纯地用长跑来提高耐力，更能适应篮球比赛的需要。

3. 不要忽视柔韧性和灵敏性的练习

柔韧性练习对于避免受伤和加大动作的幅度有直接的关系，要看到长远利益，不可忽视。同时，也要重视灵敏性的练习，灵敏性可以增强应变能力。现在的篮球运动，在高水平的比赛中，运用单个技术威胁不大，由于防守和进攻的能力都提高了，因此攻守都是几个技术动作结合起来用的。

原地接球就投，或不怎么移动就可以防住进攻，这种情况是极罕见的。灵敏性差的人对结合技术就难掌握，更不用说对灵敏性要求高的高难技术动作了。体操是训练灵敏性最好的项目，没有这种条件，就可以做连续的各种不同姿势的跳跃或不同方向的连续跳跃。动作幅度的大小、节奏的快慢以及用力程度，都可变换要求。顺便提一句，我们常看到一些队员在做徒手体操时，直不直，弯不弯，不按规格做，主要是教练员不要求，或是还没有认识到徒手体操的作用和动作合乎规格的重要性。体操对于训练大、小肌肉群的协调用力，对肢体的位置感、控制身体姿势，有非常重要的作用。在学习和掌握运动技术时，对自己肢体的控制能力起着极为重要的作用。身体训练的内容很多，作为基层队，抓住最主要的，并能持之以恒地进行训练就可以了。

二、大学生篮球意识的培养

1. 篮球意识概述

技术动作掌握得越好，懂得的知识越多，打起球来就越显得聪明，办法多。进攻时能抓住时机，有预见性，并能主动地给同伴创造良好的攻击机会。防守时不仅能看住自己的对手，还能及时地为同伴补防，也能较早地发现对方的企图并加以破坏。这些都是篮球意识或篮球战术意识强的表现。以一种隐性的主观形式被掩盖在篮球运动技能和时空（客观）特征之下，使其这个极端抽象的概念更难以捕捉。从而形成比赛时意识需要的急迫性，训练中意识则被轻视、淡化，娱乐中意识则被遗弃以及此概念难以定义的现象，是可以理解的。现代篮球意识的涵义很宽泛，它是竞技篮球意识和非竞技篮球意识的总和。作为现代篮球意识的广义是指参与者对篮球运动规律客观现实的主观认识；作为现代篮球意识的狭义则是指竞技篮球意识或非竞技篮球意识的某一方面。而竞技篮球意识中的球场意识即比赛意识，是篮球意识的核心。物质决定意识，观念成就意识，意识决定行为（动作）。意识是思维的焦点，只有在充分认识篮球意识内涵的基础上，才能更好地指导篮球运动实践及其水平的提高。[14]

篮球意识特征加以形象、概括性的表述，不外乎就是思维特征、观察判断特征和行动特征三个方面及其所包括的十六个要求。思维能力特征是个人、团队具体技、战术意识强弱的体现。观察判断特征是意识产生的首要条件，即为对象行动服务。行动特征主要表现在以指向目标为核心的动作质量、数量、幅度，包括单个和组合动作的运用以及动作运用的攻击性、攻防配合的整体性、应变配合的适应性、调节性等外在动作表现形式、能力。行动能力是思维在意识的调控下表现出来的，心理活动必须受到意识的调控。另外，瞬息性要求包含在思维、观察和行动三大特征之中。由此"篮球意识"即篮球意识的广义的概念定义为：参与者对篮球运动规律客观现实的主观认识；"篮球意识"的狭义定义为：运动员根据实战（际）应急需求不失时机地通过"超前思维"对心理活动（微观）及其行为（宏观）的调控并共同指向目标的认识。[14]

做意识强的队员，无论在进攻或防守时，个人能顶两个人用。看过姚明打球的人都知道，他在场上完全有核心队员的作用。他既是进攻的核心，又是防守的核心，可谓名副其实的攻守兼并的篮球运动员，完全体现并发挥出了他在高度上价值和作用；而他又能认真地贯彻教练的意图，又能恰当地随机应变，是场上的核心。要做到这些，就应对各种技术怎样用、每个配合怎样做、比赛时有哪些变化和机会、何时要快、何时要稳等有所了解，平时就要多练、多学、多看，手脑并用，这样比赛时才能得心应手，随机应变。篮球运动技术多，战术多，比赛时千变万化。只有勇而无谋，缺乏战术意识，决不会成为优秀的队员。而篮球意识不是天生的，可以通过后天培养加以提高。

2. 大学生篮球意识培养

（1）战术配合要反复学（演）练。

战术配合反复强化是培养提高学生篮球比赛战术意识的主要手段，教学中的战术学习应提倡打法明确、动作简捷、实用攻击性强的方法为宜。学练中要启发思考，帮助学生分析实战技术应用，明确各种不同要求，分析跑动时间、位置、配合人员的分散与集中等。在传切、突分、策应、掩护等战术的配合中注意与对抗相结合的练习，观察能力、快速反应能力练习与战术练习相结合等方式。使学生在两个技、战术动作以上的组合性技术衔接中，善于观察，克服动作的盲目性。如在练习全场或过渡至前场时的战术配合，可限制或放弃运球进攻的条件，在限制和取消运球的条件下练习战术配合，可大大降低处理球的盲目性，使其在第一时间内更好地把

握、利用、调节因战术配合的需求所产生的时间差、空间差、位置差而获得的助攻，避免因运球而生成的失误或失去应得战机。

最大的作用还在于纠正随意跑位、改善不善于寻找而等待时机的习惯，突出和强调观察能力、配合意识、战术素养的培养与形成，学练中紧紧围绕技术的目的性、配合的集体性等意识要素。如无球队员给有球队员做掩护、球的合理运行路径、无球队员的及时落位与分散等，从战术练习的实践中，不断开动脑筋，能动地结合场上的位置，很好地完成动作要求，在强化篮球意识、分明个体角色定位等方面有着重要意义和价值。

（2）利用多媒体教学、观摩与开展竞赛活动，有利于篮球比赛战术意识的形成。

在技、战术教学进行到一定程度的时候，在教学班级中可以分组循环的形式开展小型对抗赛。加大难度，加强对抗。迫使学生在复杂、激烈、困难的条件下动脑筋，想办法找对策。以此提高合理运用技、战术意识的能力。随机应变的实践能力是学生巩固教学成果、提高战术意识的有效措施。在教学比赛中，教师应针对不同的组别的情况，抓住典型战例，有针对性地给予不同的技、战术指导，对出现的问题要及时发现、准确地指出、正确地解决，使学生在教学比赛的实践过程中，不断体会、不断摸索，掌握篮球运动的规律，从而形成良好的篮球意识。课堂内还应组织学生观看教学录像，借助画面向学生介绍篮球运动的发展、特点，使学生对篮球运动有一个全面、初步的感性认识。不同技术教学中，可以经常采用这种形式进行。如对新授内容，先安排观看教学录像，然后再进行一般的课堂教学。通过观看电视录像，帮助学生分析那些精彩巧妙的配合和细腻精炼的技术动作。领悟球员不同角色分工与合作的关系，如组织后位是如何推进前场并进行组织进攻的；中锋的进攻手段有哪些、如何运用的；核心球员是如何实现"三威胁"进攻的；特色球员的特色体现在何处等。

（3）丰富篮球理论知识，明确场上的角色定位，促进篮球比赛意识的形成。

在篮球攻与守这对矛盾中，对于攻方来说，具有主动性的因素，因为攻方意在动前，守防意动在后，也就是说，技能主导类同场对抗球类项中的持球者反应在先，守方的防守反应在后。优秀篮球运动员的进攻能自信与从容地做出单个及其组合动作的可能，是技术动作动力定型与随机应变创造动作及其组合并加以运用的结果——源于意识。是对篮球运动规律、规则不断理解认识的结果。攻与守之间存在着心理和生理上的反应差距。对于学生来说，对这一点的认识尤其重要。[11]

篮球赛场越来越像一个表演的舞台。每个运动员在团队协同为主体的背景下演绎着自己的角色。角色反映了个体在群体中的工作职能、义务、权利和职责的关系。角色概念可以是一个人，也可以是一个团队。由此，把篮球场上的角色划分为后卫（组织、控球、得分、核心后位）、中锋（双中锋、内、外中锋）、前锋（大、小前锋）和第六人。每个角色都有对应的递补对象。在比赛中都有自己独特的功能。另外，通过学习了解篮球比赛的角色分工与合作的关系，对于将来学生成为社会角色一份子有一定的借鉴作用和现实意义。

第九节　篮球选项教学游戏

篮球运动是一种游戏，篮球比赛是一种高度竞技化的游戏，篮球游戏是（低极）篮球运动或篮球比赛游戏的游戏，篮球选项教学游戏是有利于篮球运动技术水平提高的教学游戏，始终为教学实践服务。由此，篮球选项教学游戏的创编，可根据并遵循篮球基本技术和基本技能及其发展规律、特点来进行分类创编，也可以包含综合技术即传、接、运、投、抢相结合、衔接效果显著的模式进行创编。单个游戏做在综合游戏的前面，贯彻游戏教学也要从简单到复杂这条基本原则。

创编与设计篮球教学游戏的基本原则：

以贯彻全面教育，亦即实现全面要求与区别对待相结合原则、即时矫正与指导和尝试指导相结合原则、准备铺垫与求问求真原则、着力培养自律、担当与卓越精神、强化规矩意识为根本的全面教育。实现篮球教学游戏的综合教育功能，亦即在篮球游戏实践教育教学中实现动商与情商的结合，动商与智商的结合，智商与情商的结合的全面教育；在以"我运动、我健康"为时尚之口号，创编与设计了创编与设计篮球教学游戏。创编与设计什么样的篮球教学游戏更高效、更科学，更能调动学生学习的积极性，更能培养出有担当精神的人，更能实现全面的教育价值，都是篮球教学人员长期思考并实践着、探索着的一个现实问题。由于篮球运动的竞技化、社会化和职业化高度发展而产生更深层的价值取向，使篮球教学游戏在教学内容和形式中同样具有强身健体以外更大的锻炼价值。全面教育中的核心指向就是要发展大学生核心素养。优质的体育课，不仅能达到体育核心素养的培养，更能实现培养大学生核心素养的目标。篮球教学游戏的创编与设计，在充分挖掘、培养和发展大学生体育核心素养的同时，为充分挖掘、培养和发展大学生核心素养方面具有重要的意义。

一、移动游戏

篮球移动技术练习时显得单一而枯燥,通过游戏形式可提高篮球移动技术练习的效果，能使学生的篮球移动技术水平与能力在不知不觉中得到提高。

1. 抢三线

（1）目的：提高起动速度，练习急停和转身起跑技术。

（2）篮球场一块。

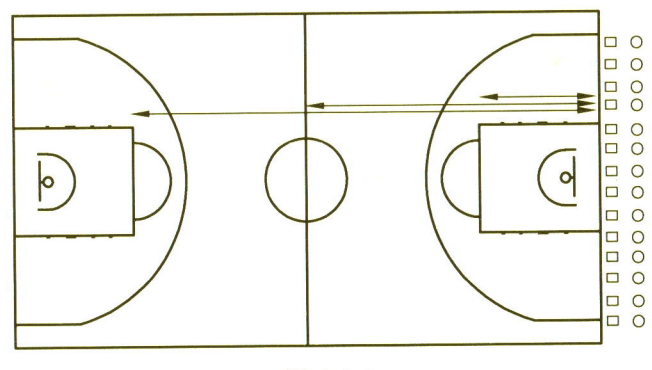

图 4-9-1

（3）方法：将学生分成相等的若干组，每组 10 人为宜。学生成几列横阶段站于端线后，听到信号，第一组起跑，至罚球线及其延长线时急停手摸线，然后折回至端线再次起跑，依次摸中线、摸另外半场罚球线及延长线。第三次返回端线后此组结束，下一组开始。所有组做完后，每组最后三位到达端线的学生受罚。如图 4-9-1 所示。

（4）规则：手没有摸到地面的同学应返回原处摸地面后重新起跑。

（5）建议：可让两组学生从两端线同时开始游戏，但要考虑队员的间隔距离以免跑动中发生碰撞。

2. 不倒翁

（1）目的：提高学生的反应和快速起动的能力。

（2）场地与器材：篮球场1块，标枪1支。

（3）方法：学生成圆圈站立，报数并记住自己的号数，教师在圈内中央手扶竖立在地面的标枪做原地跑动，学生围圈跑动，教师随意叫出某一号数，同时将标枪放开跑进围圈跑动中的学生行列。被叫到号的学生应立即起动跑到中间将要倒下的标枪扶住并竖直，然后呼叫另一号。游戏继续进行，没来得及扶住标枪者受罚。如图4-9-2所示。

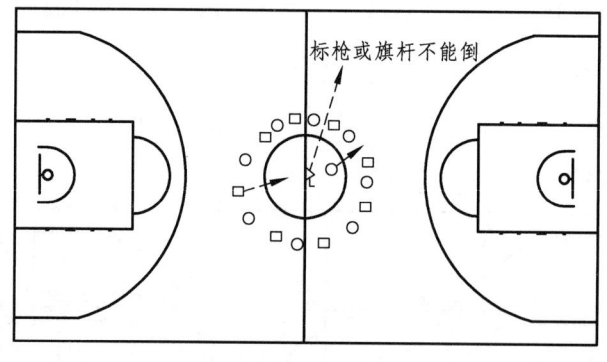

图 4-9-2

（4）规则：扶标枪者入手时不得有意加速标枪的倾倒速度，放手后要注意躲避下一位扶标枪者跑动路线，不得发生冲突；另外，扶标枪者叫的号不能是上一扶过标枪的同学。

（5）建议：人数较多时增大跑动半径即可。

3. 急停急起

（1）目的：提高快速起动能力。

（2）场地与器材：篮球场1块。

（3）方法：根据人数多少将学生分成几列横队站于边线后，第一队学生先做，听教师哨音信号向对面边线跑动。教师再次鸣哨，学生急停，再鸣哨，跑动。如此进行，在最后一次鸣哨跑动后先到达边线的学生为胜。接着第二队开始做。所有队做完后每队最后 3 名到达边线的同学为负。

（4）规则：听到急停的哨音后，学生应马上急停，否则犯规。

（5）建议：若第一轮游戏采用跨步急停，第二轮可采用跳步急停，为延长跑动路线，游戏可改为在两端线之间进行。

4. 送情报

（1）目的：提高滑步及侧身跑技术，加强学生的集体主义精神。

（2）场地与器材：篮球场 1 块，小布条 2 个，标志物 1 个。

（3）方法：将学生分为人数相等的甲、乙两队，每队又分为 A\B 两组，如图 4-9-3 所示。甲队沿直线用横滑步方式送情报，乙队沿弧线用侧身跑方式送情报，两队均采用面接力。两队 A 排头持布条，游戏开始，两队排头采用各自的移动方式将情报送到对面同学手中，站到 B 组队尾，B 组同学接到情报后各以同样方式送到 A 组，如此反复，直到两队的最后一名同学将情报送到对面目的地，先送到的组为胜。交换场地，游戏重新开始。

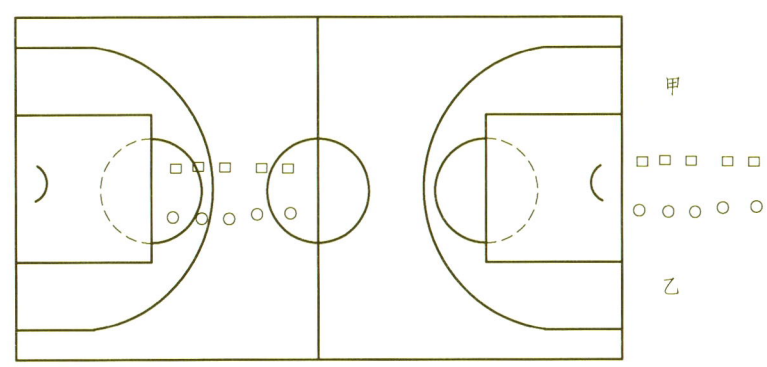

图 4-9-3

（4）规则：每位同学应以规定移动方式在规定路线上移动，否则为犯规。

（5）建议：移动方式可改变，移动距离可调整，若侧身跑改为后退跑，跑动路线应改为直线。

5. 曲线跑接力

（1）目的：提高学生的侧身跑技术和快速跑动能力。

（2）场地器材：篮球场或平整的空地 1 块，标志物 6 个。

（3）方法：将学生分为人数相等的两队，成两路纵队站于罚球线后如图 4-9-4 所示。标志物如图放于场内。听哨声后，两组排头迅速按图标路线跑动，折回后拍击本组第二人手，第二位同学起跑，以此类推，先轮完的组为胜。

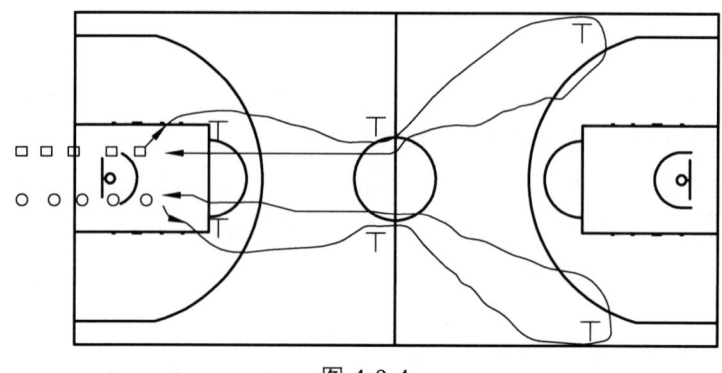

图 4-9-4

（4）规则：按图示路线跑动，不得触及标志物。

（5）建议：可通过增加标志物的数量来增加跑动难度。

6. 绕三圆圈"8"字跑

（1）目的：提高学生侧身跑技术和快速奔跑能力。

（2）场地：篮球场或平整的空地 1 块。

（3）方法：把学生分为人数相等的甲、乙、丙 3 队，成 3 列横队站立于同一边线外。游戏开始，每队各出 1 名队员分立于场内 3 个圆圈（中圈、罚球圈）的线外，3 人按同一方向（顺时针或逆时针）绕这三个圆做"8"字跑动，相互追逐，在规定的时间内（每次约 20~30 秒）追到对手者为本队得一分，然后换上各队第二名队员进行同样的追逐，直至游戏结束，得分多的队为胜，如图 4-9-5 所示。

（4）规则：①绕圈"8"字跑时不得踩圈线，否则即使触拍到对方也无效。

②必须按规定路线追拍，3 人在交叉时相互触拍到对方无效。

③手触及对方即为触拍到。

（5）建议：可采取下列多种跑动形式进行：侧身跑、后退跑、右手搭左肩或左手搭右肩跑、一手握住脚腕跑、单手或双手背在身后跑、听到鸣哨后做转身 360°后跑、原地纵跳若干次听到哨声跑。

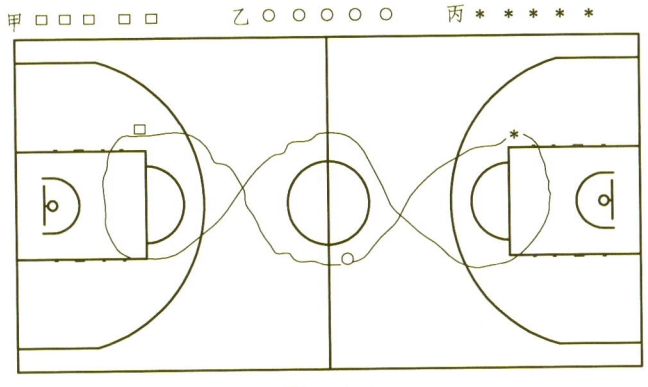

图 4-9-5

7. 放、捡球接力比赛

（1）目的：提高起动快跑、急停、转身能力。

（2）场地器材：篮球场 1 块，篮球 6 个。

（3）方法：把学生分为人数相等的两队，每队 3 个球，成纵队面向场内站立，以场上 3 个圆圈为标志。游戏开始，两队排头抱起 3 个篮球迅速起动，分别跑至 3 个圆圈内各放 1 个球，然后跑至另半场的端线，手摸端线后返回击下一人的手；第二人立即起动跑至另半场手摸端线后，依次把 3 个圆圈内的球捡回并交给本队第三人；第三人再抱球依次放到各圆圈内。如此反复进行，直到全队轮完。先轮完的队为胜，如图 4-9-6 所示。

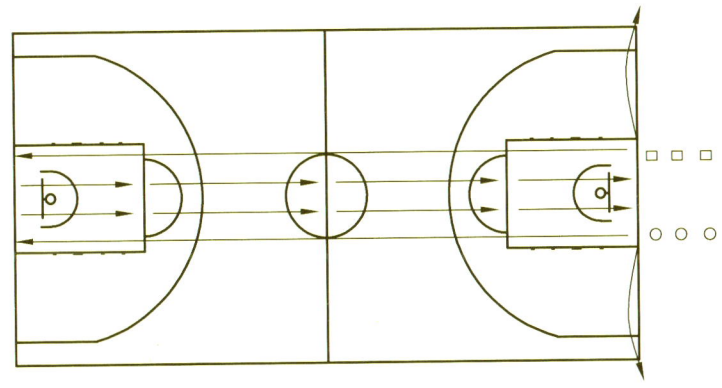

图 4-9-6

（4）规则：①放球者要把球放在圆圈内，若球滚离圆圈，由放球者重放，其他人不得帮助；但若对方队员有意把球弄出圆圈，则可立即判该队为负。②捡球者若抱球时漏球，由本人重新捡起，其他人不得帮忙。③无论放球或捡球都必须手摸另半场端线后才能返回。

（5）建议：①如参加游戏的人数多，可多分几个队进行，也可把每队各分为两组变为迎面捡放球接力。②为适应篮球专项特点，可在场上画几个相互交错的圆圈供放球用，使捡、放球成为变向跑、急停、转身的综合性游戏。

二、传球游戏

传球被视为篮球比赛中的无声交流的一种"语言"，是使球从后场推进到前场，或从防守密集区转移到防守宽松区域，或超越防守队员而采取的一系列方法。是篮球运动的重要进攻技术，传球的水平、能力和质量，既能反映一个班级或一支球队的整体风格，还能反映一个班级或一支球队集体主义的风貌，全面熟练地掌握传球技术，充分发挥集体力量，进而争得比赛主动权。通过游戏形式的练习，可以克服随意或盲目运动的不良习惯。

1. 球追球比赛

（1）目的：练习双手胸前传接球技术，提高学生的快速传球能力。

（2）场地与器材：篮球场1块，篮球2个。

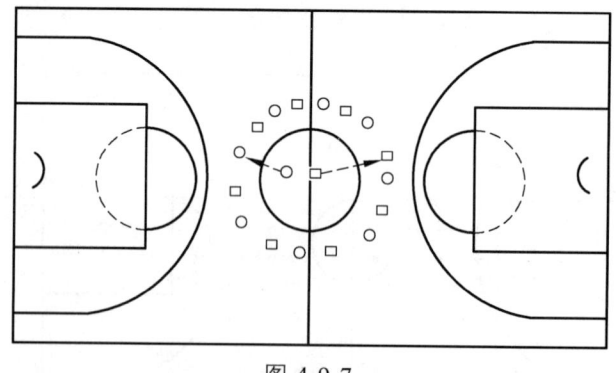

图 4-9-7

（3）方法：以两名传球技术最好的学生为队长，其他学生成圆圈站立，左右间隔一臂，报数。奇数为一队，偶数为一队。两队长各持一球背靠背站立于圆圈内如图 4-9-7 所示。游戏开始，两队长以双手胸前传球方式把球传给自己的队员，队员接球后，快速将球回传给队长，如此进行。两队所传的球互相追逐，以接球队员超越对方的队为胜。

（4）规则：只能采用双手胸前传球动作，队长只能在中圈内移动逐一把球传给本队队员。

（5）建议：在学生未熟练掌握传球动作时，教师可担任其中一队的队长。

2. 五角星

（1）目的：提高学生在快速跑动中连续接球的能力。

（2）准备：篮球场一块，篮球两个，在半场各分别标出 A、B、C、D、E 五个点，使这 5 个点相连成五角星。

（3）方法：把学生分成人数相等的两队，分别各在一个半场内，如图 4-9-8 所示，把两队的队员平均分配到所属的五角星的五个点上，两队在 A 点上的排头各持一球。游戏开始，两队持球队员在跑动中按以下规定方向和路线传球：A-B-C-D-E-A；每传一个点后立即起动跑到该点队尾。如此循环进行，在规定时间内失误次数少的队为胜。

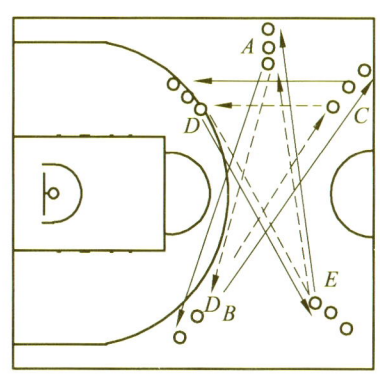

图 4-9-8

（4）规则：在游戏过程中，由各种原因造成的传球中断算失误一次。

（5）建议：①在熟习进行游戏的基础上，可增加游戏难度，将传球及跑动路线改为，开始时 A 传 D 后向 B 弧线跑动，之中接 D 的回传球球立即传给 B，跑到 B 的队尾，B 传 E，向 C 跑动，之中接 E 的回传球，再传给 C，站 C 排尾，如此循环。

② 也可从 A、B、E 点用两球同时开始进行该游戏。

3. 集体跳绳传球

（1）目的：提高学生传球的动作速度。

（2）场地与器材：篮球场 2 块，长绳 4 条。

（3）方法：把学生分成人数相等的两队，每队选出 4 人摇绳，每两人摇一条绳，其他队员分成两组分别站于两条跳绳旁边，其中一侧排头持一个篮球。游戏开始，持球队员快速跑上跳一次绳，立即把球传给对侧准备跳绳队员，然后跑至对侧排尾，对侧同伴接球后同样跳一次绳并把球传给另一跳绳的同伴，如此循环进行。

其中要求：全队每人轮一次，先完成的队为胜；在规定时间内跳一传球累加次数多的队为胜；在规定时间内连续跳——传球次数多的队为胜。

（4）规则：未持球跳绳为失败，凡被跳绳碰到或缠住均为失败。

（5）建议：可改为每三人一组，一摇一跳，两组不间断地传球。

4. 换位传球

（1）目的：提高移动中传接球的能力及传球后的跑动意识。

（2）场地器材：篮球场 1 块，篮球若干个。

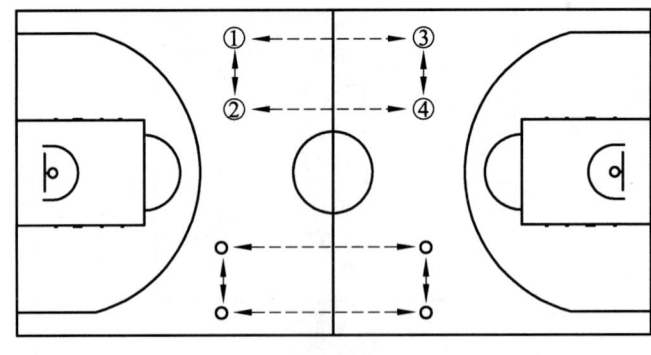

图 4-9-9

（3）方法：全班学生按 4 人一组分为若干组，每组两球，4 人如图示站立，如图 4-9-9 所示。其中③、④两圆圈相隔 3 米，②、④两圆圈相隔 3~5 米①、②持球。游戏开始，①、②传球给③、④后跑动换位接③、④的回传球，③、④传球后也跑动换位接①、②的传球。如此进行，在规定时间内传球次数多者为胜。

（4）规则计算次数以一传一接为一次，失误次数不算。

（5）建议：跑动距离和传球距离可增减；传球方式可事先规定；为增加游戏气氛，可要求学生在游戏中大声报出本组的传球次数。

5. 远传比准

（1）目的：掌握单手肩上传球技术，提高传球的准确性。

（2）场地与器材：篮球场1块，篮球2个，以篮球场四角顶点为圆心，分别1米和3米为半径画出两个同心扇形，如图4-9-10所示。

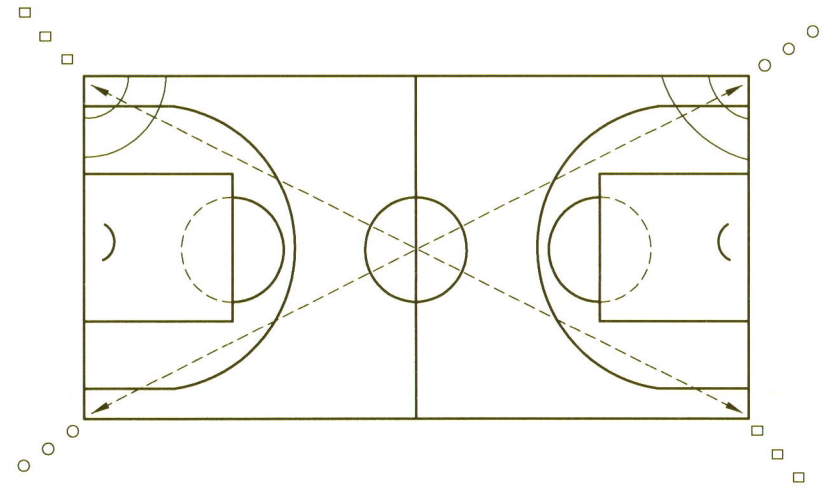

图 4-9-10

（3）方法：学生分别以纵队站于四个场角，每队两组排头中一人持球站于扇形内，用单手肩上传球方式传给对面位于小扇形的同伴，传完后自己排到排尾，同时本组第二人准备接对面的传球，规定在小扇形内接到球得2分，大扇形内接到球得1分，在扇形外接到球不得分，全队每人轮一次后，以得分多的队为胜。

（4）规则：若球着地后才接到球，视不得分，传球者不得超出扇形区域传球，否则扣分。

6. 角篮球

（1）目的：提高在有防守情况下的传球技术，增强配合意识。

（2）准备：以篮球场两对顶角为圆心，分别以 2 m 和 3.5 m 为半径，在边线和端线各取两点，连接相关点构成的两个区域。小三角为接球区，另一区域为防守区。将学生分成人数相等的两队，每队派一人站于接球区担任接球员。如图 4-9-11 所示。

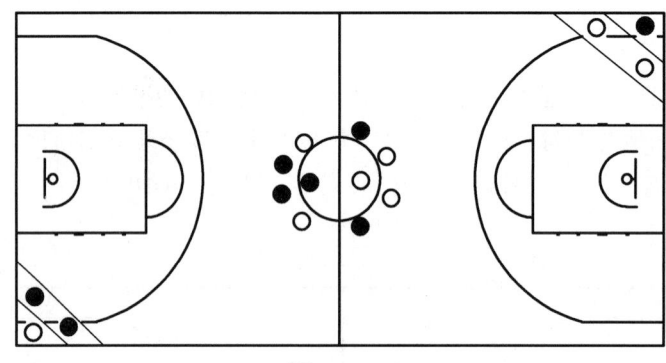

图 4-9-11

（3）方法：游戏从中圈跳球开始，得球队进攻，只准用传球，设法将球传给本队的接球队员。防守队则进行阻截和抢断，争取获得球权进攻。接球员在接球区内接到球，得 1 分。在规定时间内得分多的队为胜。

（4）规则：除接球队员外，其他人不得进入接球区，否则违例，攻方违例不得分，守方违例直接影响得分的，判对方得 1 分；发生运球、带球走或 5 秒违例，由对方掷界外球；一方犯规 3 次，判对方得 1 分；得分后，由失分一方在端线外掷界外球，继续比赛。

（5）建议：游戏时也可以缩小场进行，也可以不计时间，只计得分，以决胜负。

三、投篮游戏

投篮是篮球比赛中一次进攻的最后环节，有时一次投篮又决定着最终比赛的结果。因此，投篮技术的稳定性和投篮时心理状态的稳定性练习就显得尤其重要，通过游戏形式的投篮练习，来提高学生投篮的技术水平，可以达到意想不到的效果。

1. 投得快投得准

（1）目的：提高投篮命中数，增强长传准确的能力。

（2）场地与器材：篮球场 1 块，4 个篮球。按落位分开。

（3）方法：① 将球场按纵轴分为两部分，队员为人数相等的两队，各自在本队的半场中线角上站队，每队派一名队员在篮下拿一球，准备传球，如图 4-9-12 所示。

② 游戏开始，①❶运球出罚球线并长传给❷②上篮。❷和②接到球直接上篮投中得 2 分，接球后运球上篮投中得 1 分，传球出界扣 2 分。①❶传球后到本队队尾排队。

③ ❷和②投篮后，不论投中与否，都要抢篮板球并运球出罚球线，长传给③和❸上篮，然后到本队队尾排队。依次进行，先得到 30 分的队为胜。

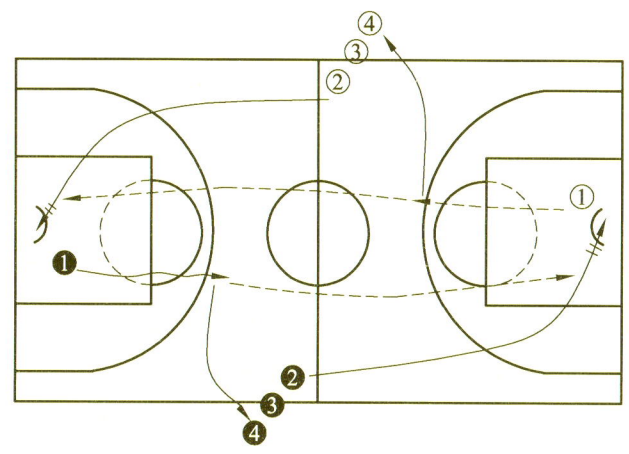

图 4-9-12

（4）规则：长传球时不能超过罚球弧顶。长传球出界时，上篮队员须把球拾回，但不能再投篮，只能到篮下开始运球、传球。

（5）建议：游戏必须在掌握了规范的投篮技术后才能进行。

2. 行进间投篮积分比赛

（1）目的：提高学生接球上篮技术和上篮命中。

（2）准备：篮球场 1 块，篮球 2 个。

（3）方法：将学生分成两组，各自面对一个球篮，在两边线与中线交接处，横排站立。并指定每队中的两人站于 3 区内，其中一人持球，如图 4-9-13 所示。游戏开始，排头向篮下弧线跑动，接 3 秒区内同学的传球，自己站在该同学后，等待下一次的传球。而传球的同学回到本组的排尾，上篮投中得 2 分，补中得 1 分，在规定时间内，先得到 50 分的队为胜。

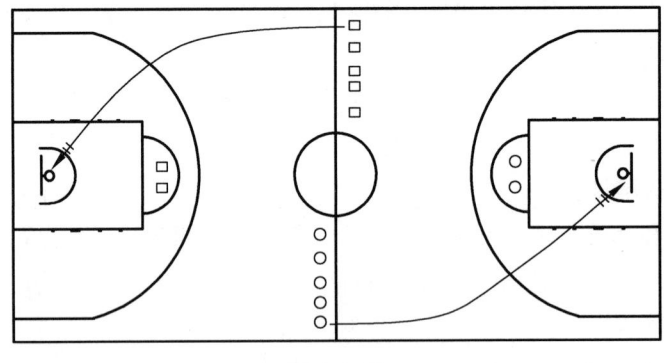

图 4-9-13

（4）规则：违例或接球后又运球再投中的算无效。

（5）建议：可规定上篮时的投篮方式。

3. 投篮晋级赛

（1）目的：改进和提高原投篮技术动作，提高投篮命中效果。

（2）准备：篮球场 1 块，4 个篮球。在四块半场的罚球圈虚线处、罚球线、罚球弧顶三处各画一标志点，从虚线标志点算起分别为一级、二级、三级，再把学生分成人数相等的 4 个队，成纵队面向球篮站立于三分线内，排头持球。

（3）方法：游戏开始排头在一级点投篮，无论投进与否自己抢球并将球传给第二人，自己排本队队尾，依次进行，每投进一球得 1 分，全队累积得 10 分后，到二级点位置投篮，在三级点位先得 10 分的队为胜队。

（4）规则：规定逐级投篮，不可越级，投篮方式可提前规定。

4. 抢先到中线

（1）目的：提高投篮时的命中数，强化投篮的责任感。

（2）场地与器材：篮球场 1 块，篮球 2 个。

（3）方法：如图 4-9-14 所示，在一个半场的两 45 度角处由限区从近到远标出三个投篮点。把学生分成人数相等的两队，分别成横队站于另半场的端线后，游戏开始，两队由第一个队员上场，到教师指定的地点投篮，投中的一方其队友前进一步，没投进的队原地不动，两队员投完篮抢篮板球并传给第二位同学，如此进行，靠中篮次数先走完中线的队为胜。

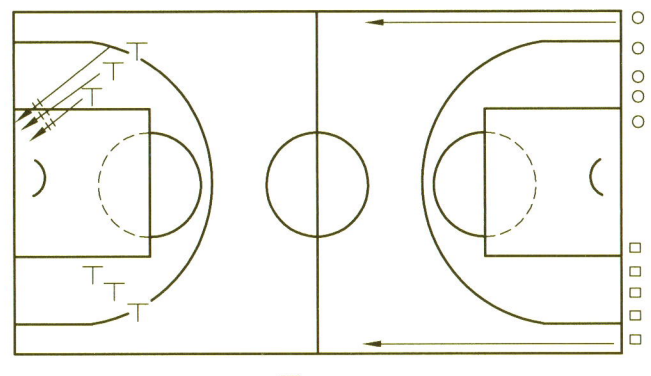

图 4-9-14

（4）规则：投中的队向前一步，不得有意加长距离。

（5）建议：可根据学生水平来增减投篮的距离，每队以 5~6 人为宜，如果参加人数太多，可分为几个队采用多种方式进行比赛。

5. 跳投接力

（1）目的：提高学生传球技术和接球急停跳投的命中。

（2）准备：篮球场 1 块，标志物 2 个，各放于两半场三分线与端线相距约两米处。

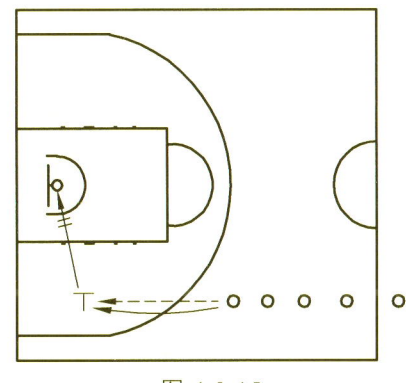

图 4-9-15

（3）方法：把学生分成人数相等的两队，各成纵队面向球篮方向站于两半场的三分线外左、右两侧，排头不持球，其他人各持一球。游戏开始，各队排头向标志物处跑，跑至标志物处接同伴传来的球做急停跳投，无论投中与否均要抢篮板后，自己站到队尾。如此连续进行，在规定时间内命中次数多的队为胜，或得分先达到规定分的队为胜，如图 4-9-15 所示。

（4）建议：游戏可采取三局两胜来判定胜负，每局进行完后要更换一个投篮点。

四、持球突破相结合的游戏

运球是个体支配球能力的重要反映，也是个人进攻和提高团队进攻力量和水平的重要手段。运用游戏形式进行运球与持球突破的教学，在轻松无压力的游戏情境下，有利于充分发挥学生运球与突破的能力，认识运球与突破的关系，学会尝试判断和掌握运球与突破的时机，扩大其视野，在提高个体实力的同时，提高球队整体实力。

1. 叫号运球

（1）目的：提高灵活机动和运球速度水平。

（2）在篮球场上画一直径为 6 m 左右的圆圈，以 18 人为一组均匀地分布在圆周上，圆圈内放 6 个球。学生一至三报数并记住自己的号数。

（3）方法：游戏开始，教师发出数字信号，所有代表该号的同学立即跑至圆圈内拿一球运到圆圈外，然后沿逆时针方向运球一周，再运至圆心将球放回原处，慢者为败。

（4）规则：学生拿到球后须运球到圆圈外，放回时也必须运球。

（5）建议：圆周的直径和分组人数依全班人数多少而定。

2. 穿跃丛林

（1）目的：使学生巩固已学的各种运球突破技术，提高在快速运球中的控球能力。

（2）场地与器材：篮球场 1 块，篮球 2 个。

（3）方法：把学生分成人数相等的两队，成两路纵队站于两边线外，每两人间隔约 1.5 m，排头持球，如图 4-9-16 所示。游戏开始，排头运球依次突破自己队友，第二名同学遂站到排头位置，其他类推），至端线后沿端线运球到另一边线，然后沿对角线运球至中圈，传球给第二位同学，自己站队尾。依次类推，先轮完的队为胜。

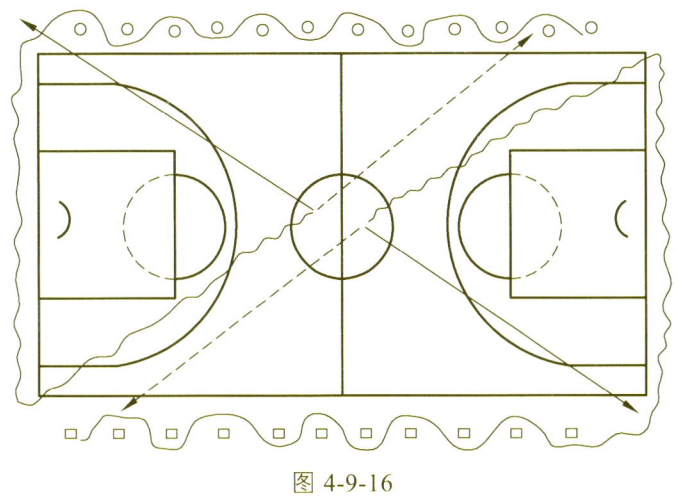

图 4-9-16

（4）规则：突破时至少用 4 种不同的突破方法。

3. 推瓶扶瓶

（1）目的：发展学生在快速运球中变换动作和控制球的能力

（2）准备：篮球场 1 块，篮球 2 个，灌的矿泉水瓶 6 个，沿一直线放于场内，如图 4-9-17 所示。

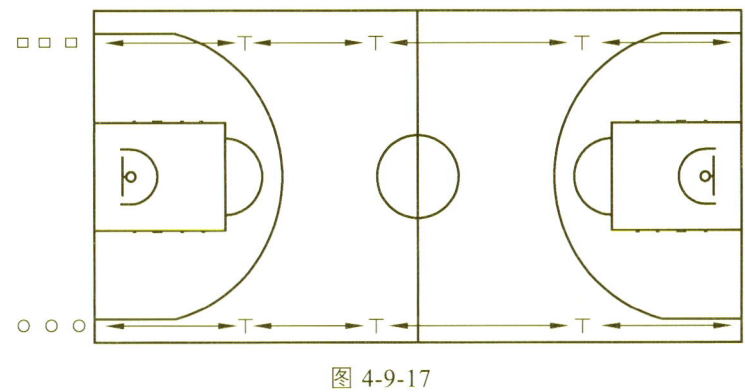

图 4-9-17

（3）方法：把学生分为人数相等的两队位于同一端线后，分别成纵队面向场内站立，排头持一球。游戏开始，排头向对面端线运球，途中用手依次把三个瓶子碰倒，到另一端线脚踩端线后运球返回，再把三个矿泉水瓶依次扶起，回到原出发点用手递手的方式把球交给下一个同伴。如此轮流，先轮完的队为胜。

（4）规则：碰倒或扶起瓶子时，必须一手作低运球、另一手碰或扶瓶，否则无效；返回起点时，必须用手递手的方式把球交给下一个队员，否则无效；被判"无效"的运球必须重跑一次。

4. 抢球投篮比赛

（1）目的：提高学生在对抗下的投篮能力。

（2）场地器材：篮球场1个，篮球4个。

（3）方法：把学生按4人一组分成若干组，比赛的两组等距离站于两个半场的罚球线及工线上，把4个篮球等距离地入在中线上，听信号两队分别快速向前跑动抢球，抢到球的同学运球突破上篮，没能抢到球的同学变为防守。每一局进球多的一组为胜，若进球数相等，换后面两组比赛，如图4-9-18所示。

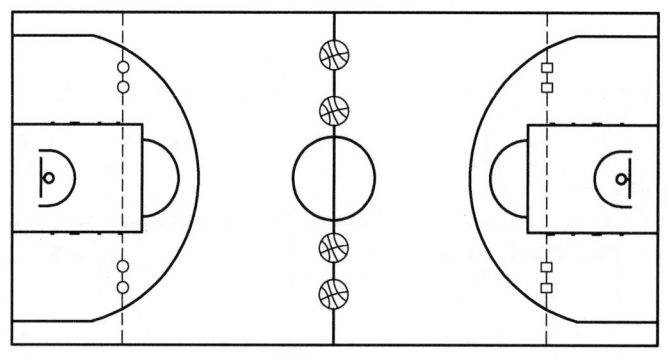

图 4-9-18

（4）规则：按《篮球竞赛规则》中的有关条款进行；若出现防守方用犯规方式不让对方投篮，判进攻方进一球。

5. 胯下传球、运球圆周接力

（1）目的：培养学生团结协作精神，提高运球能力。

（2）场地器材：篮球场1块，篮球4个。

（3）方法：将学生分为人数相等的4组，如图4-9-19所示，等距离地站在篮球场的中圈上，排头持球。游戏开始，各排头迅速把球从胯下传到排尾，排尾开始从所有队员身后运球一周后站到本队排头的位置上，将球从胯下传到排尾，下一位同学开始。如此循环，先轮完的组为胜。

（4）规则：运球失误，将球从失误地点持回继续运；不得以任何方式阻挠其他组队员。

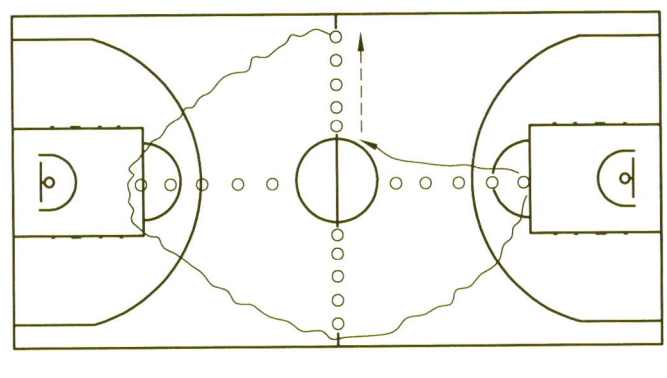

图 4-9-19

6. 换球运球投篮

（1）目的：提高运球、投篮技术动作的衔接和应用能力。

（2）准备：在每个半场三分线45°角的外侧设两个固定点并各放一球，将全体学生分为人数相等的两组成两路纵队站于端线后，每人持一球。

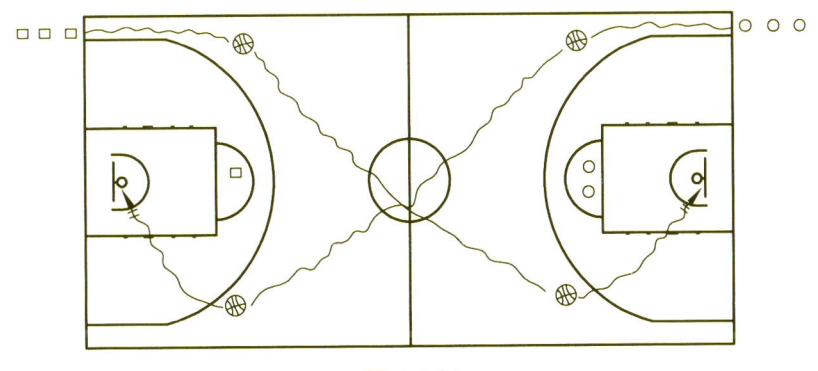

图 4-9-20

（3）方法：游戏开始，排头向前直线运球，到固定点把球与地上的球交换，然后继续运球，第二次换球后运球上篮，不中要补中，投中或补中的同时本队第二名同学开始运球，第一名同学持球回队尾。全队每人轮一次，先轮完的队为胜，下轮比赛交换位置，如图 4-9-20。

（4）规则：换球时必须将球放置固定点内；上一名同学投中或补中后下一名同学才能开始运球。

7. 对抗出局

（1）目的：提高学生对抗下的运球能力。

（2）器材场地：篮球场 1 块，每人 1 球，依人数多少在场地内画一些与中圈等大的圆圈。

（3）方法：根据队员的对抗能力分为两人一组，占一个圆圈游戏开始，学生在控制运球的情况下，用肩膀互相挤推，力争把对方挤出圆圈，在规定时间内将对方挤出次数多的同学为胜。

（4）规则：只能用身体对抗，不能用手推；用力对抗过程中，运球失控视为出局一次。

（5）建议：分组时，要遵循两人实力均等的原则。如果参加的人数较多，可分为几队轮流进行。

8. 三面晋级投篮[15]（如图 4-9-21 所示）

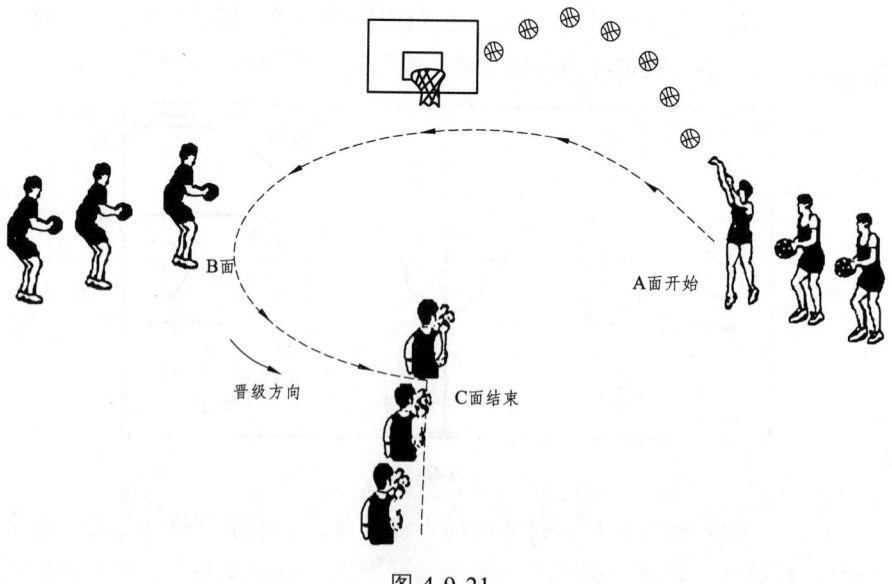

图 4-9-21

（1）目的：提高学生投篮命中数，帮助差生改进和提高投篮技术水平。

（2）器材场地：半场一个，篮球最好每人一个。

（3）方法：从限制区外 A 面面向篮筐方向列队开始投篮，命中者晋级 B 面并面向篮筐方向列队等待准备投篮，非命中者则回到本位 A 面列尾等待下一轮的投篮，非命中者第 1 人至 N 人回到 A 面列尾并视为第二轮投篮的开始，待 A 面列队者全部完成投篮并产生晋级者与非晋级者后，B 面列队晋级者开始投篮，若 B 面列队产生投篮命中者，则晋级到 C 面，非命中者仍留在 B 面等待下一轮的投篮。若晋级到 C 面的投篮者完成投篮并命中，则该投篮者结束本次投篮，非命中者则仍留在 C 面等待下一轮的投篮，并依次循环。

（4）规则：① 可运用单、双手肩上颠投、跳投方法。② 为了公平竞争，确保每人在完成投篮任务前的投篮次数相等，刚晋级的练习者不能在晋级 n 面上投篮，必须等待下一轮次投篮机会的到来，违者失去本游戏参与权。③ 最先完成前 3~5 名者加分。此游戏特别需要考验练习者自律精神，这是本练习内在规定性决定的，这也是选用本练习并展开实验研究的价值和意义所在。

（5）建议：① 晋级投篮摸底练习与晋级投篮验收练习模式为不分组的学练模式，并进行统计工作，分组学练模式不进行统计，原则上只进行学练管理与技术指导，而晋级投篮摸底练习与晋级投篮验收练习模式，原则上不进行技术指导工作，只进行学练模式的管理，确保流程的有序运作。② 因练习本身存在的轮秩性，也就必然伴随自然等待的现象，此时，基础比较好的男生产生无聊情绪，以及这部份男生可能出现提前能结束，本练习过程的教学管理应引起高度关注，避免对这部分男生产生"放羊式"甚至"放鹰式"的教学管理乱象。这也是在推广晋级投篮练习方法时必须注意的一个重要问题。

第十节　教案示例与教学案例

一、教案示例

教案是落实教学计划的最基础的环节，是教学工作的最基本、最重要的内容，每堂教学课必须要有明确的目的、任务和要求。为了上好实践课，课前必须周密考虑、认真备课，写好教案。教案是执行一堂篮球选项实践课的具体计划，它应包括准备、基本内容和结束三个部分。教案的基本内容应有：制订课的任务；选择教学内容及练习形式；教学要目标、要求和合理安排运动量等。

某学院篮球选项教案 1

20——级（　　学院）本、专科（　　人数）教师：——
时间：　年　月　日　学期　　第 N 次课

教材内容	脚步移动基础技术：1."8"字放松跑，要依次交叉；2. 折返跑；3. 起动；4. 一步、两步急停
教学目标	规范系统掌握篮球运动中那些基础的、重点的、实用的脚步移动技术
设计思想	1. 力争避免"吃不饱"与"吃不了"现象的发生。 2. 注重篮球运动脚步练习的系统、关联和衔接性

部分	时间	课的内容	组织教法
准备部分	10分钟	（一）集合 1. 值日生集合整队。 2. 宣布课堂内容与任务、安全提示与见习生的安排等。 （二）准备活动 1. 手腕、踝、膝关节绕环 2. 扩胸运动 3. 正压腿 4. 腹臂运动 5. 腰绕环 6. 仆步压腿	到位和着装情况 1. 基本队形如图： 由基本队型成一路纵队，并绕于篮球场边、端线跑3~4圈。其变化为下图所示：

准备部分	10分钟		2. 分别依次做准备活动 其中，（1）扩胸运动、腹臂运动、仆步压腿为行进间完成；手腕、踝、膝关节绕环、正压腿、腰绕环为原地完成。 （2）均为4～8呼。 （3）绕场跑的目的在于对篮球场的长度、宽度和线条的初步认识。不断形成良好的球场时空感。 3. 通过再次绕场跑，还原成基本队形，以利于基本部份的展开
基本部分	60分钟	基本部份： 脚步移动基础技术： 1."8"字放松跑，要依次交叉。 2. 折返跑。 3. 起动。 4. 一步、两步急停。 练习量：每人每项练习三组，采取边练边提示、边纠正的方法。	1.'8'字放松跑：如下图 （1）要依次交叉。 （2）弧顶时，注意内外侧脚和重心内移倾斜。 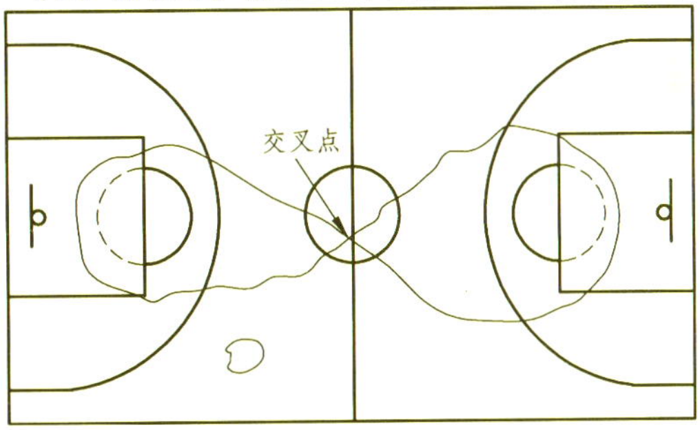 交叉点 2. 折返跑 （1）通过折线跑，认识自己所用的快起和快停的方法与将要学习的篮球运动中的起动和急停方法的异同性，并加以对比，最终对所学内容中动作的正确定型和运用。 （2）每板块来回一次，以球场五个分区折返跑，要求屈膝下蹲、用手触摸两侧线。 （3）注意（安全提示）：要在原路线返回并保持直线跑动，如下图 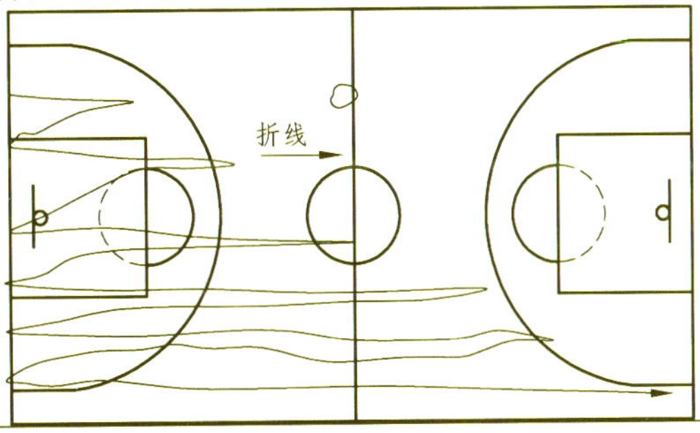 折线

| 基本部分 | 60分钟 | | 3. 起动：（本课重点）

练习队型：成纵队三列，每横队三人一组。

讲解与示范：

（1）先退后上。即以右脚为例：并步曲膝开离准备好后，右脚退蹬，瞬息迈左脚，右脚紧跟上后，进入加速急跑阶段。

（2）此法，改变顺步上步的落后且不科学的起动方法。

（3）起动的练习与要与如何更快地停住联系起来进行教学。如下图所示：（起动、急停学练队形如下图）。

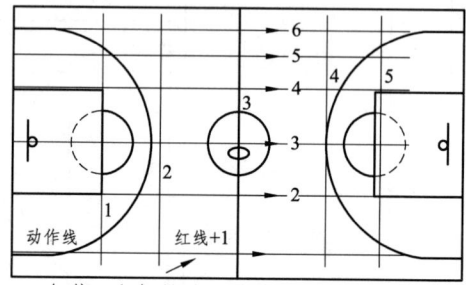

4. 急停：（本课重、难点）

讲解与示范：

（1）一步急停也叫跳步急停，两步急停也叫跨步急停。

（2）无论是一步急停，还是两步急停，都要克服跳——即腾空时间过长的问题。

（3）急停后，无论是一步急停的并步，还是两步急停前后步，两脚都要尽可能地开离一些，以利于占据更大的防守空间。

要领：

均以右脚为例：一步急停时，右脚制动后微跳起并带动左脚前移至成并步后，左右脚同时落地，以成并步（两脚尖前沿几乎平行内扣）曲膝开离之势。重心在两脚之间。

两步急停时，右脚制动后，左脚跟进前撑，脚尖内扣。重心从右脚转移至两脚步之间。以成前后步曲膝开离之势。

（注：急停学练队形如上图）

结束部分队形图示： |

基本部分	60分钟	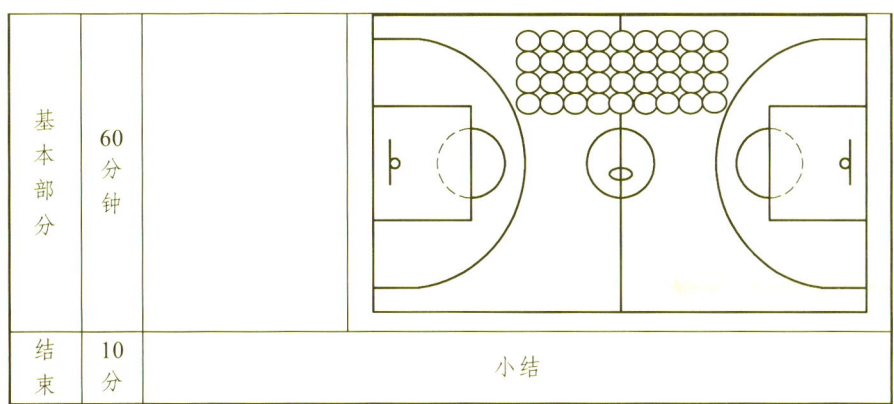
结束	10分	小结

某学院篮球选项教案 2

20——级（　　学院）本、专科（　　人数）教师：——

时间：　年　月　日　学期　第 N 次课

教材内容	脚步移动基础技术：1. 直线后退跑；2. 三变向组合练习：一步急停转身、侧向一步急停顺步变向、侧向一步急停交叉步变向；3. 滑步：三组合练习（侧滑步、追击步和抢步）
教学目标	规范系统掌握篮球运动中那些基础的、重点的、实用的脚步移动技术
设计思想	1. 力争避免"吃不饱"与"吃不了"现象的发生。 2. 注重篮球运动脚步练习的系统、关联和衔接性。

部分	时间	课的内容	组织教法
准备部分	10分钟	（一）集合 1. 值日生集合整。 2. 宣布课堂内容与任务、安全提示与见习生的安排等。 （二）准备活动 1. 手腕、踝、膝关节绕环。	到位和着装情况 1. 基本队形如前次课所示： 教师 由基本队型成一路纵队，并绕于篮球场边、端线跑 3~4 圈。其变化为下图所示

准备部分	10分钟	2. 扩胸运动。 3. 正压腿。 4. 腹臂运动。 5. 腰绕环。 6. 仆步压腿。 7. 头部运动	 2. 分别依次做准备活动 其中，（1）扩胸运动、腹臂运动、仆步压腿为行进间完成；手腕、踝、膝关节绕环、正压腿、腰绕环、仆步压腿、头部运动为原地完成。 （2）均为4~8呼。 （3）绕场跑的目的，在于对篮球场的长度、宽度和线条的初步认识。不断形成良好的球场时空感。 3. 通过再次绕场跑，还原成基本队形，以利于基本部份的展开
基本部分	60分钟	基本部份： 脚步移动基础技术： 1. 直线后退跑。 2. 三变向分解练习： （1）一步急停转身。 （2）侧向一步急停顺步变向。 （3）侧向一步急停交叉步。 3. 三变向组合练习。 变向练习包括变该方向的相反方向的练习	1. 直线后退跑 讲解与示范： 要领：重心后移，眼平视前方，前脚支撑，后退时小腿后撑，两臂协助维持平衡并前后摆动。 练习形式：以基本队形成纵队即7例纵队开练。后退跑时要注意安全。 2. 三变向分解练习：每人每项练习二组。共6组。边练边提示、边纠正。 （1）一步急停转身 转身时，以髋关节来代动下肢转向。依次先后以前脚掌作旋转，使身体成纵轴转动。 （2）侧向一步急停顺步变向 一步停成并步后，紧跟顺步变向 （3）侧向一步急停交叉步变向练习 一步急停成并步后，紧跟交（前）叉步变向。侧体送肩 三变向分解练习，如下图所示：7例纵队练习线路为红色线，动作区以蓝色线段表示。

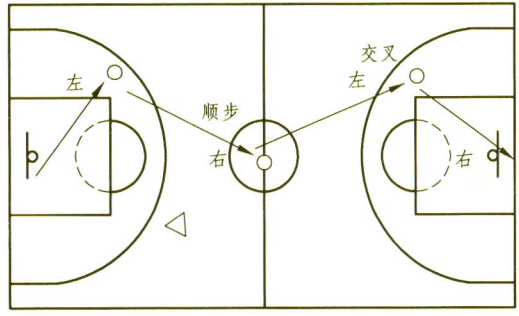

3. 三变向组合练习，该练习三组：

顺步变向、交叉步变向和后转身变向跑。

以上练习注意节奏，并步成型后，方可接下一动作。且一步急停成并步前，不能跳得过高、注意保持缓冲的过渡。（标志筒6个）

三变向组合练习线路如下图：该练习量，每人三组，每人每项练习二组，共6组，边练边提示、边纠正。

提示：（1）在顺步变向、交叉步变向和后转身变向跑中，一步急停后出腿速度要快而急促。

（2）时机、节奏和重心要把握好。

4. 滑步——左右、侧前后

（1）讲解与示范

要领：成起动姿势，重心落于前脚掌。两臂协同滑步并以滑步的方向而变化平举与斜上举的手法。

左右、侧前后滑步分别先后练习三组。每组成50秒（1）、30秒（2）、15秒（3）递减。在间息中提示、纠正。

| 基本部分 | 60分钟 | | |

基本部分	60分钟		（2）三组合分解练习 　　参照三组合练习图，即按一个面为一个移动动作来进行练习。每人每项练习二组，共6组，边练边提示、边纠正。 　　①前后（侧）滑步 　　运用刚学习的滑步——左右、侧前后。 　　②追击步（交叉步） 　　前、后（侧）追击步（交叉步）。 　　③抢步 　　滑步时，由于跟不上对手移动的速度，为完全跟上并卡住线路，而急速连续抬起同向腿（3~5步或次）所运用的移动方法。 　　5. 三组合练习 　　练习线路：（标志筒8个）成两组纵队，以红线为界。1-2-3分别表示分区内所要完成的移动动作以及线路。其"1"表示前后（侧）滑步；"2"表示追击步（交叉步）；"3"表示抢步。 　　该练习量：每小组每人每面练习3组，边练边提示、边纠正。 （篮球场示意图：进攻方向，标注1、2、3，左、右） 6. 放松运动
结束部分	10分钟		小结

某学院大学体育与健康篮球选项课教案 3

20——级（　　学院）本、专科（　　人数）教师：——

时间：　年　月　日期　第 N 次课

教材内容	1. 新授：传、接球基础技术，以双手胸前传、接球技术为例。 2. 复习：行进间上篮技术
教学目标	1. 以大学生健康生活为主线，培大学生体育核心素为目标。 2. 认识篮球运动传球的重要性，初步掌握篮球运动双手胸前传、接球技术方法
设计思想	1. 以结合篮球严密的竞赛规则，引导和培养大学生遵守和运用规则能力，并与规矩意识的相通性加以认识。 2. 力争避免"吃不饱"与"吃不了"现象的发生，相对提高动手操作能力，以适应转型发展之潮流。 3. 强化篮球技术传习，倡导建立在技术基础之上的健身育体，形成体会深层次体育技术习得而获得的快乐

部分	时间	课的内容	组织教法
准备部分	10分钟	一、集合 1. 值日生集合。 2. 宣布课堂内容与任务、安全提示与见习生的安排等。 二、准备活动 1. 手腕、踝、膝关节绕环。 2. 扩胸运动。 3. 正压腿。 4. 腹臂运动。 5. 腰绕环。 6. 仆步压腿。 三、注：热身跑或贴膏药（根据当堂课的天气而定）	1. 教具准备：篮球 35 个左右，标志筒 9 个左右。 2. 基本队形如图： 　　　　　学生 　　　　教师 3. 检查到位和着装情况 准备活动：做 8 个有关于传球方面的球性练习，举球换手、体转运动、仆步压腿、胯下抛接球（直线与折线各一种）、三绕环、接高抛球和接高抛反弹球、移动胯下换手换球和行进间抛球、抛球换位，准备部分是自传环节，基本部分是互传环节。

准备部分	10分钟		由一种交接篮球的方式引出本节课的主题——意识与篮球意识，或意识与篮球传球意识的问题引出本课的基本内容。 4. 以下两个内容为机动（择其一）： （1）绕场跑：其主要目的，在于对篮球场的长度、宽度和线条的初步认识。不断形成良好的球场时空感。如下图：a 分队与合队报数，b 持球自由做动作。 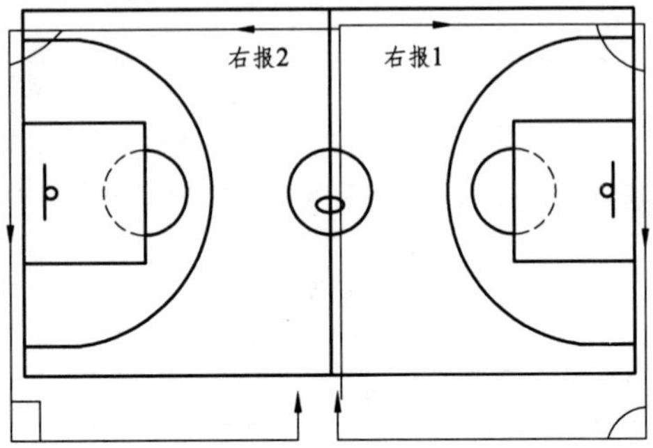 右报2　　右报1 （2）贴膏药游戏：其主要目的，在于提高变速、变向跑的能力，对提高篮球基本功有较大作用。由基本队型成贴膏药游戏分散成形。做游戏5~10分钟，贴膏药游戏方法讲解——略。如下图示展开，跑动时可超越球场空间范围 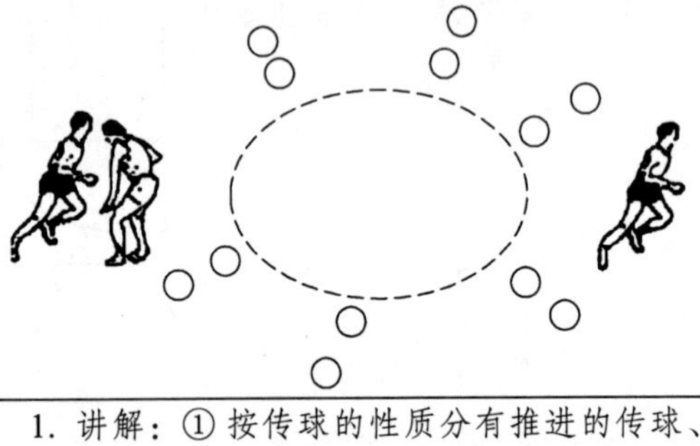
基本部分	60分钟	基本部份： 传接球基础技术。 1. 传、接球技术内容与方法概要。 2. 双手胸前传、接球技术练习。	1. 讲解：①按传球的性质分有推进的传球、转移的传球、超越的传球。②按传球的方式分有单手高、中、低，双手高、中、低传球。③按传球的形式分有直传、背传、抛传。④按自己或对手以及同伴所处的位置或距离，又可分为内、外传或长传、短传等。⑤借助地面或球架的传球。

基本部分	60分钟	3. 三角传、接球学练。 ① 技术内容。 ② 教学方法：讲解示范与试做。 ③ 练习与组织形式：分组分轮练习（如图所示）盘式三角传、接球	2. 讲解：双手胸前传、接球要领，两手五指自然分开，拇指相对成八字形，用指根以上部位持球的侧后方，手心空出。两肘自然弯曲于体侧，将球置于胸前部位。身体保持基本站立姿势，眼睛注视传球目标。传球时，后脚蹬地，身体重心前移，同时前臂短促地前伸，手腕急促向上翻转，用手腕抖动和拇、食、中指向传球方向用力弹拨将球传出。 要领与示范：迅速伸臂，手腕急促地翻转，拇指下压，食指和中指用力拨球。 提示：两点确定一条直线，传出的球要有利于同伴做下一个动作，传球要做到及时、果断、准确、多变、隐蔽。 3. 三角组合传球练习人球走位线路图，如下： 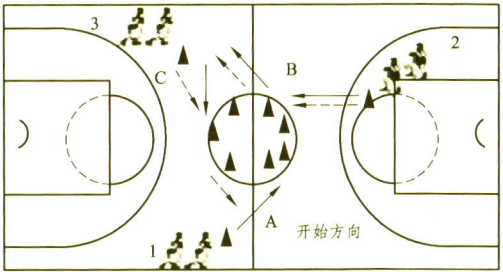 （1）按 1、2、3 的顺序报数，分别产生报 1 的为 1 组、报 2 的为 2 组、报 3 的为 3 组，并分别面向中圈成三角纵队排列于单个标志筒的外面。 （2）讲解说明：虚线为传球线路，实线为移动路线；单个标志筒为外，多个标志筒圆周表面为内。 （3）进程：排头 1 跑向 B 面，接排头 2 传向 B 面的球，排头 1 在 B 面接球后传向 3 排头，同时向右侧回位到 3 的排尾。此时，2 排头将球传出后，快速跑进到 B 面接排头 3 的回传球，同时将球传向 A 面并回到 1 的排尾，依次循环。

部分	时间	课的内容	组织教法
基本部分	60分钟		（4）要求：用双手胸前直传（本节课练习内容）、单手高、低传球、双手反弹传球、运一次转身胸前传球；外向内传球者在传前不能超越在外的标志筒；内向外传球时要紧贴多个内在标志筒圆周表面做向心的跑动。 （5）重点：（以本节课练习内容为例）明确接、传球时的位置、方法。 （6）难点：在内向外的传球要到位，要做到这一点，只有在跑动接外向内的传接球时，用余光发现将要由内向外传球的去向，同时，注视由外传来的球，并接好它，方可较准确地实现由内外外的传球目标。 （7）易犯错误：转头和转身动作不显著，看球不看人，不能紧贴多个内在标志筒圆周表面跑动。 （8）示范与纠错：用"眼观六路，闻听八方"之说来提示观察局部线路，而不是整体线路。 （9）练习量：以初步认识传球流程作为基本练习总量，转化为量的计算为两轮，第一轮为30分钟，间隔10分钟，第二轮为20分钟
结束部分	10分钟	1. 放松。 2. 点评	抖动大、小臂！ 本课以技术练习为核心。本周本班本内容是最后完成的，因此，可对本班对本内容的学习效果进行班内外的纵、横向比较，并指出存在的问题与努力方向

某学院大学体育与健康篮球选项课教案 4

20——级（　　学院）本、专科（　人数）教师：——
时间：　年　月　日期　第 N 次课

教材内容	传、接球基础技术：1.原地双手胸前接、传球；2.圈内三角双手胸前对传球；3.'二人'全场移动对传、接球
教学目标	规范系统掌握篮球运动中那些基础的、重点的、实用的传、接球技术
设计思想	1. 力争避免"吃不饱"与"吃不了"现象的发生。 2. 注重篮球传、接球练习的基础、规范和实用性
部分	时间　课的内容　　　　　　　　组织教法

部分	时间	内容	组织与要求
准备部分	10分钟	（一）集合 1. 值日生集合整队。 2. 宣布课堂内容与任务、安全提示与见习生的安排等。 （二）准备活动 1. 手腕、踝、膝关节绕环。 2. 扩胸运动。 3. 正压腿。 4. 腹臂运动。 5. 腰绕环。 6. 仆步压腿。 （三）热身游戏——贴膏药	到位和做装情况 1. 基本队形如图： ＸＸＸＸＸＸＸＸ ＸＸＸＸＸＸＸＸ　　学生 ＸＸＸＸＸＸＸＸ ＸＸＸＸＸＸＸＸ 　　Ｘ　　▲ 教师 2. 由基本队型成贴膏药游戏分散成形。先做准备活，后做游戏，5分钟。 依次分别做准备活动 其中，（1）扩胸运动、腹臂运动、仆步压腿为行进间完成；手腕、踝、膝关节绕环、正压腿、腰绕环为原地完成。 （2）均为4~8呼。 （3）绕场跑的目的，在于对篮球场的长度、宽度和线条的初步认识。不断形成良好的球场时空感。 3. 贴膏药游戏讲解——略
基本部分	60分钟	基本部份： 1. 传、接球基础技术总论： 传球的目的和作用主要有：转移的传接球、推进的传接球和超越的传接球三个目的或三大作用。 双手胸前接、传球主要起转移的作用。双手胸前接、传球在比赛中是用得最多的形式。 2. 本课内容： （1）原地双手胸前接、传球 （2）圈内三角双手胸前对传、接球	1. 原地双手胸前接、传球 讲解与示范： 接球：眼视来球，两臂迎球伸出，两手手指自然张开，拇指相对成八字形，其他手指向前上方，两手成一个半圆形。当手指触球时，两臂顺势屈肘时后引缓冲来球的力量，两手持球于胸腹前，成基本站立姿势。 传球口诀：两腿前后分开站，双手持球置胸前。手指分开要自然，拇指八字记心间。指根以上去持球，掌心空出两肘屈。后脚蹬地重心移，两臂传球要伸直。食指、中指把球拨，拇指用力并下压。手腕翻转把球传，全身协调是关键。 教法： （1）徒手模仿传球时腕翻转和指拨球的动作。 （2）两人一组贴球对推模仿胸前传球整体用力感。 （3）徒手做原地投篮动作的模仿练习，体会全身的协调配合和出球的指腕动作 （4）面对墙、篮板或二人对面相距2~3m，做投篮动作练习。

基本部分	60分钟	（3）"二人"全场移动对传、接球	要求：①手掌握球，指端贴住球；②传球时两肘不能外展；两臂用力不均匀；③全身动作配合不协调。 练习组织形式，如下图所示。 该练习量，每小组每人每面练习2组。 2. 圈内三角双手胸前对传、接球（重点） 讲解与示范：一对一成若干个小组，以跳球圈为直径的"面"为移动区域，接直径中点线传来的球，并以跨步、或跳步急停为接球形式。移动时用侧身看球跑为基本方式。传球必须用双手胸前传接球技术。接球可用单手接球后过渡到双手持球。做到"三威胁"姿势，即维持传、运、投的姿态后再作双手胸前回传。 练习线路：19个小组分散在全场每个角落。 该练习量：每小组对传25次，共练习3组，边纠正边练习。 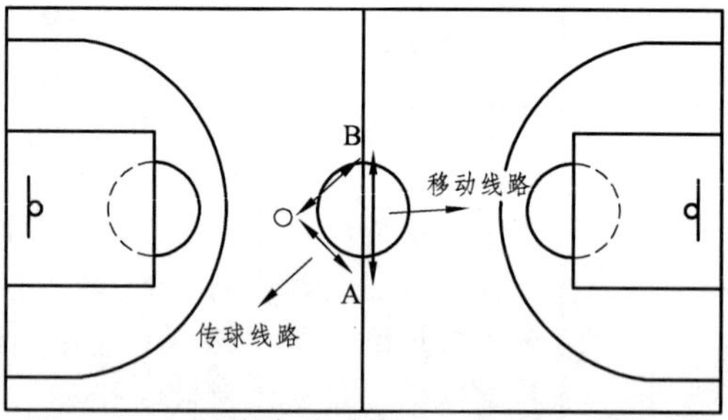 注1. A、B两端为移动顶点，红线为移动线路，且左、右脚分别出圈，两条斜黑线为传球线路。 注2. 要有节奏，要侧身看球，要规范急停，要胸前传球，可单手接球。 3. "二人"全场移动对传、接球 组合练习线路如下图： 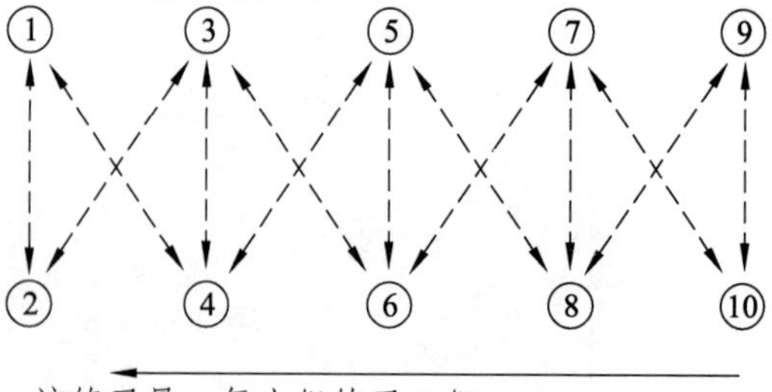 该练习量：每小组练习5组。 放松活动：略

| 结束部分 | 10分钟 | 小结 | |

二、教学案例

教案反映的是上课前的教学准备，教案示例是对上课前教学准备的一种呈现或展示；案例则是指对已授课程重点和难点存在问题的一种分析，或者是对新技术的一种补充式的教学方法。教学案例主要反映的是课后对问题的追问与反思。

某学院大学体育与健康篮球选项课专题教学案例1（室内课）

20——级（　　学院）本、专科（　　人数）教师：——

时间：　年　月　日期　第N次课

教材内容	一段式跳起投篮
教学目标	跳起投篮先进技术结构的认识
设计思想	通过多媒体技术教学设计手段，再现并讲解当代球星跳起投篮技术的特点与风格
	课的内容 组织教法

| 思考题：对于跳投，你自己更适合哪一种投篮方式？ | 简介：
　　一段式跳起投篮是在投篮过程中，全身的协调发力紧密结合，没有明显的停顿的一种投篮方式。在当下，以 NBA 球员斯蒂芬·库里的一段式投篮最为出众。下面将以库里为例从以下几个环节进行分析：
（1）接到球准备投篮前的准备姿势（starting position）
（2）将球从起始姿势到出手姿势的过渡过程（shot line）
（3）出手前的投篮姿势（set point）
（4）出手的过程（release）

图 4-10-1

一、起始姿势（Starting Position）
1.身体姿势
① 膝盖内扣
　　这样做的好处很明显，就是可以增加下半身的稳定性。特别是运动中急停的投篮，有意识地做这个动作更是非常有效果。

图 4-10-2 |

② 脚尖偏向一侧，身体侧对篮框

之所以要这样做，是因为这样有利于肩膀（身体）侧过来，可以更好地进行瞄准，发力。这种站位除了双脚侧向一方外，最显著的特点是会有一个脚在前。

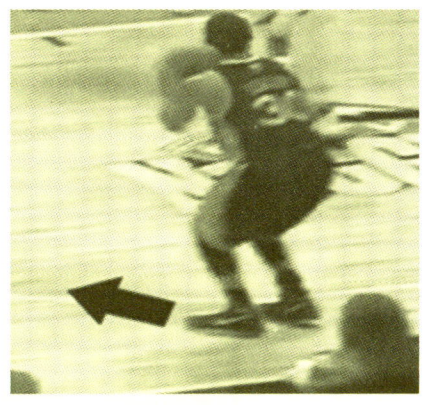

图 4-10-3

思考题：
对于跳投，你自己更适合哪一种投篮方式？

2. 球的位置在腰部附近

职业的球员或者有经验的业余球员很少会在接球的下一个瞬间就会拔起来投篮的。通常会有一个将球向下放的过程，同时伴随着下蹲，这也就是起始姿势球的位置。有很多球员会在罚球的时候做很夸张的下蹲动作，代表人物就有斯塔克豪斯，大加索尔等人。图上面的红线表示，上线是接球的位置，下线的是出手点的位置。

图 4-10-4

二、出手前的过渡过程（Shot Line）

1. 手握球的方式

有经验的篮球爱好者都知道接球后双手握球的姿势和出手前的持球姿势是不同的，接球后双手是在球两侧对称的位置，投篮的手型则是一手在后，一手在侧面扶住球。那么从接球到投篮这个之间是如何转换手型的呢？是一开始就调整成投篮的手型然后上举？还是在上举的过程中调整成为投篮手型？库里是在上举的过程中调整。

2. 球的路线

球的路线就是如何选择球的路线进入到投篮姿势。正面看的话，最直接的路线就是直线上下，从右腰部上升到投篮点。从侧面看，库里的球的轨迹更贴近身体，比较平顺。

三、出手前姿势（Set Point）

图 4-10-5

思考题： 对于跳投，你自己更适合哪一种投篮方式？

1. 肘角度

① 侧面角度。

相信大家在学投篮的时候都听过一个很流行的说法，叫"三个 90°"，也就是大臂和躯干成 90°，小臂和大臂成 90°，手腕（手）和小臂成 90°。有意思的是，库里投篮只有一个 90°，就是大臂与躯干的 90°，而其他两个角度都是小臂与大臂 60°，手腕则是自然下压即可。

② 正面角度。

肘关节与身体躯干基本在一平行面，肘关节指向投篮方向。

2. 出手点位置

二段式投篮和一段式投篮有着明显的区别。顾名思义，二段式投篮就是在空中充分跳起后，在空中有一个停顿的动作，然后将球投出去，代表人物有科比、雷阿伦。而一段式则是整个将球推出的过程是一气呵成的，中间没有停顿，也只需要离地很小的距离即可，代表人物有库里。

思考题：
对于跳投，你自己更适合哪一种投篮方式？

3. 出手前的手型
在自然状态下，手指尽量张开，掌心空出。

图 4-10-6

四、出手过程（Release）
大臂带动小臂协同发力，抖动手腕，食指和中指将球拨出。出手后，保持手臂伸直，眼睛全过程一直盯着篮筐。

图 4-10-7

图 4-10-8

图 4-10-9

图 4-10-10

思考题：对于跳投，你自己更适合哪一种投篮方式？	 

图 4-10-11

某学院大学体育与健康篮球选项课专题教学案例2（室内课）

20——级（　　学院）本、专科（　人数）教师：——

时间：　年　月　日期　第 N 次课

教材内容		篮球进攻"暗示"与运用方法[16]
教学目标		竞技篮球中的"暗示"，分为技、战术暗示和自我暗示，也包含教练训练和临场指挥中的"暗示"。现代竞技篮球朝着信息化、瞬息性方向发展，使其"暗示"在现代篮球比赛中的运用显得越来越广泛和重要了。特别是对处于未完全成型的技、战术打法的球队和心理品质未完全成熟并处于学校层面上的竞技篮球运动员而言，其"暗示"的作用和意义不言而喻
设计思想		竞技篮球暗示是篮球比赛中的一种交流的特殊语言；关于暗示一般性描述；竞技篮球暗示的内涵
部分	时间	课的内容 组织教法
准备部分	2分钟	关于竞技篮球"暗示"方法的探讨，旨意在通过"暗示"方法的教学运用来提高篮球运动技术和心理水平，为加快和提高高校篮球选项教学水平的快速发展和尽力改变目前有关部分学生对教师指导下的篮球教学活动不予认同，而对其篮球对抗之下的自主学练有"其乐无穷的感觉"的被动局面提供一些参考。 1. 关于暗示一般性描述 人们为了某种目的，在无对抗的条件下，通过交往中的语言、手势、表情、行动或某种符号，用含蓄的、间接的方式发出一定的信息，使他人接受所示意的观点、意见，或按所示意的方式进行活动。暗示者性别、年龄、知识、地位、权力、威信、对信息的信心等特

准备部分	2分钟	征，都会影响受暗示者的态度和行动。暗示者的地位和威信越高，暗示的效果也就越大。在一般情况下，暗示者是主动的、自觉的，相对来说，受暗示者是被动的。在这方面，暗示与劝说是相同的。但暗示不是靠逻辑推理和理论论证，而主要是靠提示，在这方面，它与劝说又有区别。暗示与指示、命令也不相同，它不具有压力成分，不要求别人非接受不可。因此，所暗示的一般多是比较简明的思想和行为，而对于复杂的理论思想或事物，只靠暗示是不行的，需要应用教育、说服等手段
基本部分	42分钟	2. 竞技篮球暗示的内涵 （1）概念 　　技、战术暗示：在有球队员有球指引或无球队员的预见性跑动指引下所运用的进攻策略。预约暗示：赛前指定的并通过手势或喊话使其团队达成一致性目标的方法。自我暗示：运动员自身通过场景和目标刺激来改善认知水平进而调整行为的一种重要的方法。 （2）分类 　　竞技篮球暗示分为：技、战术暗示（引球暗示、迎球暗示、预约暗示和教练暗示以及观众暗示）和自我暗示（主观暗示）两类。而技、战术暗示中的引球暗示和迎球暗示可分别命名为有球暗示与无球暗示，二者是技、战术暗示的核心。而自我暗示可称为场景提示或自我激励，文中用"自我暗示"。 （3）特征 　　①引球暗示作为技、战术暗示的重要形式之一，是指在学练中有球暗示往往是教师所采用的一种教学方法；而迎球暗示作为技、战术暗示的形式之一，则是指暗示者通过摆脱防者实现主动接球的方式，二者有所区别。暗示与被暗示的关系与有球和无球暗示的关系并不重要，重要的是谁更加主动和积极地成为暗示者。应当指出的是，在实战中，要求运动员更多地扮演无球暗示者的角色，有利于对球的保护。 传球前攻方彼此面对、守方彼此背对；传球且攻方⑧接球到球后，面向篮球，防守者⑧此时背对篮，防守者5面对篮的格局，⑧成横向跑动，包括运动反跑。

基本部分	42分钟	②大学生篮球运动员情感体验、表现欲望强烈,但又跌宕、不协调,具有心理状态不稳定的特点,自我暗示在赛前、赛中、赛后中的运用相当必要。当今的篮球运动正向着高速度、高技术、强对抗的方向发展,在激烈对抗的篮球比赛中,不仅消耗着大量的物质能量,而且需求大量的精神力量和信息出入。有学者认为高水平篮球比赛的胜负在很大程度上取决于篮球运动员的临场心理水平[7]。因此,自我暗示是篮球意识在赛中得以充分发挥的先决条件。 ③引球暗示和迎球暗示的异同性 　　引球暗示和迎球暗示从结果上看是相同的,但其性质和形式不同,暗示的主体及其地位不同。也就是说,引球暗示中的有球队员是暗示者,无球队员是被暗示者,迎球暗示则恰恰相反。竞技篮球运动中的暗示,不因其地位和威信的高低来判定,而是以实现共同目标的需要来确定。这与现实生活中的暗示有本质上的区别。 　　无球队员摆脱防守队员的跑,成为引球暗示和迎球暗示的共性和难点。俗话说,跑动出战术。无球队员如何实现摆脱防守队员而顺利接到球,成为暗示的焦点问题。一般情况下是利用急跑、急停、变向、变速、反跑。特殊情况下,可采用掩护(无球掩护、定位掩护、双掩护)、拆挡和按照教练的意图来执行。如何顺利地接好球,与会传球有很大的关系,且传球要有利于接球者完成下一个攻击动作为基本。 3. 竞技篮球暗示的运用 (1)技、战术暗示 　　技、战术暗示不是技、战术之间的简单分离或组合,而是一个统一的整体,即使是个人技术基础之上的个人战术运用也是如此。 ①引球暗示 　　在训练中,运用三向,一向:面上即沿三分线弧顶面向篮;二向:从面上向内限制区两侧及中间的传球;三向:从内向面上的传球,内外呼应传球,即教练在背对篮筐或面对篮筐以及侧对篮筐的位置上用球来指引同伴跑位接球的进攻方法。当同伴在球的指引下进行跑动接球的时候,作为防守他的队员,是背向球的方向,此时,防守队员主要是管人,而不是管球或人球兼顾,传球者相对于接球者而言是暗示与被暗示的关系,防守者是引球暗示的受害者。接球者是引球暗示获利者。若接球者接到球后,此时,必然出现攻守站位的颠倒,即防守者是背向篮而进攻者是面向篮的局面。值得注意的是,教师在指导中,经常在无人防守的条件下利用接球者"一对一"对抗时产生的时间差、空间差、位置差来获取最佳传球时机的暗示范型。而实战中却恰恰相反,有球队员的传球往往伴随着防守队员

的强干扰即步步对抗的可能。教师的暗示范型只解答了如何暗示的问题，而要在实战中成功完成一次暗示的过程，则需要不断地总结和积累实践经验。因此，脱离教师引球暗示是提高训练质量与效果的有效方法和途径。

基本部分	42分钟	

赛前场景
1. 临近比赛而寝食不安时；2. 硬件（场地、灯光和篮球等）不适应，而信心不足时；3. 对手实力比自己弱、强、相近而产生轻视、畏惧、想赢怕输心理时；4. 担心受伤而畏惧对抗时

→

赛前暗示语
1. 尽力抛开杂念，争取吃好、睡好、练好；2. 大家也在适应，且自身的适应性不错；3. 小心阴沟翻船、以弱胜强的先例和狭路相逢勇者胜的精神激励自己；4. 做好准备活动，且对方也得按规则来

赛后场景
1. 胜利而产生骄傲情绪时；
2. 失败而产生悲观情绪时；
3. 胜利与失败的思考

→

赛后暗示语
1. 胜利而产生骄傲情绪时；
2. 失败而产生悲观情绪时；
3. 胜利与失败的思考

② 迎球暗示

迎球暗示是指无球队员有预见性地摆脱防守队员而跑向利于攻击的空位主动要球进攻所形成的暗示。或者说，配合默契的队员间，只要在作摆脱的努力，有球队员都在等待他所能到达的空位而及时完成将球传出的可能。

③ 预约暗示

预约暗示者可以对一个人，也可以对一支团队作暗示，有时成为传达教练意图的一种方式。在 NBA 和 CBA 常看到在每小节最后一次剩余的进攻时间内争取打满并力争得分的暗示。这种暗示形式从表面上看，尽管暗示的信号暴露给对方，但暗示的内容即战术打法对方是无法判断的。

（2）自我暗示的对应策略

有效运用自我暗示，对于提高篮球技术与意识有所帮助。竞技篮球的运动技能则是属于非周期性的开放性技能[8]。它是思维占据一定优势的项目；是精神因素（心理与思维）和物质因素（技术动作

基本部分	42分钟	的数量、质量、形态、机能、素质）相合的整体；是面对问题的出现—提出解决问题的方案—执行实施方案的思维和行动相结合的过程[9]。因此，竞技篮球与田径、体操、游泳相比，在物质因素的基础上，对运动员的心智能力提出了更高的要求。自我暗示的作用在同场对抗项目中的作用更大、影响因素也更多。自我暗示中的比赛中暗示与技、战术暗示紧密相联。实战千变万化，暗示内容很多，仅就大学生在篮球比赛中存在的问题，提出比赛前、中、后自我暗示"一一对应"策略 **赛中场景** 1. 比分领先而产生松懈时 2. 比分落后而产生泄气时 3. 比分相持，怕担责任缩手缩脚 4. 裁判漏判误判而冲动时 5. 观众起哄喝倒彩而紧张时 6. 观众热烈喝倒彩而紧张时 7. 罚球时担心不中而紧张时 8. 对手动作过大而产生急、愤怒 9. 队友进攻产生失误而产生埋怨 10. 投篮屡投不中而不敢出手时 11. 连续犯规而不敢防守时 12. 防守强度加大而盼盼失误时 13. 连续进攻不奏效而产生急躁 14. 漏防而产生急躁心理时 15. 对方严密防守而不敢突破时 16. 抢篮板球不力而自信心下降 17. 几次抢断不上而信心不足时　→　**赛中暗示语** 1. 再接再厉，使优势为胜势 2. 珍惜非垃圾时间，在"秒"中拼搏 3. 养兵一日，用兵一时 4. 裁判员角度或理解不同，保持镇静 5. 超越自我，我更要打好 6. 需要平常心 7. 拍、深呼吸、屈、瞄、蹬、伸、拨 8. 对方不是故意的，不能影响自身情绪 9. 他又不是有意的，况且谁都有失误 10. 我现在的投篮手感好，放开投篮 11. 准确判断对手意图，抢有力位置 12. 求配合，给同伴创造得分机会 13. 坚决执行教练意图，打出节奏 14. 人球兼顾，注意协防和补防 15. 掌握主动性，突然迅速超越对手 16. 想冲、挡抢占位的方法并付之行动 17. 准确判断，迅速出击
结束部分	1分钟	小结

某学院大学体育与健康篮球选项课专题教学案例3（室内课）

20——级（　　学院）本、专科（　人数）教师：——

时间：　年　月　日期　第N次课

部份	时间	课的内容 组织教法
教材内容		篮球"持球有理与持球主动"的关系
教学目标		了解认识篮球比赛中的辩证关系——有理与无理、主动与被动的区别与联系（关系）
设计思想		通过篮球比赛这一事项，对辩证法的在体育实践中的运用展开探讨
准备部份	2分钟	一分为二的认识事物，是辩证思维的精髓，篮球比赛始终伴随辩证关系，如你强我弱的关系，你高我矮的关系，你快我慢的关系，我防守强，你进攻好的关系等。找到原因与不足，取己之长，避其所短，针对性地发现问题，从而为解决问题创造条件
基本部份	42分钟	中国民间说法中的"有理走遍天下，无理寸步难行"之理既为道也为理即道理之义。在篮球比赛中的"持球有理"即有球就有道理的寓意是很深的。于是，有人把篮球文化称为心态文化。在篮球比赛中的"持球有理"心态，不是有球就可以在球场上横冲直撞，也不是无视对手之理，而是针对对手的防守心态而言的。"持球主动"行为则是针对对手的防守位置而言的，它几乎是所有球类运动形式所追求的一种理想状态。唯有乒乓球的每一次发球抢攻主动上手及前三板的攻击特点尤为鲜明，同时，也给我们一些启发与联想。篮球比赛主要是与同伴、对手、规则以及裁判判罚尺度和主客场有关的运动。竞技篮球运动的瞬息性决定了探析篮球比赛"持球主动"的现实性、重要性意义。 "持球有理"心态与"持球主动"行为的微妙关系，表现为"持球有理"心态是"持球主动"行为的基础；"持球主动"行为则是"持球有理"心态的直接反映即外部表现形式，也可以说，"持球有理"是一种反映篮球意识的思维活动，"持球主动"是一种运用篮球进攻技术的行为过程。因此，"持球有理"可以通过良好的、先进的篮球文化精神和思想观念来加以熏陶，使处在篮球比赛中的运动员的心理是一种应变准确、果敢，且大胆决策的"持球有理"良态。而"持球主动"行为则可以通过科学的训练手段、方法来加以提高，使处在篮球比赛中的运动员的技术是一种合目的性和合规律性的"持球主动"行为。二者的关系是意识与行为相统一的辩证关系。避免那种"不怕做不到、就怕想不到"或"不怕想不到、就怕做不到"的发生。

基本部份	42分钟	总之，篮球比赛主要是一种与同伴、对手、规则以及裁判判罚尺度和主、客场有关的运动。竞技篮球比赛的对抗性、瞬息性、变化性，决定了探析篮球比赛"持球有理"和"持球主动"的现实性、重要性意义
结束	1分钟	小结

附 录

附录：

一. 篮球运动规则简介[17]

篮球竞赛最新修订规则（国际篮球联合会中央局 2017 年 7 月 4 日于瑞士密斯通过，2017 年 10 月 1 日起生效）

第 22 条 违例

22.1 定义

违例是违犯规则。

22.2 罚则

将球判给对方队员在最靠近发生违例的地点掷球入界，正好在篮板后面的地点除外，除非本规则另有规定。

第 23 条 队员出界和球出界

23.1 定义

23.1.1 当队员身体的任何部分接触界线上方、界线上或界线外的除队员以外的地面或任何物体时，即是队员出界。

23.1.2 当球触及了：

· 界外的队员和任何其他人员时。

· 界线上方、界线上或界线外的地面或任何物体时。

· 篮板支撑架、篮板背面或比赛场地上方的任何物体时，是球出界。

23.2 规定

23.2.1 在球出界、甚至球触及了除队员以外的其他物体而出界之前，最后触及球或被球触及的队员是使球出界的队员。

23.2.2 如果球出界是由于触及了界线上或界线外的队员或被他所触及，是该队员使球出界。

23.2.3 在争球期间,如果队员移动到界外或他的后场,一次跳球情况发生。

第 24 条 运球

24.1 定义

24.1.1 运球是指一名队员控制一个活球的一系列动作:掷、拍、在地面上滚动或故意掷向篮板。

24.1.2 当在场上已获得控制活球的队员将球掷、拍、滚或运在地面上,或故意掷向篮板并在球触及另一队员之前再次触及球是运球开始。当队员双手同时触及球或允许球在一手或双手中停留时运球结束。在运球的时候球可被掷向空中,只要掷球的队员用手再次触及球之前球触及地面或另一队员。当球不与队员的手接触时,队员可行进的步数不受限制。

24.1.3 队员偶然地失掉并随后在场上恢复控制活球,被认为是漏接球。

24.1.4 下列情况不是运球:

·连续的投篮。

·一次运球的开始或结束时漏接球。

·从其他队员的附近用拍击球来试图获得控制球。

·拍击另一队员控制的球。

·拦截传球并获得控制球。

·只要不发生带球走违例,将球在一两手之间抛接并在球触及地面前允许在一手或双手中停留。

24.2 规定

队员第一次运球结束后不得再次运球,除非在两次运球之间由于下述原因他在场上已失去了控制活球:

·投篮。

·被对方队员触及球。

·传球或漏接,然后触及了另一队员或被另一队员触及。

第 25 条 带球走

25.1 定义

25.1.1 当队员在场上持着一个活球,其一脚或双脚超出本规则所述的限制向任一方向非法移动是带球走。

25.1.2 在场上正持着一个活球的队员用同一脚向任一方向踏出一次或多

次，而其另一脚（称为中枢脚）不离开与地面的接触点时为旋转（合法移动）。

25.2 规定

25.2.1 对在场上接住活球的队员确立中枢脚：

· 一名队员接到球时，双脚站在地面上时。

· 一脚抬起的瞬间，另一脚成为中枢脚。

· 开始运球，在球出手之前中枢脚不得抬起。

· 传球或投篮，队员可跳起中枢脚，但在球出手之前任一脚不得落回地面。

· 一名队员在行进间或完成运球的同时接到球时，可以走两步停下来，然后传球或者投篮。

· 如果是接到传球，在他第二步前，须球出手并开始运球。

· 第一步发生在获得控制球后一脚或双脚接触地面时。

· 第二步发生在第一步之后，当另一脚或双脚同时接触地面时。

· 如果一名队员在第一步停下来时双脚落地，或者同时触到地面，他可以选择任一脚作为中枢脚。如果随后他跳起双脚，在球出手前任一脚不得落回地面。

· 如果一名队员一只脚落地，他只可以将这只脚作为中枢脚。

· 如果一名队员在第一步时单脚跳起，他可以双脚同时落回地面作为第二步。在这种情况下，任一脚都不能作为中枢脚。如果他随后抬起一脚或跳起双脚离开地面，在球出手前任一脚不得落回地面。

· 如果双脚离地和队员双脚同时落回地面，一脚抬起的瞬间，则另一脚成为中枢脚。

· 一名队员在结束运球或获得控制球后，不可以用同一只脚或双脚连续接触地面。

25.2.2 一名队员跌倒、躺或坐在地面上

· 当一名队员持球跌倒和在地面上滑动，或躺，或坐在地面上获得控制球是合法的。

· 如果而后该队员在持着球滚动或试图站起来是违例。

第 26 条 3 秒钟

26.1 规定

26.1.1 当某队在前场控制活球并且比赛计时钟正在运行时，该队的队

员不得停留在对方队的限制区内超过持续的 3 秒钟。

26.1.2 队员在下列情况下应被默许：

·他试图离开限制区。

·他在限制区内，当他或他的同队队员正在做投篮动作并且球正离开或恰已离开投篮队员的手时。

·他在限制区内已接近 3 秒钟时运球投篮。

26.1.3 为证实队员自身位于限制区外，他必须将双脚置于限制区外的地面上。

第 27 条 被严密防守的队员

27.1 定义

一名队员在场上正持着活球，这时对方队员处于一个积极且合法的防守位置，距离不超过 1 米，该队员是被严密防守。

27.2 规定

一名被严密防守的队员必须在 5 秒钟内传、投或运球。

第 28 条 8 秒钟

28.1 规定

28.1.1 每当：

·一名队员在后场获得控制一个活球时。

·在掷球入界中，球触及后场的任何队员或者被后场的任何队员合法触及，掷球入界队员所在队仍拥有在后场的球权。该队必须在 8 秒钟内使球进入该队的前场。

28.1.2 每当：

·没有被任何队员控制，球触及前场时。

·球触及或被双脚完全地与他前场接触的进攻队员合法触及时。

·球触及或被有部分身体在他后场的防守队员合法触及时。

·球触及有部分身体在控制球队前场的裁判员时。

·运球队员在后场往前场运球的过程中，球和运动员的双脚都完全地与前场接触时。就是球队使球进入该队的前场。

28.1.3 当先前已控制球的同一队由于下列情况的结果被判在后场掷球入界时，8 秒钟应从剩余时间处连续计算：

·球出界了。

- 一名同队队员受伤了。
- 一次跳球情况。
- 一次双方犯规。
- 双方球队的相等罚则抵消。

第 29 条 24 秒钟

29.1 规定

29.1.1 每当：

- 一名队员在场上控制一个活球时。
- 在一次掷球入界中，球触及任何一名场上队员或者被他合法触及，拥有掷球入界队员所在球队仍然控制着球时，该队必须在 24 秒钟内尝试投篮。一次 24 秒钟内投篮的构成，在进攻计时钟的信号发出前，球必须离开队员的手，而且球离开了队员的手后，球必须触及篮圈或进入球篮。

29.1.2 在临近 24 秒钟结束尝试了一次投篮，并且球在空中时进攻计时钟信号响：

- 如果球进入球篮，没有违例发生，信号应被忽略并且计中篮得分。
- 如果球触及篮圈但未进入球篮，没有违例发生，信号应被忽略并且比赛应继续。
- 如果球未碰篮圈，一次违例发生。然而，如果对方队员即时和清楚地获得了控制球，信号应被忽略并且比赛应继续。关系到干涉得分和干扰得分的所有限制应适用。

29.2 程序

29.2.1 每当裁判员停止了比赛，进攻计时钟需要被复位：

- 因为不控制球的球队犯规或违例（不是因为球出界）。
- 因为任何与不控制球的球队有关的正当原因。
- 因为任何与双方球队都无关的正当原因。

在这些情况下，球权应判给先前控制球的球队。

如果掷球入界在其后场执行，进攻计时钟应复位到 24 秒。如果掷球入界在其前场执行，进攻计时钟应下述原则复位：

- 当比赛被停止时，如果进攻计时钟显示为 14 秒或者更多，进攻计时钟不应复位，而是从被停止的时间处连续计算。
- 当比赛被停止时，如果进攻计时钟显示为 13 秒或者更少，进攻计时钟应复位到 14 秒。然而，如果比赛是因为与双方都没有联系的任何正当理由被裁判员停止，而且根据裁判员的判断，如果进攻计时钟复位会使对方将被置于不利，那么进攻计时钟应从停止的时间处连续计算。

29.2.2 每当裁判员由于控制球队所发生的犯规或违例停止比赛后，并判给他的对方球队一次掷球入界时，进攻计时钟应复位到 24 秒。

29.2.3 在球触及对方球篮的篮圈后，进攻计时钟应如下复位：

· 如果投篮的对方球队获得了控制球，则复位到 24 秒。

· 如果球触及篮圈之前控制球的球队重新获得了控制球，则复位到 14 秒。

29.2.4 如果某队已控制球或双方都未控制球时，进攻计时钟错误地发出信号，此信号应被忽略并且比赛应继续。然而，根据裁判员的判断，如果控制球队已被置于不利，应停止比赛，进攻计时钟应被纠正并且把球判给该队。

第 30 条 球回后场

30.1 定义

30.1.1 球队在他的前场控制活球，如果：

· 双脚触及前场地面的该队队员正持球、接球或在他的前场运球，或者，球在位于前场的该队队员之间相互传递。

30.1.2 在前场控制活球的球队使球非法地回到他的后场，如果该队的一名队员在他的前场最后触球，并且随后球被该队一名队员首先触及。

该队员有部分身体触及后场，或在球已触及该队后场之后。这个限制适用于在某队前场的所有情况，包括掷球入界。然而，它不适用于队员从他的前场跳起，仍在空中时建立新的球队控制球，然后和球一起落在该队的后场内。

30.2 规定

在他们的前场控制一个活球的球队不得使球非法地回到他们的后场。

30.3 罚则

30.3.1 将球判给对方在他们的前场最靠近违犯的地点掷球入界，正好在篮板后面的地点除外。

第 31 条 干涉得分和干扰得分

31.1 定义

投篮或罚球：

· 开始于：球离开正在做投篮动作的队员的手时。

・结束于：

球从上方直接进入球篮并且停留在球篮中或穿过球篮时。

球不再有进入球篮的可能性时。

球触及篮圈时。

球触及地面时。

球成为死球时。

31.2 规定

31.2.1 在一次投篮中，当一名队员触及完全在篮圈水平面之上的球时，并且：球是下落飞向球篮中；在球已碰击篮板后，干涉得分发生。

31.2.2 在一次罚球中，当一名队员触及飞向球篮的、触及篮圈前的球时，干涉得分发生。

31.2.3 干涉得分的限制适用于：

・球不再有进入球篮的可能性前；・球触及篮圈前。

31.2.4 当：

・在一次投篮、最后一次或仅有的一次罚球后，当球与篮圈接触时，队员触及球篮或篮板。

・在一次罚球（随后还有进一步的罚球）后，球有进入球篮的可能性时，一名队员触及球、球篮或篮板时。

・队员从下方伸手穿过球篮并触及球时。

・当球在球篮中，防守队员触及球或者球篮从而阻止球穿过球篮时。

・队员使篮板颤动或者抓球篮，根据裁判员的判定，这种手段已妨碍球进入球篮或者使球进入球篮时。

・队员抓篮圈打球，干扰得分发生。

31.2.5 当：

・球在投篮队员的手中或者一次投篮的飞行中，裁判员鸣哨时。

・投篮的球在飞行中，结束一节的比赛计时钟信号响起时。在球触及篮圈之后仍有可能进入球篮的可能时，队员不应接触球。涉及干涉得分和干扰得分的所有限制应适用。

31.3 罚则

31.3.1 如果一名进攻队员发生违例，不判给分。将球判给对方队员在罚球线的延长线掷球入界，除非本规则另有规定。

31.3.2 如果一名防守队员发生违例。应判给进攻队：

·如果球在罚球中出手时，得 1 分。

·如果球在 2 分投篮区域出手时，得 2 分。

·如果球在 3 分投篮区域出手时，得 3 分。

判给的得分就如同球进入球篮一样。

31.3.3 如果防守队员在最后一次或仅一次的罚球中发生干涉得分违例，应判给进攻的队得 1 分，随后执行防守队员一次技术犯规的罚则。

第 32 条 犯规

32.1 定义

32.1.1 犯规是对规则的违犯，含有与对方队员的非法身体接触和或违反体育道德的举止。

32.1.2 一个队可被宣判任何数量的犯规。不考虑罚则，犯规者的每一犯规应被登记，记入记录表并相应地被处罚。

第 33 条 接触：一般原则

33.1 圆柱体原则

圆柱体原则定义为一名站在地面上的队员占据一个假想的圆柱体内的空间。它包括该队员上面的空间，并受下列限定：

·前面由手的双掌如图 1 所示。

图 1

・后面由臀部，和两侧由双臂和双腿的外侧。

双手和双臂可以在躯干前伸展，其肘部的双臂弯曲不超过双脚的位置，因此两前臂和双手是举起的。他的双脚间的距离应依据他的身高有所不同。

33.2 垂直原则

在比赛中，每一队员都有权占据未被对方队员已经占据的任何场上位置（圆柱体）。这个原则保护队员所占据的地面空间和当他在此空间内垂直起跳时的上方空间。队员一离开他的垂直位置（圆柱体）并与已经建立了他自己的垂直位置（圆柱体）的对方队员发生身体接触，离开他的垂直位置（圆柱体）的队员对此接触负责。防守队员垂直地离开地面（在他的圆柱体内）或在他自己的圆柱体内把双手和双臂伸展在他的上方，则不必判罚。无论是在地面上或在空中的进攻队员不应用下列方式与处于合法防守位置的防守队员发生接触。

・用他的手臂为自己扩展更多的空间（清除障碍）。

・在投篮中或紧接投篮后伸展他的双脚或双臂去造成接触。

33.3 合法防守位置

面对对手，并且双脚着地时，他就占据了最初的合法防守位置。合法防守位置从地面到天花板，垂直地伸展到他（圆柱体）的上方。他可将他的双臂和双手举过头或垂直跳起，但是他必须在假想的圆柱体内使双手和双臂保持垂直的姿势。

33.4 防守控制球的队员

当防守控制（正持着或运着）球的队员时，时间和距离的因素不适用。每当对方队员在持球队员面前占据了一个最初的合法防守位置（甚至是一瞬间完成的），持球队员必须预料到被防守并必须准备停步或改变他的方向。防守队员建立一个最初的合法防守位置，必须在占据位置前没有造成接触。一旦防守队员已占据了一个最初的合法防守位置，他可移动以便防守他的对手，但他不得伸展他的双臂、双肩、双髋或双腿，并通过这样做来造成接触以阻止从他身边通过的运球队员。判断一起涉及持球队员的撞人或阻挡情况时，裁判员应运用下列原则：

・防守队员必须以面对持球队员并双脚着地来占据一个最初的合法防守位置。

・防守队员为保持最初的合法防守位置，可保持静立、垂直起跳、侧移或后移。

　　·在保持最初的合法防守位置的移动中，一脚或双脚可以瞬间离地，只要该移动是侧向或向后的，而不是朝向持球队员前移的。

　　·接触必须发生在躯干上，在这样情况下，防守队员将被认为已经先在接触地点了。

　　·已占据了合法防守位置的防守队员可以在他的圆柱体之内转身以避免受伤。

　　在上述任何情况中，应认为该接触是由持球队员造成的。

33.5 防守不控制球的队员

　　不控制球的队员有权在球场上自由地移动，并占据任何未被另一队员已经占据的位置。当防守不控制球的队员时，时间和距离的因素应适用。防守队员不能如此靠近或如此快地在移动的对方队员的路径中占据一个位置，以致后者没有足够的时间或距离停步或改变他的方向。此距离直接与对防守队员的速度成正比，但不能少于正常的 1 步。如果一名防守队员在占据最初的合法防守位置中不顾及时间和距离的因素，并与对方队员发生接触，他对该接触负责。一旦一名防守队员已经占据了一个最初的合法防守位置，为防守对方队员他可移动。他不得在对方队员的路径中伸展臂、肩、臀或腿去阻止该对方队员从他身边通过。他可以在他的圆柱体内转身以避免受伤。

33.6 腾空的队员

　　从球场某地点跳起在空中的队员有权再落回同一地点。他有权落在场上的另一地点，只要在跳起时落地点以及起跳和落地点之间的直接路径上，在起跳的时间尚未被对方队员占据。如果一名队员已跳起并落地，可是他的冲力使其接触了在落地点之外已占据了一个合法防守位置的对方队员，则该跳起队员对此接触负责。在队员已跳起在空中后，对方队员不得移动到他的路径上。移动到腾空队员的身下并造成接触，通常是违反体育道德的犯规，某些情况下可能是取消比赛资格的犯规。

33.7 掩护：合法的和非法的

　　掩护是试图延误或阻止一名不持球的对方队员到达他希望到达的场上位置。

　　当正在掩护对手的队员：

附 录

·发生接触时是静止的（在他的圆柱体内）。

·发生接触时双脚着地，是合法的掩护。

当正在掩护对手的队员：

·发生接触时正在移动。

·在静止对手的视野之外做掩护，发生接触时，没有给出足够的距离。

·发生了接触时，对移动中的对手没有顾及时间和距离的因素，是非法的掩护。

如果在静止对手的视野之内做掩护（前面的或侧面的），做掩护的队员可按自己的意愿靠近对手以建立掩护，只要没有接触。如果在静止对手的视野之外做掩护，做掩护的队员必须允许对手向掩护迈出正常的一步而不发生接触。如果对手在移动中，时间和距离的因素应适用。做掩护的队员必须留出足够的空间，以便被掩护的队员能通过停步或改变方向来避免掩护。要求的距离是不要少于正常的 1 步，不必要多于正常的 2 步。与已经建立掩护的队员的任何接触，由被合法掩护的队员负责。

33.8 撞人

撞人是持球或不持球队员推开或移动对方队员躯干的非法身体接触。

33.9 阻挡

阻挡是阻碍有球或无球对方队员行进的非法的身体接触。如果试图做掩护的队员在移动中与静止或后退的对方队员发生接触，则他发生了一起阻挡犯规。如果队员不顾球，面对着对方队员并随着对方队员的移动而移动它的位置，除非包含其他因素，他对所发生的任何接触负主要责任。所谓"除非包含其他因素"，是指被掩护的队员故意推人、撞人或拉人。队员在场上占据位置时把他的手臂或肘伸在他的圆柱体之外是合法的。但当对方队员试图通过时，它们必须被移动到他的圆柱体之内。如果手臂或肘是在他的圆柱体之外并发生接触，这是阻挡或拉人。

33.10 无撞人半圆区

场上画出无撞人半圆区的目的是，指定一个特定区域用于解释篮下撞人阻挡情况。

本规则适用于向无撞人半圆区的任何突破情况中，当：

·进攻队员腾空并控制球，并且他试图投篮或者传球，并且防守队员的一脚或双脚与无撞人半圆区内接触。进攻队员与防守队员在无撞人半圆区内的身体接触不应被宣判为进攻犯规，除非进攻队员非法地使用手、手臂或身体。

33.11 用手或手臂接触对方队员用手触及对方队员，本身未必是犯规。裁判员应判定引起接触的队员是否已经获得了不公正的利益。如果队员引起的接触在任何方面限制对方队员的移动自由，这样的接触是犯规。

当防守队员处于防守位置，并且他的手或手臂放置在持球或不持球的对方队员身上并保持接触以阻碍他行进，就发生了非法的用手或非法伸展手臂。反复地触及或"戳刺"持球或不持球的对方队员是犯规，因为这可导致粗暴的比赛。

当持球进攻队员：

·为了获得不公正的利益，用手臂或肘"勾住"或缠绕防守队员。

·为了阻止防守队员的防守或试图抢球，或为了在他和防守队员之间扩展更大的空间而"推开"防守队员。

·运球时，用伸展的前臂或手去阻止对方队员获得控制球。这是持球进攻队员的犯规。当不持球的进攻队员为了：

·摆脱去接球。

·阻止防守队员的防守或试图抢球。

·为他自己创造更大的空间，而"推开"防守队员，这是不持球进攻队员的犯规

33.12 居中策应

垂直原则（圆柱体原则）适用于居中策应。位于中锋位置的进攻队员和防守队员必须尊重彼此的垂直位置（圆柱体）的权利。位于中锋位置的进攻队员或防守队员用肩或髋将他的对方队员挤出位置，或用伸展的肘、臂、膝或身体的其他部位去干扰对方队员的活动自由，是犯规。

33.13 背后非法防守

背后非法防守是防守队员从对方队员的背后与其发生身体接触。防守队员正试图去抢球的事实，不证明从背后与对方队员发生接触是正当的。

33.14 拉人

拉人是干扰对方队员移动自由的非法身体接触。这种接触（拉人）可能发生在身体的任何部位。

33.15 推人

推人是队员用身体的任何部位强行移动或试图移动控制或未控制球的对方队员时发生的非法身体接触。

33.16 伪造一起犯规

伪造犯规是指一名队员假装被侵犯或者通过夸张的戏剧性表演，以造成判定他被犯规，从而获得利益的任何行为。

第34条 侵人犯规

34.1 定义

34.1.1 侵人犯规是，无论球是在活球或死球的情况下，一名队员与对方队员发生的非法的身体接触的犯规。队员不应通过伸展他的手、臂、肘、肩、髋、腿、膝、脚或将身体弯曲成"不正常的姿势"（超出他的圆柱体）去拉、阻挡、推、撞、绊对方队员，或阻止对方队员行进。也不应放纵任何粗野或猛烈的动作去这样做。

34.2 罚则

应登记犯规队员登记一次侵人犯规。

34.2.1 如果对没有做投篮动作的队员发生犯规：
- 由非犯规的队在最靠近违犯的地点掷球入界重新开始比赛。
- 如果犯规的队处于全队犯规处罚状态，则应运用第41条的规定。

34.2.2 如果对正在做投篮动作的队员发生犯规，应按下列所述判给投篮队员若干罚球：
- 如果投篮出手成功，应得分并追加1次罚球。
- 如果从2分投篮区域投篮出手不成功，2次罚球。
- 如果从3分投篮区域投篮出手不成功，3次罚球。
- 在结束一节的比赛计时钟信号响时或恰好响之前，或当进攻计时钟信号响时或恰好响之前，投篮队员被犯规了，此时球仍在该队员手中，并且随后投篮成功；中篮不应得分，应判给2次或3次罚球。

第35条 双方犯规

35.1 定义

双方犯规是两名互为对方的队员大约同时相互发生侵人犯规的情况。

35.2 罚则

应给每一犯规队员登记一次侵人犯规。不判给罚球。比赛应按下列所述重新开始：在发生双方犯规的大约同一时间，如果：

·投篮得分，或最后一次或仅有一次的罚球得分，应将球判给非得分队从端线的任何地点掷球入界。

·某队已控制球或拥有球权，应将球判给该队在最靠违犯的地点掷球入界。

·任一队都没有控制球也没有球权，一次跳球情况发生。

第 36 条 技术犯规

36.1 行为规定

36.1.1 比赛的正当行为要求双方球队的队员和球队席人员与裁判员、记录台人员以及技术代表（如到场）有完美和真诚的合作。

36.1.2 每支球队应尽最大的努力去获得胜利，但胜利的取得必须符合体育道德精神和公正竞赛的要求。

36.1.3 任何故意地或再三地不合作，或不遵守本规则的精神，应被以为是一次技术犯规。

36.1.4 裁判员可以通过警告或甚至宽容那些明显是无意的，并不直接影响比赛的、轻微的违犯来预防技术犯规的发生，除非在警告后又重复出现同样的违犯。

36.1.5 如果在球成活球后发现了一次技术犯规，比赛应停止并登记一起技术犯规。应将技术犯规视同发生在它被登记的时候一样来执行罚则。在犯规与比赛停止之间的间隔内无论发生了什么都应保持有效。

36.2 暴力行为

36.2.1 比赛中可能发生的与体育道德精神和公正竞赛相违背的暴力行为。裁判员应立即制止，如有必要，通过负责维持公共秩序的保安人员来制止。

36.2.2 无论何时，在队员或球队席人员之间，在比赛场地上或其附近发生暴力行为，裁判员应采取必要的措施去制止他们。

36.2.3 任何上述人员公然地挑衅对方队员或裁判员，应被取消比赛资格。主裁判员必须将此事件报告给竞赛的组织部门。

36.2.4 保安人员可以进入比赛场地，只要裁判员要求这样做。然而，如果带有明显采用暴力行为意图的观众进入球场，保安人员必须立即干预以保护球队和裁判员。

36.2.5 所有其他区域，包括入口、出口、过道、休息室等，由竞赛组织部门和负责维持公共秩序的保安人员管辖。

36.2.6 裁判员绝不允许队员或球队席人员可能导致比赛器材损坏的粗野行为出现。当裁判员观察到这类行为时，应立即给违犯队的教练员一次警告。如果重复该行为，应立即宣判有关的违犯者一次技术犯规。

36.3 定义

36.3.1 技术犯规是没有身体接触的犯规，行为种类包括但不限于：

· 无视裁判员的警告。

· 不尊重裁判员、技术代表、记录台人员或球队席人员的行为。

· 与裁判员、技术代表、记录台人员或对方队员交流中没有礼貌。

· 使用很可能冒犯或煽动观众的粗话或手势。

· 戏弄或嘲讽对方队员。

· 在对方队员的眼睛附近挥手或保持不动妨碍其视觉。

· 过分挥肘。

· 在球穿过球篮之后故意地触及球或阻止迅速地执行掷球入界以延误比赛。

· "伪造"被犯规。

· 悬吊在篮圈上，致使队员的重量由篮圈支撑，除非扣篮后，队员瞬间地抓住篮圈，或者根据裁判员的判断，如果他正试图防止自己受伤或使另一名队员受伤。

· 在最后一次或仅有一次的罚球中防守队员干涉得分，应判给进攻的队得1分，随后执行登记在该防守队员名下的技术犯规罚则。

36.3.2 球队席人员的技术犯规是与裁判员、技术代表、记录台人员或对方队员交流中没有礼貌或无礼地触碰他们的犯规；或是一次程序上的或管理性质的违犯。

36.3.3 当队员被登记2次技术犯规，或2次违反体育道德的犯规，或1次违反体育道德的犯规和1次技术犯规时，剩下的比赛他应被取消比赛资格。

36.3.4 当出现下述情况时教练员应被取消参加剩余比赛的资格：

· 由于自身违反体育道德行为的结果而被登记了2次技术犯规（"C"）时。

· 由于其他球队席人员的违反体育道德的行为而被登记了3次技术犯规（三次全部登记为"B"或其中一次是"C"）。

36.3.5 如果一名队员或教练员在第 36.3.3 条和第 36.3.4 条情况下被取消比赛资格，应只处罚技术犯规的罚则，不追加取消比赛资格的罚则。

36.4 罚则

36.4.1 如果：

·判罚队员技术犯规，应作为队员的犯规登记在该名队员名下，并计入全队犯规中。

·判罚球队席人员技术犯规，应登记在教练员名下，并不计入全队犯规次数中。

36.4.2 应判给对方队员 1 次罚球，并随后：

·在记录台对侧的中线延长线掷球入界。

·在中圈跳球开始第 1 节。

第 37 条 违反体育道德的犯规

37.1 定义

37.1.1 违反体育道德的犯规是一名队员发生的接触犯规，根据裁判员的判断，包括：

·不在规则的精神和意图的范围内合法地试图去直接抢球。

·在努力抢球或身体对抗的过程中造成过分的、严重的身体接触。

·在攻防转换中，由防守队员造成一起不必要的身体接触，导致进攻队员停止了已经开始的快速推进。这适用于直到进攻队员开始他的投篮动作之前。

·防守队员试图阻止一次快攻，从对方队员的身后或侧面与其发生身体接触，并且进攻队员和对方球篮之间没有防守队员。这适用于直到进攻队员开始他的投篮动作之前。

·在第 4 节和每一决胜期的最后 2 分钟，当掷球入界的球在界外，并且仍在裁判手中或者已置于掷球入界队员可处理时，防守队员在比赛场内对进攻队员造成身体接触。

37.1.2 在整场比赛中，裁判员必须对违反体育道德犯规解释一致并只判定其所作所为。

37.2 罚则

37.2.1 应给犯规队员登记一次违反体育道德的犯规。

37.2.2 应判给被犯规的队员执行罚球，以及随后：

- 在记录台对面的中场延长部分掷球入界。
- 在中圈跳球开始第一节。

应按下述原则判给若干罚球：
- 如果对没有做投篮动作的队员发生犯规：2 次罚球。
- 如果对正在做投篮动作的队员发生犯规：如果中篮应计得分并加 1 次罚球。
- 如果对正在做投篮动作的队员发生犯规，并且球未中篮：2 次或 3 次罚球。

37.2.3 当队员被登记 2 次违反体育道德犯规，或 2 次技术犯规，或 1 次技术犯规和 1 次违反体育道德的犯规，剩下的比赛他应被取消比赛资格。

37.2.4 如果队员在 36.2.3 条情况下被取消比赛资格，应只处罚违反体育道德犯规罚则，不追加取消比赛资格的罚则。

第 38 条 取消比赛资格的犯规

38.1 定义

38.1.1 队员和球队席人员的任何恶劣的违反体育道德的行为是取消比赛资格的犯规。

38.1.2 已被取消比赛资格的教练员应由登记在记录表上的助理教练员接替。如果记录表上没有登记助理教练员，应由队长（CAP）接替。

38.2 罚则

38.2.1 应给犯规者登记一次取消比赛资格的犯规。

38.2.2 每当犯规者依据这些规则的各个条款被取消比赛资格，他应去该队的休息室，并在比赛期间留在那里，或者如他所愿，也可以离开体育馆。

38.2.3 罚球应判给：
- 如果是一次非身体接触犯规：由对方教练员指定的任一本队队员。
- 如果是一次身体接触犯规：被犯规的队员。以及随后，在记录台对侧的中线延长线掷球入界。在中圈跳球开始第一节。

38.2.4 罚球的次数应按如下规定：
- 如果是一次非身体接触犯规：2 次罚球。
- 如果对没有做投篮动作的队员发生犯规：2 次罚球。
- 如果对正在做投篮动作的队员发生犯规：如果中篮应计得分并加 1 次罚球。

·如果对正在做投篮动作的队员发生犯规，并且球未中篮：2 次或 3 次罚球。

第 39 条 打架

39.1 定义

打架是 2 名或多名互为对方的人员（队员和球队席人员）之间的肢体冲突。本条款仅适用于在打架中或可能导致打架的任何情况中离开球队席区域界限的球队席人员。

39.2 规定

39.2.1 在打架中或在可能导致打架的任何情况中离开球队席区域的球队席人员应被取消比赛资格。

39.2.2 在打架中或在可能导致打架的任何情况中，为了协助裁判员维持或恢复秩序，只允许教练员或助理教练员离开球队席区域，协助裁判员维持或恢复秩序。在这种情况中，他们不应被取消比赛资格。

39.2.3 如果教练员或助理教练员离开球队席区域，并不协助或试图协助裁判员维持或恢复秩序，他们应被取消比赛资格。

39.3 罚则

39.3.1 不论由于离开球队席区域而被取消比赛资格的球队席人员的数量有多少，应给教练员登记一次单一的技术犯规（"B"）。

39.3.2 如果双方球队的成员在本条规定下被取消比赛资格并且没有留下其他要执行的犯规罚则，比赛应按下面所述重新开始，由于打架而停止比赛，大约在同一时间，如果：

·投篮得分，应将球判给非得分队从端线的任何地点掷球入界。

·某队已控制球或拥有球权，应将球判给该队在记录台对侧的中线延长线掷球入界。

·任一队都没有控制球也没有球权，一次跳球情况发生。

39.3.3 所有的取消比赛资格的犯规应按照 B.8.3 款所描述的记录并不计入全队犯规次数中。

39.3.4 所有涉及在场上打架的队员或在打架之前发生的任何情况的可能存在的犯规罚则，应按第 42 条（特殊情况）处理。

第 40 条 队员 5 次犯规

40.1 一名队员已发生 5 次犯规，裁判员应通知他必须立即离开比赛，并且必须在 30 秒钟内被替换。

40.2 先前已发生了第 5 次犯规的队员的犯规，被认为是一名出局的队员的犯规，并登记在教练员名下和在记录表上记入"B"。

第 41 条 全队犯规：处罚

41.1 定义

41.1.1 一次全队犯规应是场上队员造成的侵人、技术、违反体育道德和取消比赛资格的犯规。在一节中某队全队犯规已发生了 4 次时，该队处于全队犯规处罚状态。

41.1.2 在比赛休息期间发生的所有全队犯规应被认为是发生在随后一节或决胜期中的犯规。

41.1.3 在决胜期内发生的所有全队犯规应被认为是发生在第 4 节比赛中的犯规。

41.2 规定

41.2.1 当某队处于全队犯规处罚状态时，所有随后发生的对未做投篮动作的队员的侵人犯规应被判 2 次罚球，代替掷球入界。被犯规队员将执行罚球。

41.2.2 如果控制活球队的队员或拥有球权队的队员发生了一次侵人犯规，这样的犯规应判对方队员一次掷球入界。

第 42 条 特殊情况

42.1 定义

在一次违犯后的同一个停止比赛计时钟期间又发生了一次或多次犯规时，可能出现特殊情况。

42.2 程序

42.2.1 应登记所有的犯规，并确认所有的罚则。

42.2.2 应确定所有犯规发生的次序。

42.2.3 双方球队所有相等的罚则和所有双方犯规的罚则应按照宣判顺序被抵消。一旦罚则已被记录和抵消，就认为它们从未发生过。

42.2.4 作为最后罚则一部分的拥有球的权利，应取消任何先前的拥有球的权利。

42.2.5 在第一次或仅有一次的罚球中，或在掷球入界中，一旦球已成为活球，那么该罚则就不再能用来抵消任何剩余罚则。

42.2.6 所有剩余的罚则应按它们被宣判的次序执行。

42.2.7 如果双方球队抵消了相等的罚则后，没有留下其他要执行的罚则，应按下述原则重新开始比赛：

在第一次违犯的大约同一时间，如果：

·投篮得分，应将球判给非得分队从端线的任何地点掷球入界。

·某队已控制球或拥有球权，应将球判给该队在最靠近第一次违犯的地点掷球入界。

·任一队都没有控制球也没有球权，一次跳球情况发生。

第 43 条 罚球

43.1 定义

43.1.1 一次罚球是给予一名队员从罚球线后的半圆内的位置上，在无争抢的情况下得 1 分的机会。

43.1.2 由一次单一的犯规罚则带来的所有罚球或随后的球权被定义为一个罚球单元。

43.2 规定

43.2.1 当宣判了一次侵人犯规、违反体育道德犯规或有身体接触的取消比赛资格犯规，应按下述原则判给罚球：

·被犯规的队员应执行全部罚球。

·如果他被请求替换，在必须在离开比赛前执行完该罚则的全部罚球。

·如果他由于受伤、已发生第 5 次犯规或已被取消比赛资格必须离开比赛，替换他的替补队员应执行罚球。如果没有有效的替补队员，应由他的教练指定的任意一名同队队员执行罚球。

43.2.2 当宣判了一起技术犯规或非身体接触的取消比赛资格犯规时，由对方队的教练员指定他球队的任一队员应执行罚球。

43.2.3 罚球队员：

·应在罚球线后并在半圆内占据一个位置。

·可用任何方式罚篮，并以这样的方式使球从上方进入球篮或使球触及篮圈。

·在裁判员将球置于他可处理后，在 5 秒钟内应将球出手。

·不应触及罚球线或进入限制区，直到球已进入球篮或已触及篮圈。

• 不应做假动作罚球。

43.2.4 在分位区的队员们有权占据这些空间的交错分位区,这些分位区的深度应被看作是 1 米球中,这些队员们不应该:

• 占据他们无权占据的分位区。

• 在球离开罚球队员的手前进入限制区、中立区或离开他的分位区。

• 用他的行为扰乱罚球队员。如图 5-1 所示,在罚球中队员的位置

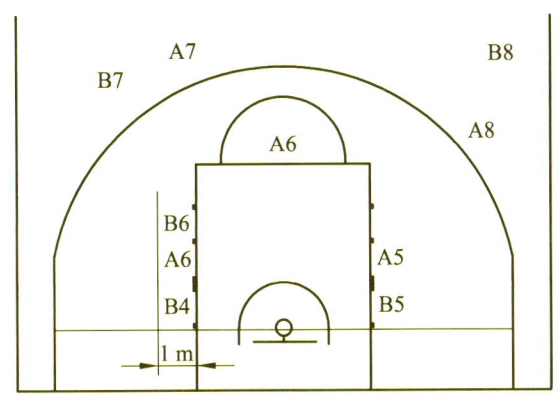

图 5-1

43.2.5 不在分位区内的队员们应留在罚球线的延长线和 3 分投篮线后面,直到罚球结束。

43.2.6 在罚球后接着有另一罚球单元或一次掷球入界,所有队员应留在罚球线延长线和 3 分投篮线后面。违犯第 42.2.3、43.2.4、43.2.5 或 43.2.6 是违例。

43.3 罚则

43.3.1 如果罚球成功,但罚球队员发生违例,中篮应不计得分。任何其他队员在成功的罚球过程中或者在罚球队员发生违例之后发生的违例,应被忽略。应将球判给对方队员在罚球线的延长线掷球入界,除非还要执行后续的罚球或球权。

43.3.2 如果罚球成功并且除罚球队员外的任一队员发生了违例:

• 如果中篮,应计得分。

• 违例应不究。

如果是最后一次或仅有一次的罚球，应将球判给对方队员从端线任何地点掷球入界。

43.3.3 如果罚球不成功并且发生违例：

·罚球队员或他的同队队员在最后一次或仅有一次的罚球中违例，应将球判给对方队员在罚球线延长线掷球入界，除非该队有进一步的球权。

·罚球队员的对方队员违例，应判给罚球队员再罚一次。

·双方球队在最后一次或仅有一次的罚球中都违例，一次跳球情况发生。

第 44 条 可纠正的失误

44.1 定义

如果仅在下述情况中某条规则被无意地忽视了，裁判员可纠正其失误：

·判给不应得的罚球。

·没有判给应得的罚球。

·不正确地判给得分或取消得分。

·允许不该罚球的队员执行罚球。

44.2 一般程序

44.2.1 要纠正上述提到的失误，他们必须在失误后且开动了比赛计时钟之后的第一次死球后球成活球之前被裁判员、技术代表（如到场）或记录台人员发现。

44.2.2 发现了一起可纠正的失误时，裁判员可立即停止比赛，只要不把任一队置于不利。

44.2.3 在失误发生了以后到失误被发现之前，可能发生的任何犯规、得分、用去的时间和附加的活动，应保持有效。

44.2.4 在失误纠正之后，除非规则另有规定，比赛应在因纠正这次失误而被停止的地点重新开始，应将球判给在纠正失误停止比赛时拥有球权的队。

44.2.5 一旦一个可纠正的失误已被发现时，并且

·如果涉及纠正失误的队员已被合法替换后坐在球队席上，他必须重新进入比赛场地参加该失误的纠正，此时他成为一名队员。在完成纠正失误后，他可以继续留在比赛中，除非已再次请求了一次合法的替换，在此情况下他才可以离开比赛场地。

・如果该队员因为受伤、5 次犯规或者已被取消比赛资格而被替换，替换他的队员必须参加该失误的纠正。

44.2.6 主裁判员已在记录表上签字后，可纠正的失误不能被纠正。

44.2.7 在主裁判员在记录表上签字前，记录员在记录中、计时员在计时中或进攻计时员在操作中的任何失误，包括比分、犯规次数、暂停次数、比赛计时钟和进攻计时钟消耗或遗漏的时间，裁判员可在任何时间纠正。

44.3 特殊程序

44.3.1 判给不应得的罚球：

由于失误而执行的罚球应被取消，并且比赛应按下述原则重新开始：

・如果失误之后比赛计时钟没有开动，应将球判给罚球被取消的队从罚球线延长线掷球入界。

・如果失误之后比赛计时钟已开动并且，在失误被发现时间控制球（或拥有球权）的队与该失误发生时控制球的队是同一队；或在失误被发现时没有球队控制球，应将球判给在失误发生时拥有球权的队。

・如果比赛计时钟已开动，并且在该失误被发现时控制球（或拥有球权）的队是在该失误发生时控制球的对方球队，一次跳球情况发生。

・如果比赛计时钟已开动，并且在失误被发现时，判了一个包含罚球的犯规，应该执行罚球。然后，将球判给在该失误发生时控制球的队掷球入界。

44.3.2 没有判给应得的罚球：

・如果在失误发生后球权没有改变，在该失误纠正后应如同任何正常的罚球后一样地重新开始比赛。

・如果在错误地判给了掷球入界的球权之后，该队得分了，则此失误应不究。

44.3.3 允许错误的队员执行了罚球：

该队员执行的罚球应被取消，如果作为罚则的一部分的球权，也应被取消，并将球判给对方在罚球线延长线掷球入界，除非还有另外的违犯罚则要执行。

犯规的类型

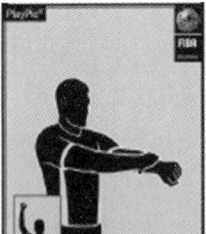
拉人
向下抓住手腕
36

防守阻挡
进攻非法掩护
双手置于髋部
37

推人或不带球撞人
模仿推的动作
38

用手推挡
抓住手掌向前运动
39

图 5-2

非法用手
双手握拳击腕
40

带球撞人
握拳击掌
41

非法接触到手
另一前臂打击手掌
42

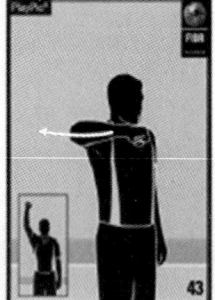
过分挥肘
向后摆肘
43

撞击头部
模仿接触到头部
44

控制球队犯规
握拳指向犯规队的篮球
45

附录

对投篮动作的犯规　　　　　　对非投篮动作的犯规

一拳紧握，然后指示罚球次数　　一拳紧握，然后指向地板

图 5-3

特殊犯规

双方犯规　　技术犯规　　违反体育道德的犯规　　取消比赛资格的犯规

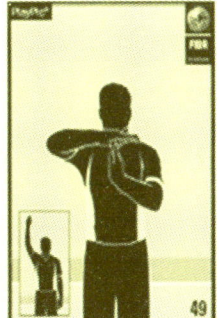

挥动紧握的双拳　　双手手掌成"T"型　　向上抓住手腕　　上举双拳紧握

伪装犯规　　即时回放系统

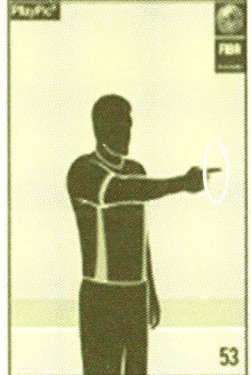

小臂向上挥动两次　　水平伸出食指，转动

- 297 -

犯规的犯规处罚管理和向记录台报告

不带罚球的犯规后

食指和中指并拢手臂平行
于边线指出进攻方向

控制球队犯规后

握拳，手臂平行于边线
指出进攻方向

图 5-4

1次罚球

举起1指

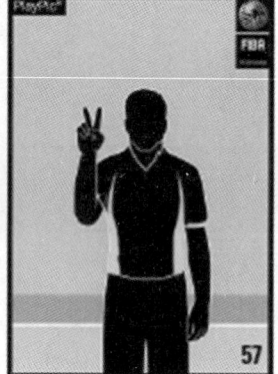

2次罚球

举起2指

3次罚球

举起3指

管理罚球——执行裁判（前导裁判）

1次罚球	2次罚球	3次罚球
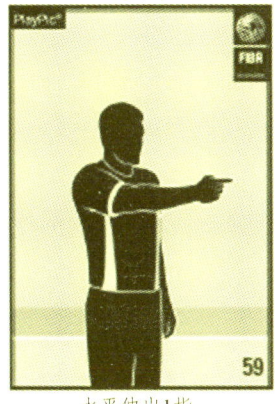	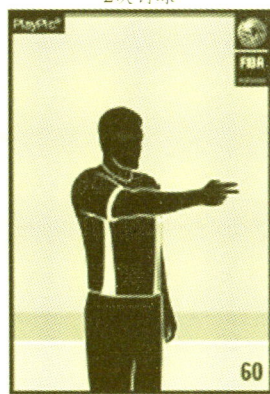	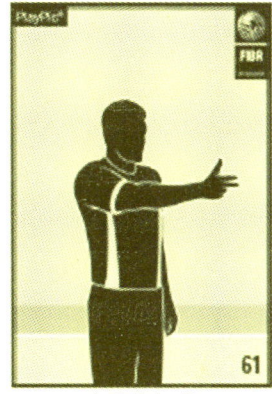
水平伸出1指	水平伸出2指	水平伸出3指

管理罚球——自由裁判（追踪裁判和中央裁判）

1次罚球	2次罚球	3次罚球

单手伸出食指	双手五指并拢	双手伸出3指

图 5-5

替换和暂停

7 替换 — 前臂交叉

8 招呼入场 — 伸开手掌摆向身体

9 暂停 — 食指与手掌成"T"型

10 媒体暂停 — 双手握拳展开双臂

信息

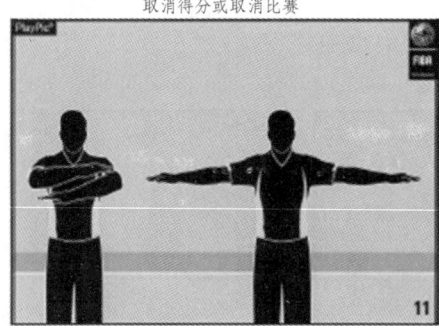
11 取消得分或取消比赛 — 双臂像剪的动作胸前交叉一次

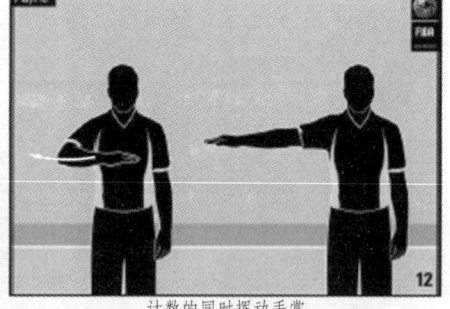
12 可见的计数 — 计数的同时挥动手掌

13 联系 — 拇指向上

14 投篮计时钟复位 — 伸出食指并转动手

15 比赛方向和/或出界 — 食指和中指并拢 手臂平行于边线 指出进攻方向

16 争球和跳球情况 — 两拇指向上 随后按照交替拥有箭头 指出比赛方向

图 5-6

队员的号码

00号和0号

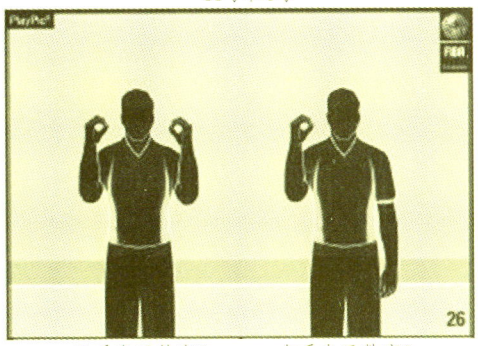

双手表示数字0　　右手表示数字0

1号-5号　　　　6号-10号　　　　11号-15号

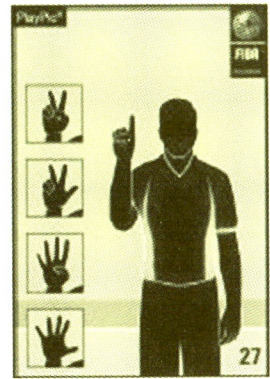 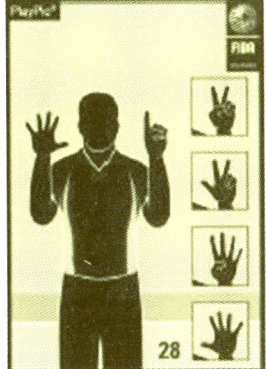 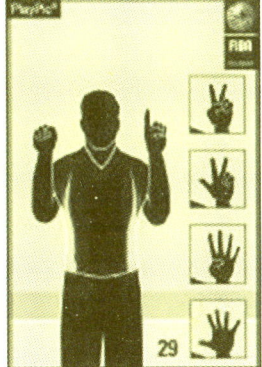

右手表示数字1-5　　右手表示数字5　　右手握拳
　　　　　　　　　左手表示数字1-5　　左手表示数字1-5

16号　　　　　　　　24号

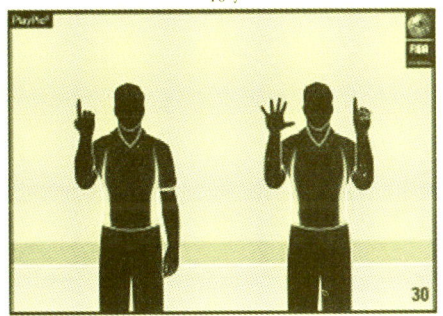 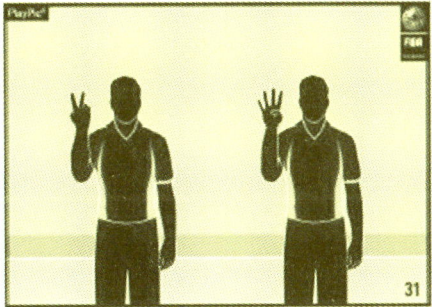

首先手背向外表示数字1作为十位数　　首先手背向外表示数字2作为十位数
然后打开双手表示数字6作为个位数　　然后打开手表示数字4作为个位数

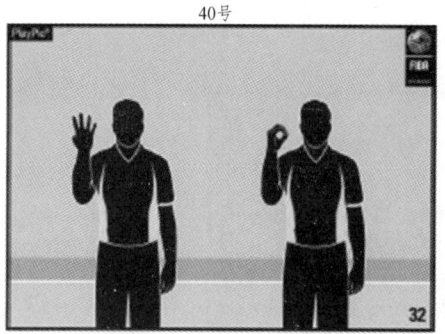
40号
首先手背向外表示数字4作为十位数
然后打开手表示数字0作为个位数

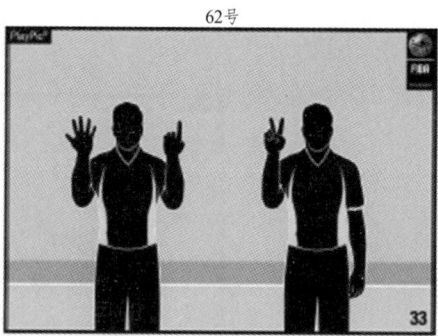
62号
首先手背向外双手表示数字6作为十位数
然后打开手表示数字2作为个位数

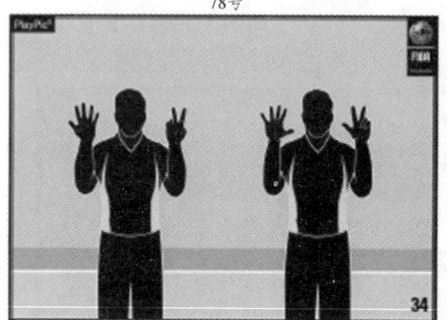
78号
首先手背向外双手表示数字7作为十位数
然后打开双手表示数字8作为个位数

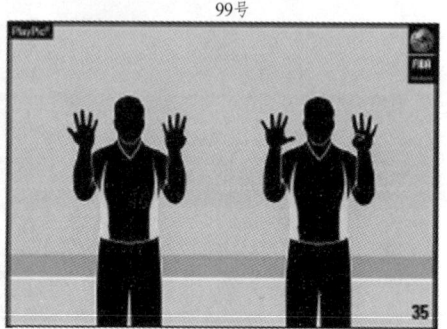
99号
首先手背向外双手表示数字9作为十位数
然后打开双手表示数字9作为个位数

图 5-7

违例

带球走
转动双拳

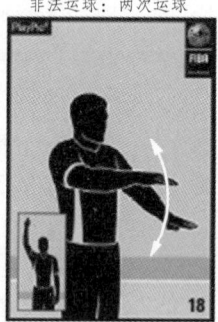
非法运球：两次运球
手掌轻拍

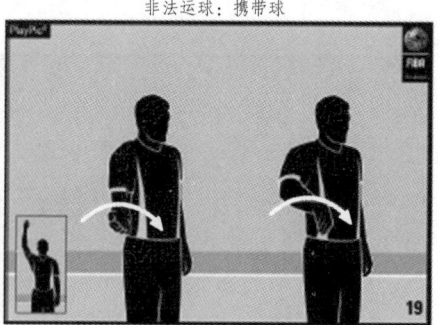
非法运球：携带球
转动手掌半圈

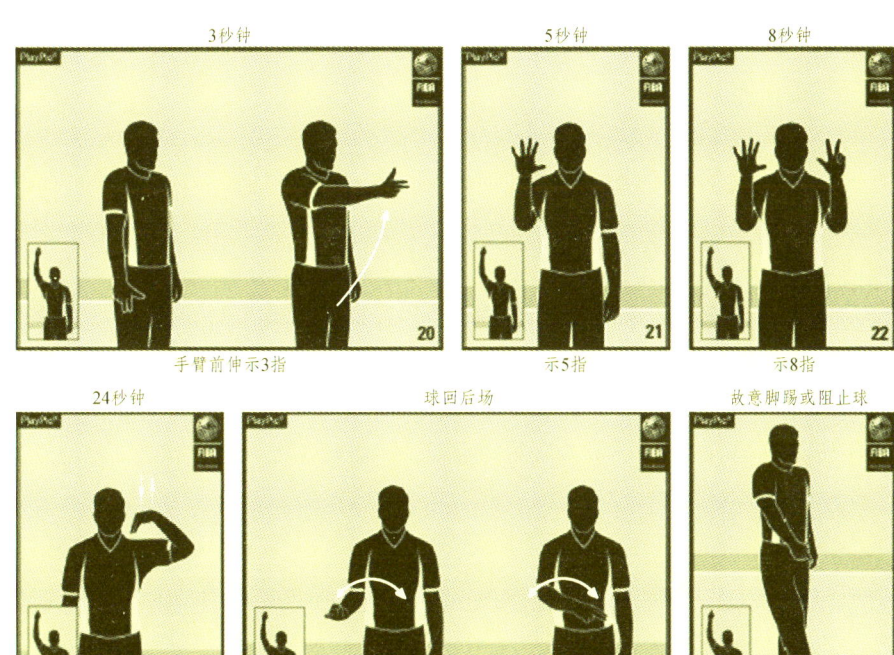

图 5-8

二、《青少年运动技能等级标准》内容及其篮球五级标准简介

1.《青少年运动技能等级标准》研制及内容概述

《青少年运动技能等级标准》是根据上海市深入推进教育综合改革的整体部署,作为全面推进学校体育改革发展的重要举措研制的。该标准在上海市教委和上海市体育局指导和支持下,由上海体育学院研制完成。2018年4月15日,《青少年运动技能等级标准》在沪发布。上海体育学院邀请体育界权威专家成立青少年运动技能等级标准研制组开展"标准"研制工作。经过对9000余名青少年进行测试和数十轮专家研讨,确立了"四等十二级"制的"标准"体系构架。质监部门认证首期研制的乒乓球、足球、篮球、排球、羽毛球、网球、田径、体操、游泳、武术、高尔夫球11个运动项目的技能等级标准已作为行业主体在质监部门认证下申请为"团体标准"。教育部门采用教育部对《标准》给与认证,上海市教委在中小学校全

- 303 -

面落实《标准》的实施。《青少年运动技能等级标准与测试方法》已经由科学出版社正式出版发行。

(1) 发布历史

2016年3月，上海体育学院组建了《青少年运动技能等级标准》研制团队，以科学评价青少年学生运动技能水平，促进学生在基础教育阶段掌握两项体育运动技能，在广泛调研和充分研讨的基础上，确立了"4等12级"制的基本等级体系，且相继完成了乒乓球、足球、篮球、排球、羽毛球、网球、高尔夫球、田径、体操、游泳和武术11个项目《青少年运动技能等级标准》的研制、测试方法视频拍摄制作等工作，其中，乒乓球《青少年运动技能等级标准》已在2017年4月12日先行向社会发布。

(2) 级别标准

各项目《青少年运动技能等级标准》的4等12级制中，1~3级为入门级，4~6级为提高级，7~9级为专业级，10~12级为精英级，其中，9级相当于1级运动员水平。目前，所有的项目《青少年运动技能等级标准》仅对1~9级测试方法进行了规定，预留10~12级与高水平运动员等级相衔接。另外，从4级开始被试者也须有一定的参赛经历。

(3) 主要内容

各项目《青少年运动技能等级标准》基本涵盖了相关运动项目的技术要点，对测试场地、器材、测试者等明确统一要求，且尽可能采用智能化测试手段，以保证不同批次间的一致性。同时，各项目《青少年运动技能等级标准》均以图文形式呈现，测试方法力求便捷易行，操作简单。测试内容与方法均配有视频，便于使用者掌握。

(4) 实施工作

《青少年运动技能等级标准》研制团队完成了《青少年运动技能等级标准与测试方法》丛书的版权申请及出版工作。

上海市大学生体育协会、上海市中学生体育协会已将《青少年运动技能等级标准》向上海市质量技术监督局申请为团体标准，且开展了相关培训及测试等工作。同时，《青少年运动技能等级标准》相关报名系统正在研究测试中，正式运行后，广大青少年学生即可通过登陆网址或手机APP等方式，进行测试报名及信息查询等操作。

（5）实施意义

《青少年运动技能等级标准》的实施将有利于青少年学生自觉参加体育锻炼，促进掌握和提高运动技能，实现身心全面健康发展。同时，提供上海市完善学生综合素质评价工作机制、推进学校体育课程改革建设等有价值的参考和依据。

由此，项目负责人唐炎就国家社会科学基金资助重大招标项目（16ZDA227）《青少年运动技能等级标准》的研制背景、体系架构与现实意义，专门撰文进行解读，发表于上海体育学院学报2018年第4期首页，其摘要如下。

标准的长期缺位导致我国青少年体育发展中的诸多问题解决乏力。在遵循能反映个体对运动项目的实际运用能力、灵敏反映个体运动技能水平变化、有效促进青少年积极运动参与、与《运动员技术等级标准》有效衔接的原则基础上，构建了"4等12级"制的《青少年运动技能等级标准》体系。该体系具有契合青少年体育发展时代需要的针对性、反映项目技能进阶规律的适切性、兼顾多元主体需求的贯通性和便于实践操作的应用性等特征。其在消解体育教学"失能"质疑、建立高等体育教育专业技能教学规范、推动大中小学课程内容一体化等方面具有现实意义。

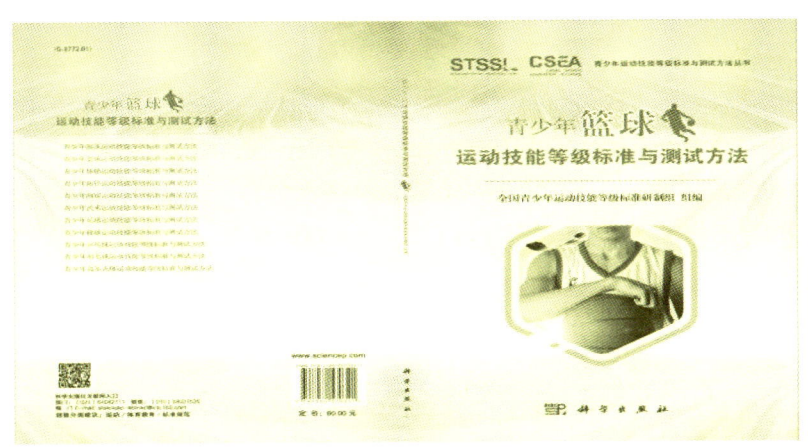

图 5-9

2. 篮球运动技能等级标准与测试方法（以五级为例）

篮球，是很多青少年都喜爱并积极参与的一项运动，炫酷的技巧与激烈的对抗，让很多青少年在球场上肆意地挥洒汗水。相信很多青少年玩篮球的时间都不短了，也练就了很多自己引以为傲的技巧，积累了很多经验，那你的篮球技能达到一个什么样的水平？《青少年运动技能等级标准》已经正式启动了,那么《篮球标准》是怎么样来衡量青少年这项运动技能的呢？

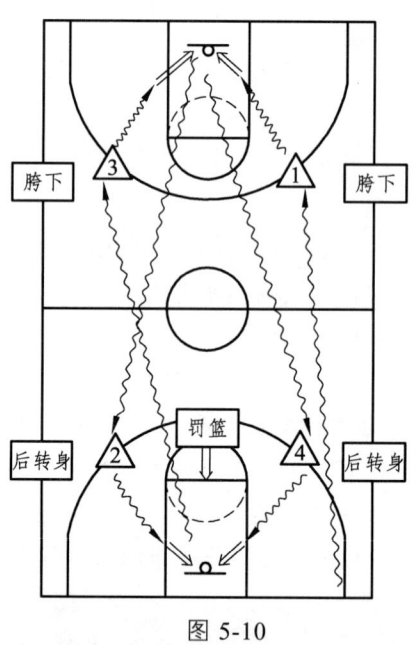

图 5-10

（1）各等级考评科目。

依照《青少年篮球技能等级标准》1～9级，同其它10个运动项目，研制组经过预测数据的分析和反复论证，最终确立了"4等12级"制的《标准》体系架构。所谓"4等"，入门级、提高级、专业级和精英级4个等级，由于每个等级内部又包含3个级别，故称为"4等12级"制。其中，"入门级"主要解决"从不会到会"的评定。即一个零基础的青少年在通过1～3级测试后，在运动技能的掌握上可以明显体现出与零基础时的不同，并且基本具备独立从事相应项目的锻炼性活动。"提高级"（4～6级）主要解决"从会到熟练运用"的评定。从该等的4级开始一直到9级，青少年应具备相应的比赛经历，并且技能测评达标后才能获得等级证明。"专业级"（7～9级）主要解决"从熟练运用到专业水准"的评定。这里"专业水准"具有2层含义：一是通过该等7～9级的要求后，青少年逐步具有成为专业运动员的潜质；二是达到该等要求的青少年未来基本具备从事体育技能指导（如体育教师）的潜质。"精英级"（10～12级）在本体系中预留并与高水平竞技体育对接，不再设置专门的技能评定指标。《标准》之所以将"精英级"仍然预设为3个级别，是基于高水平运动员本身在运动技能表现上确实存在水平高低的现实。

（2）测试方法解析。

各级考评科目对照一下，看看自己到了什么水平。我们用《篮球标准》五级测试的内容来给大家进行一下剧透，感受一下这种既能体现实力又有乐趣的测试方法。

科目：（以五级为例）罚篮、全场胯下变向、后转身运球跑篮。

测试方法：

① 听到考官计时哨音后，被测试者先从罚球开始，5次不中，测试终止。

② 罚中后，左手运球开始至△号障碍物做胯下变向，换右手运球跑篮，如跑篮不进需补篮，直到投进为止。

③ 抢到篮板球后，左手运球至△号障碍物做后转身，换右手运球跑篮，如跑篮不进需补篮，直到投进为止。

④ 抢到篮板球后，右手运球至△号障碍物做胯下变向，换左手运球跑篮，如跑篮不进需补篮，直到投进为止。

⑤ 抢到篮板球后，右手运球至△号障碍物做后转身，换左手运球跑篮，如跑篮不进需补篮，直到投进为止。投进停时测试结束。

测试要求：被测试者必须按照规定路线完成胯下变向、后转身运球跑篮技术动作，右侧必须是左手变向至右手，然后完成跑篮，左侧必须是右手变向至左手，然后完成跑篮。行进间跑篮的投篮手法高低手不限。胯下变向时双脚不能离开地面。

 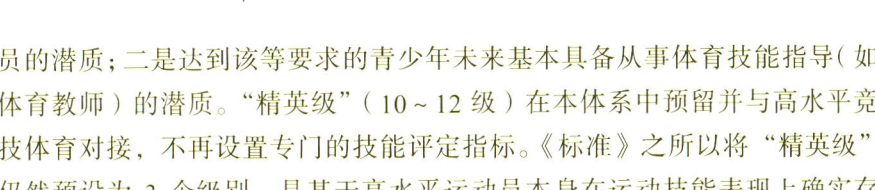  

图 5-11　　　　图 5-12　　　　图 5-13　　　　图 5-14

测试很容易，但是对于测试场地、器材、设备以及人员的配备都是有要求的。具体有哪些要求，如何来满足这些要求，大家可以在《标准》中获得答案。

三、参考文献：

[1] 王家宏.球类运动–篮球[M].北京：高等教育出版社出版，2009.

[2] 柳克奇.新世纪我国高校体育专业创新教育探索[J].北京体育大学学报，2004，6.

[3] 何小军，阳源，蒲西安.四川民族学院实施体育选项课的调查研究[J].成都师范学院学报，2010，26（9）：41-44.

[4] 徐伯康，何小军.多人盘式旋转传、接球 学练模式与评价方法初探[J].绵阳师范学院学报，2010，29（11）：147-150.

[5]-[9] 王家宏.球类运动–篮球[M].北京：高等教育出版社出版，2009.

[10] 来自网络.

[11] 何小军.论大学生篮球比赛意识与培养[J].绵阳师范学院学报，2010，29（2）.

[12] 于振峰，柳永青著.篮球对抗技术[M].北京：人民体育出版社出版，2002.

[13] 迈克尔·乔丹身体素质测验指标.来自网络.

[14] 何小军.篮球意识的概念的理论误区及其界定[J].天津体育学院学报，2010年，25（3）：249-252.

[15] 何小军.晋级投篮教学模式的设计与运用[J].四川民族学院学报，2018（4）.

[16] 何小军.略论竞技篮球进攻"暗示"与运用方法[J].绵阳师范学院学报，2013，2（2）.

[17] 2017年10月篮球竞赛规则修订.官方版.

[18] 靳厚忠.高校篮球课程教学改革思考[J].体育学刊，2010（8）：68-71.

[19] 毛振明.体育教学改革新视野[M].北京：北京体育大学出版社，2003.

[20] 王文宇.对篮球课教学改革的几点思考[J].职业技术，2008（2）：52-52.

[21] 阳源.大学体育与健康教育[M].北京：现代教育出版社，2012.

[22] 田麦久. 项群训练理论[M]. 北京：人民体育出版社，1998.

[23] 刘宏超，姜立嘉. "三威胁"技术动作原理分析[J]. 山西师范大学学报，2008，23（(4）.

[24] 王雷，姚应祥. NBA "位置模糊" 球员年龄与身体形态特征分析[J]. 体育学刊，2008，15（9）.

[25] 张学领，王守恒. NBA 比赛中 "第六人" 的运用研究[J]. 首都体育学院学报，2007（(2）.

[26] 腾朝阳，李广生，王正丰. 现代男子篮球运动发展的新动向[J]. 成都体育学院学报，2009.

[27] 郑尚武. "位置平衡"是中国男篮发展中亟待解决的问题[J]. 体育学刊，2010，17（10）.

[28] 苗凤藻. 篮球比赛中运动员的心理状态及调控方法[J]. 上海体育学院学报，1996（(2）.

[29] 李杰凯. 论篮球教学训练中技术概念界定及其分类的理论误区[J]. 体育学刊，2008，28（(1）.

[30] 董伦红，曾晓琼. 对篮球运动中意识内涵的再探讨[J]. 体育学刊，2001（1）.

[31] 彼德·克林斯曼（德国）. 篮球教学[M]. 潘祥，译. 北京：北京体育大学出版社，2005.

[32] 王保成，王川. 球类运动员体能训练理论与方法[M]. 北京：北京体育大学出版社，2005.

四、图例说明

1. "●" 球或球所处位置
2. "●" 传球者位置或教师教学时传球位置
3. "❹" 防守队员
4. "④" 进攻队员
5. "———▶" 队员移动路线
6. "——┼—▶" 队员投篮
7. "～～▶" 队员运球路线

8."- - - ->"队员传球路线

9."———("队员掩护位置

10."——|人"队员夹击位置

11."———⌐↓"队员掩护后移动

12."△"重点符号

13."○、口"篮球游戏图示中的特殊符号